浙江工业大学人文社会科学研究基金后期资助项目
浙江省舆情研究中心资助项目

选择性交错

多重制度逻辑下的
政府间责权利配置研究

廖超超 —— 著

上海交通大学 出版社
SHANGHAI JIAO TONG UNIVERSITY PRESS

内容提要

　　本书为浙江工业大学人文社会科学研究基金后期资助项目、浙江省舆情研究中心资助项目的研究成果。"责权利对称"长期以来都被理论界看作是保障组织有效运行的基本原则，但实践中政府间责权利交错现象普遍且长期存在。对于这一现象，传统的理论视角未能给予系统的解释。因此，本书从制度逻辑的理论视角，基于中国治理情境构建了一个"结构—过程—功能"的整合性分析框架，采用案例分析、制度分析、系统分析、文本分析等研究方法，探讨了政府间责权利交错模式产生的原因、持续存在的逻辑及产生的影响。本书适合公共管理领域的相关研究者阅读。

图书在版编目(CIP)数据

选择性交错：多重制度逻辑下的政府间责权利配置
研究 / 廖超超著. -- 上海：上海交通大学出版社，
2025.8. -- ISBN 978-7-313-33114-4

Ⅰ. D035.5

中国国家版本馆 CIP 数据核字第 2025FU9928 号

选择性交错：多重制度逻辑下的政府间责权利配置研究
XUANZEXING JIAOCUO: DUOCHONG ZHIDU LUOJI XIA DE ZHENGFU JIAN ZE - QUAN - LI PEIZHI YANJIU

著　　者：廖超超

出版发行：上海交通大学出版社　　　　　　地　　址：上海市番禺路 951 号
邮政编码：200030　　　　　　　　　　　　电　　话：021 - 64071208
印　　制：常熟市文化印刷有限公司　　　　经　　销：全国新华书店
开　　本：710 mm×1000 mm　1/16　　　　印　　张：13.75
字　　数：211 千字
版　　次：2025 年 8 月第 1 版　　　　　　　印　　次：2025 年 8 月第 1 次印刷
书　　号：ISBN 978 - 7 - 313 - 33114 - 4
定　　价：89.00 元

前言
FOREWORD

"责权利对称"长期以来都被理论界看作是保障组织有效运行的基本原则,但实践中政府间责权利交错现象普遍且长期存在。为了理顺政府间责权利交错关系,我国政府持续开展了行政管理体制改革、政府机构改革与财政体制改革,但"权责分立""权责错位"等责权利交错现象仍是政府治理中面临的一大困境。

对此,已有研究大都从组织结构、运行过程、制度规范视角解释政府间责权利交错产生的原因,并从公共事务治理的视角对政府间责权利交错的效应进行评价,并因责权利交错有损于公共事务治理的效率而将其视为一种"治理问题"。因此,责权利对称的理论预设与责权利交错的实践表现之间就产生了冲突。

那么,作为一种"治理问题"而存在的责权利交错现象为何会发生且持续存在呢?对这一问题的回答,在理论上关涉不同责权利配置模式背后的制度逻辑与行动逻辑,在实践中则关涉政府组织效能的提升与实现国家治理体系和治理能力现代化的组织保障。为回答以上问题,本书基于中国治理情境,将政府间责权利交错分为"政府间责权利选择性交错"与"政府间责权利非选择性交错"两类,通过借鉴制度逻辑理论与结构功能主义理论对已有研究进行整合,建立了一个"结构—过程—功能"的整合性分析框架,结合制度分析与案例分析等研究方法,解释了政府间责权利选择性交错发生与持续存在的制度逻辑。

从结构视角来看,政府间责权利选择性交错的发生与持续存在具有不同制度与结构基础,因此形成了不同的政府间责权利选择性交错类型。具体来说,政府体系的条块结构以及在此基础上形成的属地管理制、垂直管理制、双重领导制构成了政府间责权利选择性交错的结构基础与制度基础。在理想型的基础上,结合政府间责权利选择性交错模式形成的结构基础与制度基础,将政府间责权利选择性交错模式细分为功能分工型、管理体制冲突型、自主性扩张型、外部性型、政务分工型、强制指令型、压力型体制型和管理层级错位型等8种类型。

从过程视角来看,政府间责权利选择性交错是在政府组织与制度的相互作用过程中,利用制度逻辑之间的互补与冲突关系,通过组织间互动而形成的一种制度安排。以浙江省为例,浙江省的政府组织既嵌入在国家治理控制逻辑之中,也嵌入在公共事务治理与市场治理的效率逻辑之中,这使得省级政府可利用控制逻辑与效率逻辑之间的冲突关系,来与中央政府以及市县政府进行谈判与交流,进而在坚持财政省管县体制的情形下,通过决策、意义构建、集体行动等机制,以及行政区划改革、人事制度改革、扩权改革,形成了省管县与市管县混合管理体制下的政府间责权利选择性交错模式。

从功能视角来看,政府间责权利选择性交错对国家治理系统更多地表现出正功能,对公共事务治理系统更多地表现出负功能。一方面,政府间责权利选择性交错模式实现了风险控制、政治激励、系统调适、区域均衡等功能,维护了国家治理系统的稳定性与公共事务治理系统的公平性。另一方面,政府间责权利选择性交错模式因产生了形式主义与违法行为,扩大了下级政府的债务规模,引发了避责与反向避责行为,增加了权力监督和制约的成本,进而损害了公共事务治理的效率并增加了国家治理的成本。

作为一种制度模式,政府间责权利选择性交错在交错的主体、内容、领域、功能等方面表现出选择性的特征。这种特征主要与制度逻辑、组织实践以及环境刺激对政府组织注意力的选择性聚焦有关。但政府间责权利选择性交错并非一种静态的制度模式,政府组织之间的责任、权力、利益边界具有流动性,即随着治理情境与时空结构的变化,政府间责权利选择性交错将在交错状态、交错主体与交错领域等方面发生演变。

政府间责权利关系是公共管理学研究领域的一个经典议题。围绕这一议题已形成了丰富的研究成果,但现有研究习惯于从"责权利对称"理论预设出发来评估现实中的责权利配置,忽视了政府组织中的代理人并不像市场组织的代理人一样在责权利不对称的情形下具有退出权,也忽视了提升行政效率并非政府组织在所有的治理情境中最重要的目标。因此,本书以"新瓶装旧酒"的方式,基于制度逻辑理论将政府体系所遵循的制度逻辑解构为国家治理系统中的控制逻辑、合法性逻辑与公共事务治理系统中的效率逻辑、公平性逻辑,从制度逻辑与政府组织之间的互动关系来解释政府间责权利配置模式生成的机理,进而对政府间责权利关系这一旧的研究议题做出一些创新性的推进。

第一,本书提出政府间责权利选择性交错是政府组织与多重制度逻辑相互作用而形成的一种制度模式,为政府间责权利交错的生成提供了新的解释。作为行动者的政府组织受到国家治理系统与公共事务治理系统内多重制度逻辑的影响,这些制度逻辑之间存在互补与冲突的关系,且不同的制度逻辑对政府间责权利配置的要求有所不同。

首先,从治理系统的功能来看,广义上的国家治理系统可分为国家治理系统与公共事务治理系统两类。在国家治理系统中,代理人风险控制逻辑要求向上集中权力与资源,社会风险控制逻辑要求下放风险较高的公共事务治理的责任;合法性逻辑要求政府组织按照民众能够理解与支持的方式运行,以尽可能获取民众的支持与信任。在公共事务治理系统中,全国性公共事务治理的效率逻辑要求向上集中权力与资源,地方性公共事务治理的效率逻辑要求下放权力与资源;公平性逻辑要求级别相对较高的政府向上集中权力与资源,进而在区域范围内进行资源再分配,以缩小城乡、区域之间的发展差距。

其次,从治理系统的结构来看,广义上的中国政府体系是由党委系统与行政系统构成的一个整体,在功能定位上呈现二元化特征。其中,党委系统更多地承担国家治理的核心职能,其运行逻辑侧重于风险控制与合法性建构;而行政系统主要承担公共事务治理职能,其运行逻辑侧重于行政效率提升与社会公平的平衡。

再次，从政府体系的条块结构来看，治理层级越高的"块块"，其治理目标越侧重于稳定性、合法性、公平性，其承担的国家治理功能与受益范围越广的公共事务治理的功能越多，越嵌入在控制逻辑、合法性逻辑与公平逻辑之中；治理层级越低的"块块"，其治理目标越侧重于效率，其承担的国家治理的功能越少，且承担的受益范围越小的公共事务治理的功能越多，越嵌入在效率逻辑之中。

最后，从管理体制来看，以国家治理功能为主的"条条"更倾向于实行垂直管理制和"以条为主"的双重领导制，更多地嵌入在控制逻辑与合法性逻辑之中；以公共事务治理功能为主的"条条"更倾向于实行属地管理制和"以块为主"的双重领导制，更多地嵌入在效率逻辑与公平性逻辑之中。为调节国家治理系统与公共事务治理系统的制度逻辑所提出的不同的责权利配置要求，政府体系中的上级政府组织选择性地向上集中权力与资源，或选择性地向下转移责任，或者下级政府组织选择性地向上索取资源或转移责任，由此产生政府间责权利选择性交错模式。

第二，本书提出了"选择性交错"的分析概念以及政府间责权利交错的复合功能论，呈现了政府间责权利关系的实践特征，加深了学界关于政府间责权利交错模式在中国国家治理中的认识。一方面，根据责权利之间的关系，对政府间责权利交错模式的类型进行划分，深化了对责权利交错模式异质性的理解；另一方面，结合责权利交错在发生主体与发生领域方面表现出来的选择性特点，提出了"选择性交错"的分析概念与具体表现。此外，本书还从国家治理与公共事务治理两个系统出发，提出了责权利选择性交错的复合功能，厘清了责权利交错只是一种"治理问题"的观念误区。

第三，本书建立了一个"结构—过程—功能"的整合性分析框架，从"上下互动"的视角来分析政府间责权利交错的形成过程与功能，拓展了政府间责权利关系的理论框架。以往的研究主要从组织结构、制度规范、运行过程的视角分析了政府间责权利交错的成因，进而主张通过调整组织结构、运行机制、制度规范等方式来实现政府间责权利对称，以提升公共事务治理的效率。而本书借助制度逻辑理论对已有研究进行整合，从自下而上的公共事务治理与自上而下的国家治理的互动视角来分析政府间责权利交错发生与持续存在的逻辑,弥补了公共事务治理研究视角下忽视国家治理的制度逻辑对政府间责权利配置的影响的不足。

然而,由于作者的理论知识水平与科研实践经验有限,加之政府间责权利配置本身是一个非常复杂的问题,不仅涉及众多的政府主体与庞杂的制度规范体系,而且数据资料的获取也具有一定的难度,因而本书还存在不足之处。总体而言,本书还可以在以下几个方面继续进行追踪与拓展。

第一,通过持续的田野调查构建关于政府间责权利选择性交错的案例资料库。尽管本书已经按照政府间责权利选择性交错形成的制度基础与结构基础对政府间责权利选择性交错的类型进行了划分,并为每一类责权利选择性交错模式提供了案例佐证。但是本书只提供了现阶段发生在某些主体与某些领域内的代表性案例。由于在不同的时期政府间责权利选择性交错模式在不同的领域与政府组织间有不同的表现形式,因而有必要通过持续的田野调查按照政府间责权利选择性交错发生的主体或领域的方式建立大规模的案例资料库,以便对政府间责权利选择性交错现象进行持续的追踪研究。

第二,对不同国家的政府间责权利选择性交错模式进行比较研究。受研究篇幅与研究内容的限制,本书没有进行全面系统的多国家比较。不同国家的组织结构体系与国家治理的制度逻辑构成要素有所不同,政府间责权利选择性交错模式在不同的国家可能有不同的表现形式。因此,未来有必要选择英国、日本、德国、美国等多个单一制国家与联邦制国家与中国进行比较研究,以进一步充实政府间责权利选择性交错的国别比较研究。

第三,对政府间责权利选择性交错模式的不同类型分别进行个案研究。尽管本书提出的分析框架以及得到的结论适合于本书所划分的所有政府间责权利选择性交错模式的分析,但本书主要选择了一种纵向政府间责权利选择性交错模式(浙江省市县之间的责权利选择性交错模式)来进行过程分析。考虑到政府间责权利选择性交错模式具有多种类型,且不同的政府间责权利选择性交错模式发生的情境与受到的主导制度逻辑有所不同,因此未来有必要选择更多的代表性案例对不同类型的政府间责权利选择性交错模式的形成过程进行研究,以进一步充实政府间责权利选择性交错的过程研究。

第四,对政府间责权利配置的动态平衡进行研究。尽管本书对政府间责权利选择性交错模式走向动态平衡的情形进行了分析,但没有对政府间责权利配置达到动态平衡的水平与条件进行理论模型的研究。政府间责权利配置达到的动态平衡是高水平的动态平衡还是低水平的动态平衡,达到高水平的动态平衡与低水平的动态平衡的条件分别是什么,政府间责权利配置从责权利选择性交错走向责权利对称的转变条件又是什么,等等,未来可进一步展开研究。

总之,这些研究对于深化中国治理的理论研究、推进国家治理体系和治理能力现代化建设的实践具有重大意义,期待有更多的学者加入这一研究领域的探讨与深耕。

廖超超

2025 年 2 月于杭州

目录

第一章 政府间责权利配置研究的框架与路径

"责权利对称"被认为是保障政府组织有效运行的基本原则,但实践中责权利交错的现象却长期存在。为理顺政府间的责权利关系,我国开展了多次行政机构与行政体制改革、财政体制改革,试图建立责权利一致的行政管理体制和财税体制。然而,"权责分立""权责背离""责权利不对称""非对称性权责结构"等责权利交错现象仍然存在,并且被理论界和实务界看作是政府治理面临的一大困境。在我国持续调整政府间责权利关系的改革背景下,作为一种"治理问题"而存在的政府间责权利交错现象为何会发生且持续存在呢?对这一问题的回答,在理论上关涉不同责权利配置模式背后的制度与行动逻辑,在实践中则关涉政府组织效能的提升和实现国家治理体系和治理能力现代化的组织保障。

第一节 政府间责权利配置研究的背景与问题缘起

在当前复杂多变的治理环境中,由政府间责权利交错引起的问题日益凸显,成为影响国家治理效能的关键因素之一。本节首先梳理政府间责权利配置的政策背景、现实背景与理论背景,揭示理顺政府间责权利关系在国家治理体系中的重要地位与现实需求。其次,聚焦于理论假设与经验现象之间的冲突,提出研究问题:政府间责权利交错缘何发生且长期存续?通过梳理研究背景并明确研究问题,确立研究的出发点与方向。

一、政府间责权利配置的研究背景

党的十八大以来，以习近平同志为核心的党中央把深化党和国家机构改革作为推进国家治理体系和治理能力现代化的一项重要任务，通过持续推动与深化党和国家机构改革、行政管理体制改革、财税体制改革，优化政府职责体系和组织结构，理顺政府间责权利关系，加快促进政府职能转变，"已初步建立适应新时代要求的党和国家机构职能体系主体框架，为完善和发展中国特色社会主义制度、推进国家治理体系和治理能力现代化提供了有力组织保障"①。但纵观我国政府间关系改革的历程，政府间责权利不对称或交错的现象普遍存在，且在持续改革背景下长期存在。

从行政体制和政府机构改革来看，多次改革都强调了政府权责配置存在"职责重叠""职责交叉""权责脱节""职责错位"等问题，并主张基于"责权一致"原则，通过机构撤并、职能转变、大部门制改革、权责划分等方式来精简政府机构、理顺部门间职责分工关系及政府间权责关系（蓝煜昕，2013；杨志云、殷培红、夏冰，2015；高小平、陈宝胜，2018；竺乾威，2018；潘小娟，2019）。如2007年党的十七大报告提出："要抓紧制定行政管理体制改革总体方案，着力转变职能、理顺关系、优化结构、提高效能，形成权责一致、分工合理、决策科学、执行顺畅、监督有力的行政管理体制。"②随后，党的十七届二中全会审议通过了《关于深化行政管理体制改革的意见》，提出从加快政府职能转变、推进政府机构改革及加强依法行政和制度建设等方面来解决部门职责交叉、权责脱节和效率不高等问题③。2013年，党的十八届三中全会通过了《中共中央关于全面深化改革若干重大问题的决定》，提出通过深化机构改革、理顺部门职责关系、确保权责一致来优化政府组织结构，进而

---

① 习近平出席深化党和国家机构改革总结会议并发表重要讲话[EB/OL].(2019-07-05)[2024-03-29].https://www.gov.cn/xinwen/2019-07/05/content_5406606.htm.
② 高举中国特色社会主义伟大旗帜 为夺取全面建设小康社会新胜利而奋斗——在中国共产党第十七次全国代表大会上的报告[EB/OL].(2011-06-30)[2025-07-18].http://www.chinatoday.com.cn/ctchinese/second/2011-06/30/content_372984.htm.
③ 中共中央,国务院.中共中央 国务院印发《关于深化行政管理体制改革的意见》的通知[J].中华人民共和国国务院公报,2008(11):4-7.

加快转变政府职能①。2017年,党的十九大报告再次强调要"科学配置党政部门及内设机构权力、明确职责"②。随后,党的十九届三中全会审议通过了《中共中央关于深化党和国家机构改革的决定》,提出"党和国家机构设置和职能配置同统筹推进'五位一体'总体布局、协调推进'四个全面'战略布局的要求还不完全适应,同实现国家治理体系和治理能力现代化的要求还不完全适应",表现为"一些领域党政机构重叠、职责交叉、权责脱节问题比较突出;一些政府机构设置和职责划分不够科学,职责缺位和效能不高问题凸显,政府职能转变还不到位;一些领域中央和地方机构职能上下一般粗,权责划分不尽合理;基层机构设置和权力配置有待完善……",主张通过"科学设置机构、合理配置职能、统筹使用编制、完善体制机制"来解决机构重叠、职责交叉、权责脱节等问题③。此后,党的十九届四中全会与党的二十大报告都强调了要推进机构、职能、权限、程序、责任法定化,优化政府职责体系和组织结构,以使权责更加协同④⑤。

　　从财税体制改革来看,多次改革也强调了层级政府的"财权与事权不匹配""财力与事权不匹配""财政事权与支出责任划分不规范"等问题,并主张通过改革建立责权利一致的财政体制。为了理顺各级政府间的事权与财权划分,中央与地方财政关系经历了从"统收统支的财政体制"再到"财政包干制",再到"分税制财政体制"的变化(龚浩、任致伟,2019)。与此同时,地方政府间财政关系经历了从"分类分成的财政体制"到"分级包干财政体制"再到"税收分成体制"的变化(周黎安、吴敏,2015)。分税制财政体制使得财权上移,而政府间的事权并未进行相应调整,同时地方政府也效仿中央政府将

① 中共中央关于全面深化改革若干重大问题的决定(全文)[EB/OL].(2013-11-18)[2023-03-29].https://www.qinfeng.gov.cn/info/1022/14141.htm.
② 决胜全面建成小康社会 夺取新时代中国特色社会主义伟大胜利——在中国共产党第十九次全国代表大会上的报告[EB/OL].(2017-10-27)[2024-03-29].https://www.gov.cn/xinwen/2017-10/27/content_5234876.htm.
③ 中共中央关于深化党和国家机构改革的决定[EB/OL].(2018-03-04)[2024-03-29].http://www.gov.cn/zhengce/2018-03/04/content_5270704.htm.
④ 中共中央关于坚持和完善中国特色社会主义制度 推进国家治理体系和治理能力现代化若干重大问题的决定[EB/OL].(2019-11-05)[2024-03-29].http://www.gov.cn/xinwen/2019-11/05/content_5449023.htm.
⑤ 高举中国特色社会主义伟大旗帜 为全面建设社会主义现代化国家而团结奋斗:在中国共产党第二十次全国代表大会上的报告[EB/OL].(2022-10-25)[2024-03-29].https://www.gov.cn/xinwen/2022-10/25/content_5721685.htm.

财权层层上移，将事权层层下放，导致了政府间责权利不对称。2000年以来，中央政府通过所得税收入分享改革、营改增改革再次向上集中财权。一方面，2002年1月1日开始实施的所得税收入分享改革，将原由地方独享的企业所得税和个人所得税变为中央财政与地方财政共享，确定2002年中央与地方的分成比例为5：5，2003年及以后的分成比例为6：4^①。另一方面，2011年开始实行"营改增"改革，规定试点期间"原归属试点地区的营业税收入，改征增值税后收入仍归属试点地区"^②，后逐步将原由地方独享的营业税改为中央与地方共享的增值税，并确定从2016年5月1日开始的2～3年过渡期内中央与地方的分成比例为5：5^③。与此同时，2019年国务院发文确定继续保持增值税收入划分"五五分享"的比例不变^④。党的十七大报告提出要"健全中央和地方财力与事权相匹配的体制"^⑤，党的十八大报告进一步强调"健全中央和地方财力与事权相匹配的体制"^⑥，党的十八届三中全会提出要"深化财税体制改革，建立事权和支出责任相适应的制度"^⑦。2016年，国务院发布《关于推进中央与地方财政事权和支出责任划分改革的指导意见》，提出应依据"体现基本公共服务受益范围，兼顾政府职能和行政效率，实现权责利相统一，激励地方政府主动作为，做到支出责任与财政事权相适应"^⑧等五项原则来推进中央与地方财政事权和支出责任

---

① 国务院关于印发所得税收入分享改革方案的通知：国发〔2001〕37号[EB/OL].(2001-12-31)[2024-3-29]. https://www.gov.cn/gongbao/content/2002/content_61880.htm.

② 财政部 国家税务总局关于印发《营业税改征增值税试点方案》的通知：财税〔2011〕110号[EB/OL].(2011-11-16)[2024-3-29]. https://guangdong.chinatax.gov.cn/gdsw/zjfg/2011-11/21/content_296bd1bb482f4f6ba04be5c5790c8949.shtml.

③ 国务院关于印发全面推开营改增试点后调整中央与地方增值税收入划分过渡方案的通知：国发〔2016〕26号[EB/OL].(2016-04-30)[2024-3-29]. http://www.gov.cn/zhengce/content/2016-04/30/content_5069490.htm.

④ 关于印发实施更大规模减税降费后调整中央与地方收入划分改革推进方案的通知：国发〔2019〕21号[EB/OL].(2019-10-09)[2024-3-29]. http://www.gov.cn/zhengce/content/2019-10/09/content_5437544.htm.

⑤ 胡锦涛在中共第十七次全国代表大会上的报告全文[EB/OL].(2017-10-24)[2025-04-20]. http://news.cyol.com/content/2017-10/11/content_16573950.htm.

⑥ 坚定不移沿着中国特色社会主义道路前进 为全面建成小康社会而奋斗——在中国共产党第十八次全国代表大会上的报告[EB/OL].(2012-11-08)[2025-04-20]. https://www.guancha.cn/politics/2012_11_18_110056.shtml.

⑦ 中共中央关于全面深化改革若干重大问题的决定（全文）[EB/OL].(2013-11-18)[2023-03-29]. https://www.qinfeng.gov.cn/info/1022/14141.htm.

⑧ 国务院关于推进中央与地方财政事权和支出责任划分改革的指导意见：国发〔2016〕49号[EB/OL].(2016-08-24)[2024-03-29]. https://www.gov.cn/zhengce/content/2016-08/24/content_5101963.htm.

划分改革,以建立财力与事权相匹配的财政体制。此后,党的十九大与党的十九届四中全会也都强调了要按照权责一致的原则,规范政府间财政关系。2022 年发布的《国务院办公厅关于进一步推进省以下财政体制改革工作的指导意见》,指出"省以下财政体制还存在财政事权和支出责任划分不尽合理、收入划分不够规范、有的转移支付定位不清"等问题,要通过清晰界定省以下财政事权和支出责任、理顺省以下政府间收入关系、建立健全省以下财政体制调整机制等措施,以"优化权责配置和财力格局,增强财政体制的适应性和有效性"①。

然而,实践中政府间责权利不对称或错位的现象长期存在,尤其是基层政府的责权利不对称问题饱受学界与实务界的批评。如基层政府工作人员常用"上面千条线,下面一根针"来描述其工作状态,反映其在权力与资源有限的情况下还要执行上级政府及其各个部门众多的政策、任务和要求。已有研究也表明,实践中政府间责权利交错现象长期存在,如地方政府承担了主要的行政事务和行政责任,但并未获得充分的地区治理权(曹正汉、薛斌锋、周杰,2014);科层组织的责权利分离(周雪光,2011);政府间权责背离(麻宝斌、郭蕊,2010);市县之间权责失衡与倒置(吴帅、陈国权,2008);省市县财权、事权、人事权不对等(吴帅,2010);省市县之间责权利不对称(吴金群,2017a);权责背离与权责失衡(麻宝斌、郭蕊,2010);纵向政府间财权事权失衡(贾康,2007)或财力与事权的倒挂(何逢阳,2010);行政权责不对等(曾鲲、皮祖彪,2004);上下级之间的权责错位(关保英,2002);政府机构责权利分离(张丙宣,2014);县乡政府间权责失衡与权责分立(荣敬本等,1998;倪星、王锐,2018);县乡层级责权利不对称(贺雪峰,2015;杨华,2019);乡镇权责不对等及财权事权不匹配(徐勇,2003;叶贵仁,2007;马跃,2011);"市区政府—街道办事处—社区组织"的权责倒置(张翔,2017);属地治理中的非对称权责结构(陈家建、张洋洋,2021);等等。

此外,"责权利不对称"或"责权利交错"因为损害公共事务治理的效率通常被看作是一种"问题"。如大部分研究认为,"责权利不对称"或"责权利

---

① 国务院办公厅关于进一步推进省以下财政体制改革工作的指导意见:国办发〔2022〕20 号[EB/OL].(2022-06-13)[2024-03-29].https://www.gov.cn/zhengce/content/2022-06/13/content_5695477.htm.

错位"会造成公共物品的供给效率低下（Olson，1969）、制度性集体行动困境（Feiock，2013）、形式主义（杨华，2013）、避责行为（倪星、王锐，2018）、选择性治理（张丙宣，2014）、财政压力（Wong，2000）等一系列问题。

总体来看，这些研究大都从自下而上的公共事务治理的视角出发，将政府间责权利交错看作是一种"问题"，认为通过调整政府的组织结构以及相关的制度安排就能理顺政府间的关系。

由此可见，政府间责权利不对称或责权利错位现象一直是实务界与理论界关注的重点。目前，关于政府间责权利关系的改革及研究，实务界与理论界有一个基本共识，即应该基于责权利对称的原则，通过改革来构建"责权利对称"或"责权利一致"的政府组织体系。此外，理论界从组织结构、运行过程、制度规范等方面解释了政府间责权利不对称或交错产生的原因。但颇为遗憾的是，少有学者对政府间责权利不对称或交错发生与持续存在的深层逻辑进行研究。政府间责权利不对称或交错为何会发生？又为何会持续存在？这是本书要回答的核心问题。

二、政府间责权利配置的问题缘起

现代政府是建立在明确分工基础之上的有限政府，按责权利相匹配的原则，在政府各部门之间合理而清晰地进行分工，避免不同层级政府之间以及同一层级不同政府部门之间的冲突与矛盾（张丙宣，2014）。每一个行政层级责权利相对称、相一致，才能调动各个层级的积极性，提高行政效率（贺雪峰，2015）。

正因为如此，"责权利对称"长期以来都被看作是保障组织有效运行的基本原则。早在19世纪末到20世纪初，经典的组织理论就已经将"责权利对称"作为职位设计的一项重要原则，强调了其对提高组织运行效率的重要性。如法约尔（2013）提出的14项管理原则，其中有一条便是"权力与责任相一致"。韦伯（2004）在论述现代科层制模式特征时提出了劳动分工、等级制、文书档案制度、技术化、职业化、规则化等6项原则。其中，劳动分工原则就强调了"权责利一致"，他认为首先应该将官僚团体的活动明确分配为官吏职务，其次应该明确分配执行职务所需要的命令权力，最后为了规范与持续性地履行职务并行使相应的权力，要有计划地供应所需要的物资。制度经济学中的财政分权理论也强调了建立"权责对称"（即公共物品的供给职责与财权保持一致）的财政制度对于实现有效的公共物品供给的重要性。如传统的财政联邦主义理论强调各级政府的财权与事权要匹配（Tiebout，1956；Oates，1972，1999，2005）。而第二代财政联邦主义理论强调了"明确划分、互不侵犯且制度化责权利配置"对促进经济发展的重要性（Montinola，Qian，and Weingast，1995；Qian and Weingast，1996；Jin，Qian，and Weingast，2005）。此外，还有很多理论研究将"责权一致"或"责权利一致"作为组织与职位设计或责任政府建设的重要原则。如关保英（2002）从行政法治的视角提出了权责对等原理的构成要件，包括"权责同一职位律""权利义务统一律""权力内容定量律""责任追究系统律"。张康之和张乾友（2016）、倪星和王锐（2018）等认为行政组织有权必有责，组织中各个部门、层次、成员的权责划分必须遵循"责权一致"的原则。陈国权（2009）认为，在责任政府建设中，公共权力配置应该遵循权、责（义）、利一致的原则，即政府公职人员的权力与责任、公职人员承担的责任（义务）与因为承担责任而获得的收益应该保持一致或对等。"权责一致、义利对等，共同构成了公共权力运行中权、责（义）、利三者相一致的重要原则。责（义）利对等，是关系到责任政府是否有效实现的动力机制。"

　　但如前文所述，在中国多层级的政府治理体系中，政府间责权利交错现象普遍且长期存在。为理顺政府间责权利关系，我国的行政体制改革针对"职责重叠""职责交叉""权责脱节""职责错位"等问题，基于"责权一致"原则，通过机构撤并、职能转变、大部门制改革、权责划分等方式，以建立权责一致的行政管理体制；同时，财政体制改革针对各层级政府的"财权与事权不匹配""财力与事权不匹配""财政事权与支出责任划分不规范"等问题，基于"财力与事权相匹配"或"事权、支出责任和财力相适应"原则，通过调整政府间财权、事权、支出责任划分关系等，以建立责权利一致的财税体制。然而，"权责分立""权责背离"等责权利交错现象仍是政府治理中面临的一大困境。

　　那么，在持续改革的背景下，作为一种"治理问题"而存在的政府间责权利交错在中国为何会发生且持续存在呢？这一问题在理论上关涉不同责权利配置模式背后的制度与行动逻辑，在实践中则关涉政府组织效能的提升和实现国家治理体系和治理能力现代化的组织保障。为了回答以上问题，本书将基于中国的治理情境，通过借鉴制度逻辑理论以及结构功能主义理论并对其进行创造性转化，提出一个解释中国政府间责权利交错为何发生且持续存在的"结构—过程—功能"的整合性分析框架。

第二节 政府间责权利配置研究的
基本概念界定

在深入探讨政府间责权利配置问题之前，首先需要明确相关的基本概念。这既是界定研究对象与明确研究范围的内在要求，也是理解政府间责权利配置问题的关键。本节首先对政府的责权利进行清晰的界定，阐释它们之间的内在关系，并引入"选择性交错"这一分析概念。通过对选择性交错的概念内涵与关键特征进行解构，把握政府间责权利选择性交错的理论内涵，为后续深入分析其生成逻辑与形成过程奠定理论基础。

一、对政府责权利的界定

在本书中，"政府"是指包括党委系统和行政系统在内的政府体系（为表述方便，以下简称党委、政府）①。"政府间责权利关系"，是指在国家公共权力系统内，政府所承担的责任及其所享有的权力和利益在不同层级的政府（所谓"块块"）及其下设职能部门（所谓"条条"）之间分配所形成的关系②。换言之，政府间的责权利关系主要表现为条与块、条与条、块与块之间的责权利关系。这里的"块块"是指由不同的职能部门组成的各级党委与各级人民政府，而"条条"是指各级党委与各级人民政府下设的业务内容性质相同的职能部门或业务部门，包括政府的工作部门及其派出机构。由于政府的

---

① 本书的研究对象主要是政府间的责权利交错现象，既包括中央政府与地方政府间的责权利交错，也包括地方政府间的责权利交错，但以地方政府间的责权利交错为主。

② 在本书中，党委及其常委会（如省委及省委常委会、市委及市委常委会、县委及县委常委会、乡镇党委等）与人民政府共同组成"块块"（如省人民政府、市人民政府、县人民政府、乡镇人民政府等），党委下设的职能部门（如组织部、宣传部、统战部、纪检委、政法委等）与人民政府下设的职能部门（如教育局、财政局、民政局等）共同组成"条条"。

责权利的内涵非常丰富,并且在不同的语境中学者们会使用不同的学术用语。因此,需要从不同层面来对政府的责权利进行界定。

第一,本书从总体层面上对政府的责权利进行界定。"责"即"责任",指由宪法、法律法规、规章等规定的政府及其组成部门的职责以及未按规定履行相应职责而被惩罚时应该承担的责任。它体现的是政府的活动范围。因此,政府的"责"包括两个部分,一部分是政府的"事责"(responsibility),另一部分是政府的"责任"(accountability)。前者代表的是积极责任,是责任对权力行使行为的义务性规定,构成了权力运行的动力;后者代表的是消极责任,是责任对权力行使行为的惩罚性规定,构成了权力运行的约束(麻宝斌、郭蕊,2010)。"权"即"权力",指由宪法、法律法规、规章等规定的政府及其组成部门完成相应工作职责而享有的权力,包括事权和人事权。它体现的是政府履职手段与行动能力。"事权"是指管理国家事务的权力(洪小东,2018),包括经济管理权力与社会管理的权力。按照权力运行的过程,事权还可分为决策权、执行权、监督权等类型。"人事权"是指选拔、任用、管理和监督政府工作人员的权力。"利"即"利益",是指政府因承担某项职责而配置的财政资源①以及政府组织与官员个人面临的激励。它是政府履行职责的保障与动力。周黎安(2014)在行政发包制中对层级政府的责权利进行了界定,其界定与本书对政府的责权利的界定在表现形式上有所不同,但实质意涵是一致的。其中,行政发包制中层级政府的"利"是指"财政预算与人员激励"。本书借鉴了这一界定,但将"人员激励"拓展为"组织与人员激励",即组织层面的激励与个人层面的激励。因为实践中上级政府为了激励下级政府积极履行政府职责,除了设置个人激励外,通常会设置诸如土地利用计划指标、专项资金等方面的组织激励。具体来说,"利"可以分为政治利益(如职位晋升、行政级别提升、扩权等)、经济利益(如财政收入、薪酬福利、土地指标、重点项目、功能区升级、示范试点先行先试等经济政策方面的倾斜)及精神利益(如通令嘉奖、记功、授予荣誉称号等声望方面的奖励)。在总体层面上,政府组织的"责"对应政府组织的活动范围,解决的是政府组织"做什么"以及"不做什么"的问题;政府组织的"权"对应政府组织履责的手段,

---

① 本书中的"财政资源"具体表现为"财政预算",是指政府可以支配的财政收入,包括政府自有的财政收入与转移支付收入。

解决的是政府组织"为什么能做"以及"怎么做"的问题；政府组织的"利"对应政府组织履责的保障和动力，解决的是政府组织"为什么想做"的问题。

第二，与政府的责权利密切相关的是政府的"事权""事责""财权""财力""支出责任"等概念，因此还需要对这些概念进行区分。基于责权利之间的关系，学界对于"事权"的界定有"事权职责论""事权权力论""权责统一论""事权与支出责任等同论"等观点（洪小东，2018）。

"事权职责论"通常将"事权"界定为"政府提供公共服务的职责"（侯一麟，2009；李齐云、刘小勇，2009；周飞舟，2012；刘剑文，2014）。这种定义通常是指财政领域的"财政事权"，它强调的是"责"，不同于行政权力或司法权力中的"权"。如侯一麟（2009）认为，"事权"是指哪些事务应该由哪一级政府负责，"财权"是指哪些税种由哪一级政府来征收并支配收到的税入，"财力"是指执行上级政策所需经费，由转移支付加上自有财力构成。国务院在2016年也采用了这种界定，将"财政事权"界定为"一级政府应承担的运用财政资金提供基本公共服务的任务和职责"，将"支出责任"界定为"政府履行财政事权的支出义务和保障"①。

"事权权力论"通常将"事权"界定为"政府管理国家事务的权力"（中央财经大学课题组、安秀梅，2006；徐阳光，2014；于树一，2015）。这种定义是将"事权"定义为"职权"或"行政权力"。如宋哲和沈亚平（2017）认为，"事权"是各级政府对隶属于本级政府的行政管理事务进行管理时所享有的行政管理权限；"财权"是指政府依据相关法律法规，筹集相关收入和支配相关支出的权力，包括课税权、税收权、征管权等多项权力；"事责"是指政府在其行政管理范围内，所应承担的一系列工作任务，以及完成这些工作任务所须承担的相应责任，"事责"（而不是"事权"）应与"财权"相匹配。

"权责统一论"通常将"事权"界定为"政府进行公共管理与提供公共服务的责任与权力"（王国清、吕伟，2000；谭建立，2008；王浦劬，2016；朱旭峰、吴冠生，2018）。如王浦劬（2016）认为，"事权"是指政府承担的公共事务及相应权力，实际上是指特定层级政府承担公共事务的职能、责任和权力。

---

① 国务院关于推进中央与地方财政事权和支出责任划分改革的指导意见：国发〔2016〕49 号［EB/OL］.（2016-08-24）［2024-03-29］. https://www.gov.cn/zhengce/content/2016-08/24/content_5101963.htm.

"事权与支出责任等同论"则将"事权"理解为"政府的支出责任"(张永生,2008;黄韬,2015;罗卫东、朱翔宇,2018)。如黄韬(2015)认为,在财政学的话语体系中,事权就是政府的财政支出责任。

总的来说,本书对事权与财权的界定主要采用"事权权力论"的界定,对"财政事权"与"支出责任"的界定则参照国务院2016年的界定。在本书中,事权属于政府的权力范围,财政事权则属于政府的责任范围,财权属于政府的利益范围。很多研究并没有严格区分"事权"与"财政事权",而是以"事权"代指"财政事权",因此需要加以区别。

第三,对政府的"利"的界定,不同的理论有不同的观点。但学界大都认同政府组织及政府官员既追求与其委托人不同的自身利益,也追求与其委托人相一致的公共利益(史普原,2016)。第一代财政联邦主义理论假设政府追求社会福利最大化(Musgrave,1959;Oates,1972;Rubinfeld,1987;布坎南、马斯格雷夫,2000)。第二代财政联邦主义理论假设政府的目标由其所处政治制度决定(Brennan and Buchanan,1980;Salmon,1987;Qian and Weingast,1997;Oates,2005,2008;Weingast,2009,2014)。公共选择理论则假设政府组织或政府官员追求自身利益最大化,如部门预算最大化(Niskanen,1971)、自主决定预算最大化或剩余预算最大化(尼斯坎南,2004;马骏、周超、於莉,2005)、收入最大化(Levi,1988;Brennan and Buchanan,1977,1980)、个人效应最大化(唐斯,2006;敦利威,2004)、与工作相关的效用最大化(Dunleavy,1985,1989,1991)、政治晋升(周黎安,2004,2007,2017;徐现祥、李郇、王美今,2007)等。此外,还有学者根据政府动机的不同,将地方政府模型分为追求居民福利最大化的仁慈暴君型、提供服务与居民支付意愿一致的财政交换型、通过提供公共服务以实现社会目标的财政转换型、被追逐自身利益的官员和政治家俘获的利维坦型四类(Bailey,1999;沙安文、沙萨娜,2009)。总之,在多层级的委托—代理关系下,地方政府具有"三重代理"的身份,即地方政府既是中央政府或上级政府利益的代理人,也是自身利益的代理人,还是官员个体利益的代理人。但政治家和官员不会天然服务于公众的利益,政治家是否服务于共同体的利益,取决于能否设计一套官员与公众之间"激励相容"的制度安排(包刚升,2015)。

第四,需要区分职位层面与组织层面的责权利。现有研究有的强调了职位层面的"责权利一致"（韦伯，2004；法约尔：2013），有的则强调了层级政府层面的"责权利一致"（张丙宣，2014；折晓叶、陈婴婴，2011；贺雪峰，2015）及财政领域层级政府的"责权利一致"（Weingast，2009；奥茨，2012；罗卫东、朱翔宇，2018），还有一些强调了职位与组织都应该保持"责权一致"（荣敬本等，1998；杨雪冬，2012；陈国权、谷志军，2012；张康之、张乾友，2016；倪星、王锐，2018）。组织的责权利与职位的责权利之间的关系需要从两个层面来加以讨论。

一方面，组织是由职位组成的，因此职位的"责权利一致"与组织的"责权利一致"是责权利配置在同一个维度的两个方面。在理想情况下，组织与职位的责权利都应保持对称。实践中，党和国家机构改革、行政体制改革、财税体制改革的相关文件也都强调了组织与职位的责权利一致。如2015年发布的《中共中央　国务院关于深入推进城市执法体制改革改进城市管理工作的指导意见》，明确提出城市执法体制改革要"坚持权责利一致"，即"明确城市管理和执法职责边界，制定权力清单，落实执法责任，权随事走、人随事调、费随事转，实现事权和支出相适应、权力和责任相统一"①。其中，"责"是指城市管理和执法职责，"权"是指"权力清单"中列举的事权；"人随事调"是指人事调整与职责调整保持一致，即责权一致；"费随事转"是指职责调整与财政预算调整保持一致，即责利一致。由此可见，政府机构的责权利配置以职责履行为目标，以权力配置为履责手段，以利益配置为履责的保障与动力，责权利配置遵循了"责权一致""责利一致"的原则。

另一方面，职位需要分配给具体的个人，组织的"利"与占据某个职位的个人的"利"之间的关系需依据具体情况进行讨论。首先，个人的利益与组织的利益并不总是一致的，且不同层级的组织的利益也不同。在多层级政府组织中，不同层级的政府组织追求不同的利益，如中央政府主要追求国家利益，地方政府和主管部委主要追求局部利益，政府官员主要追求个人晋升或财富最大化，抑或是个人声望等（王广庆、侯一麟、王有强，2011）。只有将经济发展、公共服务改善等内容作为对官员个人晋升的考核指标时，实现激励相容，才能使官员个人利益与组织的利益保持一致。换句话说，官员个人

① 中共中央　国务院关于深入推进城市执法体制改革改进城市管理工作的指导意见[EB/OL]. (2015 - 12 -30)[2024 - 03 - 29]. https://www.gov.cn/zhengce/2015 - 12/30/content_5029663.htm.

可能通过集体策略，也可能通过个人策略，来实现个人效用的最大化，这取决于组织与个人的激励是否相容的制度安排。而为了确保组织目标的实现，应该建立组织与个人激励相容的制度安排。其次，上级政府对下级政府的惩罚与奖励首先体现为对官员个人的惩罚与奖励。在实践中，上级政府对下级政府的考核结果通常是上级政府对下级政府的领导班子进行综合考核评价及上级政府选拔任用和奖惩干部的重要依据。

二、政府责权利之间的关系

总的来说，责任是权力与利益配置的基础，权力是责任履行的手段，利益是责任履行的动力。只有责任与权力、责任与利益分别保持对称，才能保证责任的履行。

（一）责与权之间的关系

法治政府是权责统一的政府，权力与责任不可分离。理想的权责配置模式包含了四个要点："其一，有权必有责，二者的触发机制协调统一，治理目标定位清晰，可分解到部门和个人；其二，权力和责任的配置过程是一致的，组织体系结构完整，具有高度统筹能力、合作能力和执行能力；其三，权责边界范围明确，包括组织内部分工界限及与外部环境的界限；其四，权责的动态演变是同时进行的，保证二者在变动环境下仍高度对应。权责一致常被视为理论上制度安排的最优目标，以确定性和规范性成为国家治理的核心工具。"（倪星、王锐，2018）尽管理论上权责一致是公权力运行的基本原则，但在实践中"权大责小"或"权小责大"现象较为多见（陈国权，2009：21）。总之，在理论上，责任的配置决定了权力的配置，权力是政府组织履行职责的手段与保障，政府组织的责权应保持对称。

（二）责与利之间的关系

职责的分配决定了利益的分配，利益是职责履行的动力与保障。对于个人与组织来说，理想情况下个人或组织承担的职责越多、越重大，其享受的政治经济及精神方面的利益也应该越多。陈国权和李院林（2008）认为，只有当政府组织的职责与利益保持对等时，才能保障政府有足够的动力去履行职责。对利益与责任之间的关系，需要从两个方面展开论述。

一方面，从政府提供公共物品的职责与配置财政资源之间的关系入手，责利关系体现为政府的财政事权与财权应保持一致。周飞舟(2012)认为，财政体制的设计应该遵循财权与财政事权相对称的原则。因为"如果政府的(财政)事权远远超出其财权，则政府的财政就会出现赤字，并且没有能力为公共品和公共服务提供所需要的资金；如果财权远远超出其(财政)事权，则政府提供的公共品和公共服务的效率就会出现问题，因为财政收入基本上源于税收，财权超出(财政)事权说明这个地区的居民上缴了过多的税收却没有充分享受这些税收能提供的公共服务"。此外，奥茨分权定律也提出，在财政分权体制下要实现有效的公共物品供给，就必须使各级政府的财权和财政事权相匹配，否则便会影响公共物品的供给效率(奥茨，2012)。因此，财政事权的划分就是一种利益与责任的分配，财政事权应与财权保持对称(刘尚希、石英华、武靖州，2018)。

另一方面，从政府组织承担的责任与政府组织所面临的激励入手，责利关系体现为政府职责的完成情况与其能够获得的政治经济及精神利益保持一致。清朝创立了"冲繁疲难"制度，它既是地方行政等级划分制度，也是一种地方官员选任制度，充分体现了政府承担的责任与政府的政治利益之间的匹配关系(张振国，2019)。简单地说，某个地方的政务处理难度系数越高，就给予某个地方的政府组织及官员更高的行政等级。在现代社会，压力型体制下上下级政府逐级通过目标管理责任制进行责任(通过签订责任状进行指标、任务的层层分解)和利益(依据考核结果给予升迁、提资、提拔、奖金、授予称号等经济、政治、精神方面的利益)的匹配，进而建立上下级政府间"责任—利益连带"关系(荣敬本等，1988；王汉生、王一鸽，2009；杨雪冬，2012)。由此可见，理想的情况下压力型体制致力于实现责利一致。现实中，压力型体制常因责任层层分解与层层加码，且并未向下级政府配置相应的财政资源，进而导致政府间责利错位(荣敬本等，1988；杨雪冬，2012)。

（三）权与利之间的关系

马克思认为"人们奋斗所争取的一切都同他们的利益有关"(马克思、恩格斯，1964)。在理想的情况下，权力与利益是呈正相关的关系的。由于权力是职责履行的最重要手段，而更多的权力意味着更多的利益和更强的能动性(鲁敏，2012)。此外，在职权范围内权力要求的利益强调的是职责范围内的支配力量(张晋武，2010；李苗、崔军，2018)。因此，在理想情况下，政府配置的职责越多且越重要,其配置的权力也应该越大,其能支配的利益也应该越多。但在我国的实践中,由于政府的权力自下而上向上集中,通常级别越高的政府组织,配置的事权、财权、人事权力越大,其能调动的资源越多,其能支配的政治经济利益也越多(鲁敏,2012)。在财政领域内,政府的财政事权的多少决定着各级政府管理事务的权力,财权与相应财政事权的匹配程度决定了利益的分配格局(汤火箭、谭博文,2012)。此外,权力与利益之间的关系还表现在利益对权力的激励与约束作用,以及权力对利益的保护作用两个方面。一方面,职责的分配及履行情况决定了利益的分配情况,而职责的履行依赖于权力的行使,这会激励政府积极利用手中的权力去履行职责,以尽可能获得最大的利益。反过来说,如果一项职责的履行使政府没有获得应有的利益,政府行使其权力去履行职责的动力就会不足。另一方面,当某一政府组织的利益受到其他政府组织的侵犯时,政府必然会利用其权力去保护自身利益。

三、选择性交错的概念阐释

在政府责权利配置的制度模式中,"责权利交错"是与"责权利对称"相对应的一种制度模式。

责权利对称,是指组织或组织职位配置的责任与权力、责任与利益、权力与利益分别对等,并且责任、权力与利益集中于一个主体。也正因为如此,政府责权利对称模式只有一种类型。其表现形式如图1.1所示,用三棱锥来表示责权利对称的情形,责权利分别构成三棱锥的三条棱,且三条棱的长度相等。

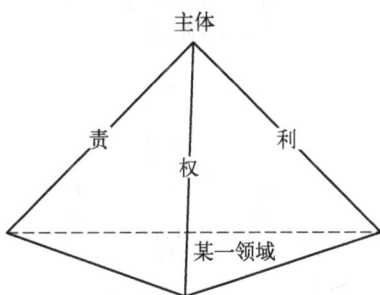

图1.1 政府责权利对称的表现形式

责权利交错,是指组织或组织的职位配置的责任与权力、责任与利益、权力与利益不对等,并且责任、权力与利益分散在不同的主体,即组织或职位配置的责任、权力、利益在不同的主体之间发生错位。如图1.2所示,用三棱锥来表示责权利交错的情形,责权利分别构成三棱锥的三条棱,图1.2(a)、图1.2(b)、图1.2(c)、图1.2(d)代表了政府间责权利交错模式的四种理想类型,图中的虚线(三棱锥底面的虚线除外)表示发生错位的事项。

其中,图 1.2(a)、图 1.2(b)、图 1.2(c)中表示责权利的三条棱的长度相等,图 1.2(d)中表示责权利的三条棱的长度不相等。根据责权利之间交错方式,可以将政府间责权利交错分为政府间责权交错(Ⅰ)、政府间责利交错(Ⅱ)、政府间权利交错(Ⅲ)(指政府间权力与利益的交错)和政府间责权利交错(Ⅳ)四种理想的类型①。需要说明的是,政府间责权利交错可能发生在两个政府主体之间,也可能发生在三个政府主体之间,并随着责权利交错方式与交错主体的不同(如条与块之间、块与块之间、条与条之间),每一种政府间责权利交错模式都表现出多种形式,图 1.2 旨在帮助读者理解政府间责权利交错的表现形式。

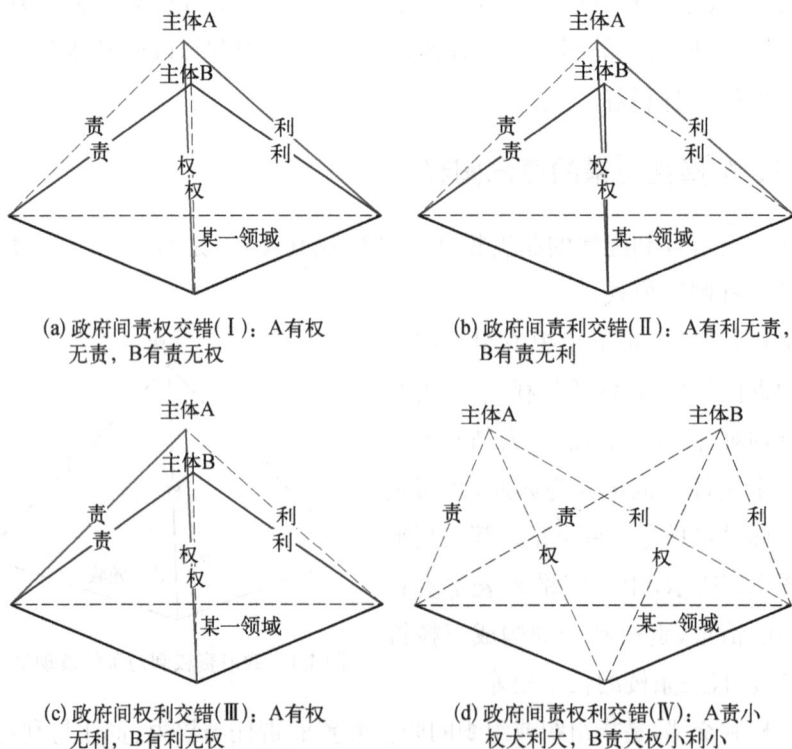

(a) 政府间责权交错(Ⅰ):A有权无责,B有责无权

(b) 政府间责利交错(Ⅱ):A有利无责,B有责无利

(c) 政府间权利交错(Ⅲ):A有权无利,B有利无权

(d) 政府间责权利交错(Ⅳ):A责小权大利大,B责大权小利小

图 1.2　政府间责权利交错的表现形式

注:图中的虚线(三棱锥底面的虚线除外)来表示发生错位的事项。

---

① 需要注意的是,政府间责权利交错是对所有的政府间责权利交错类型的总称,而政府间责权利交错(Ⅳ)是政府间责权利交错模式中的一种。

第一种理想类型是政府间责权交错（Ⅰ），表示在某一领域内政府主体A有权无责，而政府主体B有责无权，如图1.2(a)所示。如由政治分工引起的决策机构与执行机构之间的责权交错，或由政务分工引起的行业主管部门（或业务主管部门）与综合执法部门之间的责权交错。

第二种理想类型是政府间责利交错（Ⅱ），表示在某一领域内政府主体A有利无责，而政府主体B有责无利，如图1.2(b)所示。如由外部性引起的辖区政府间责利交错。

第三种理想类型是政府间权利交错（Ⅲ），表示在某一领域内政府主体A有权无利，而政府主体B有利无权，如图1.2(c)所示。这种交错在现实中一般不太常见。一方面，在政府责权利配置的过程中，权力与利益的配置是以责任为基础的，在理想的情况下"权与责""利与责"分别保持对称，权力与利益并不直接发生关系，而是基于责任的连接而形成权力与利益对称的关系。另一方面，在政府运行实践中，拥有权力的政府组织往往可以利用其权力地位为自身承担的职责争取到更多的财政资源。同时，从理性经济人的角度出发，政府组织具有"趋权避责"与"趋利避责"的内在冲动，因此政府组织可能会因为选择转移责任或汲取资源而导致责权交错或责利交错，但它们往往会保留权力与利益，故权力与利益发生交错的情形一般不太常见。

第四种理想类型是政府间责权利交错（Ⅳ），表示在某一领域内由于责与权、责与利同时发生错位而使政府主体A责小权大利大，而政府主体B责大权小利小，如图1.2(d)所示。如在省管县与市管县混合管理体制下，由于在人事、行政、财政方面实行不同的管理体制而使某一领域的责权利在省、市、县（市）之间发生错位，进而形成政府间责权利交错模式。

在已有研究中，学者们使用"权责不对等"（徐勇，2003；叶贵仁，2007；马跃，2011）、"权责倒置"（张翔，2017）、"权责背离"（麻宝斌、郭蕊，2010；麻宝斌，2015）、"权责错位"（关保英，2002）、"责权利不对称"（贺雪峰，2015）、"权责失衡"（荣敬本等，1998；吴帅、陈国权，2008；吴金群等，2013；韩艺、陈婧，2017）、"权责分立"（倪星、王锐，2018）、"非对称权责结构"（陈家建、张洋洋，2021）等多种分析概念来概括实践中存在的政府间责权利不对称或错位现象。尽管不同的学者对这些分析概念的界定不同，但这些概念本质上都是指一种与"责权利对称"相逆的责权利配置模式，即"责权利不对称"。本书之所以没有使用"责权利不对称"这个分析概念，而是使用"责权利交错"作为一个分析概念来分析政府间责权利不对称或错位现象，主要是因为它更加有助于厘清责权利在不同政府主体之间的配置关系。因为"责权利交错"更多地强调责权利在不同政府主体之间形成的错位关系，它既关注责与权、责与利之间的关系，也关注责与权、责与利在不同政府主体之间的关系。相对来说，"责权利不对称"更多地强调单个政府主体的责权利关系，它比较关注责与权、责与利之间的关系，而不太关注责与权、责与利在不同政府主体之间的关系。然而，对于某个政府主体来说的责权利不对称，对于两个或多个政府主体来说便是一种责权利交错。因此，在分析责权利之间的关系时，关注其在两个或多个政府主体间的关系，能更全面地考察政府责权利配置的全貌。需要说明的是，本书中所说的责权利对称或责权利交错，均是指在实践中有明确归属主体的责权利配置，不包括缺失政府主体的责权利配置。

根据责权利交错发生主体与发生领域的特点，政府间责权利交错可以分为政府间责权利选择性交错与政府间责权利非选择性交错（以下简称选择性交错与非选择性交错）两种类型。其中，选择性交错是指政府主体根据需要有选择性地在某些领域内使责权利关系在不同政府主体间发生错位，而在另外一些领域内使责权利关系保持对称。简单地说，选择性交错就是对发生主体与发生领域具有选择性的这一类政府间责权利交错。非选择性交错是指对发生主体与发生领域没有选择性的这一类政府间责权利交错。举例来说，在属于政治任务的领域或国家治理风险较高的领域内（如食品安全、环境保护等领域），上级政府组织会选择通过责任转移的方式来使政府间责权利关系发生交错，以降低自身面临的社会风险（杨华，2019；曹正汉、周杰，2013）。因为这些领域关系到政府官员的"官帽子"或国家治理的稳定性，且这类政治任务通常以党委、政府的"中心工作"的方式被转移给下级党委、政府，所以即使是在政府间责权利交错的模式下，下级政府组织也必须完成这类任务。这种政府间责权利交错模式在发生主体（纵向块块之间、上级条条与下级块块之间）与发生领域（属于政治任务领域或国家治理风险较高的领域）上表现出一定的选择性。而现实情况的发展超脱于现有的法律法规以及规章制度的设计而导致的政府间责权利交错，这类政府间责权利交错可能发生在任何领域与任何政府主体之间，其对发生的主体与领域没有选择性,因此属于非选择性交错。

与非选择性交错不同,选择性交错体现了政府的行为与制度设计背后的制度逻辑,它是本书的研究对象。按照理想型分类,政府间责权利选择性交错也可以分为政府间责权选择性交错(Ⅰ)、政府间责利选择性交错(Ⅱ)、政府间权利选择性交错(Ⅲ)和政府间责权利选择性交错(Ⅳ)四种类型。这里的政府间权利选择性交错(Ⅲ)与前文中的政府间权利交错(Ⅲ)一样在现实中不太常见。

四、选择性交错的关键特征

已有研究描述了各种各样的政府间责权利交错的现象,但少有研究对政府间责权利交错模式进行分类,并对不同类型的政府间责权利交错模式的特征进行分析。结合已有研究以及笔者在田野调查中对政府间责权利交错的经验现象的观察,本书从三个方面提炼出政府间责权利选择性交错的关键特征。

(一)政府间责权利选择性交错具有"时间效应"的特点

这主要表现为政府间责权利选择性交错发生的过程具有动态性,某一时点上政府组织的责权利是对称的,但从某一个时间段来看,政府的责权利在不同的政府主体间可能发生选择性交错。

如在业务主管部门与综合执法部门构成的审批—监管—执法的业务流程中,在审批与监管环节,业务主管部门的责权利是对称的;在执法环节,综合执法部门的责权利也是对称的。但当业务主管部门在审批与监管环节的工作出现纰漏,使得综合执法部门在执法过程中的执法责任增加时,而这种责任的增加影响到其绩效考核时,业务主管部门与综合执法部门在时间维度上发生了责利选择性交错。这种责利选择性交错并不是在某个时间点上发生的,而是在审批监管环节与执法环节两个不同的时间点先后发生的。正是由于这种选择性交错具有时间效应,使得业务主管部门与综合执法部门之间的责利选择性交错隐蔽化了,进而无法从根源上追究业务主管部门的责任,而只能从结果上追究综合执法部门的责任。

又如地方政府债务偿还中的政府间责利选择性交错,也具有时间效应。当本届政府的债务期限长于本届政府官员的任期时,本届政府在任期间创造的债务的偿还责任会自然转嫁给下届政府,这就使得本届政府与下届政府在时间维度上发生了责利选择性交错。债务偿还中的政府间责利选择性交错可以在时间维度上无限地传递下去,直到某届政府的债务总规模突破中央政府设定的极限。尽管并不是所有的政府间责权利选择性交错类型都具有时间效应的特点,但时间效应是某些政府间责权利选择性交错模式的重要特征,后文将结合具体类型进行分析。

(二)政府间责权利选择性交错模式具有"结构性嵌入"与"制度性嵌入"①的特点

这主要表现在政府间责权利选择性交错的发生,既嵌入在我国的政治行政体制与组织结构之中,也是政府组织在这种制度与结构的制约之下基于自身有限的自主性与其他政府组织相互作用的结果。在我国,单一制的集权体制、自上而下或向上负责的行政管理体制、属地管理制、垂直管理制、双重领导制等为政府间责权利选择性交错的发生提供了制度性或结构性的条件。在单一制的集权体制与自上而下的行政管理体制之下,权力与资源容易向上级政府集中,而责任容易向下级政府分散,这就为上下级政府之间发生责权利选择性交错提供了制度性条件。在属地管理制与垂直管理制背景下,作为块块的地方政府要对属地范围内的一切事务承担主体责任,但是有些政府职能部门又实行垂直管理制,使得责任属地,而权力与资源却不属地,这就比较容易发生条块之间的责权利选择性交错。在双重领导制(具有双重从属性的条块结构)下,地方政府的工作部门既要接受同级地方政府的统一领导,还要接受上级政府主管部门的业务指导或领导,这种双重从属的条块结构为上级主管部门向下级政府的工作部门转移责任提供了结构性条件。

---

① Granovetter 将波兰尼的"嵌入性"思想引入经济社会学分析中,认为现代工业社会中的个体行为嵌入在社会关系结构与关系网络之中并受到其限制,提出了结构嵌入和关系嵌入理论。Zukin 和 Dimaggio 发展了 Granovetter 关于结构嵌入的理论,并提出了认知嵌入、文化嵌入、政治嵌入等概念,分别强调了心理过程的结构化、共享的集体共识、非市场化的制度等对经济活动者的限制。Nee 和 Ingram 也发展了 Granovetter 关于结构嵌入的理论,提出了制度嵌入性的概念,强调正式制度和非正式制度对人类行为的制约与赋能作用。引自: ① GRANOVETTER M. Economic action and social structure: the problem of embeddedness[J]. American Journal of Sociology, 1985, 91(3): 481-510.② ZUKIN S, DIMAGGIO P J. Structures of capital: the social organization of economy [M]. New York: Cambridge University Press, 1990. ③ NEE V, INGRAM P. Embeddedness and beyond: institutions, exchange, and social structural[M]// BRINTON M C, NEE V. The new institutionalism in sociology. New York: Russell Sage Foundation, 1998: 19-45.

（三）政府间责权利选择性交错模式具有"模仿性同构"的特点

政府组织并不是完全嵌入在政治行政与组织结构之中，而是具有一定的自主性或能动性，它们能够利用我国行政制度与组织结构为自身获取可以利用的制度资源，进而改变政府间责权利配置状态。如在上级政府向下级政府转移责任，使上下级政府间发生责权选择性交错时，下级政府也会效仿上级政府向更下一级政府转移责任或向社会与市场转移责任，使各个层级政府间都发生责权选择性交错，或使政府与市场、社会之间发生责权选择性交错。如在压力型体制中，责任是层层向下转移的，而权力与资源却没有同步下放，使得各个层级政府间责权都发生责权选择性交错。尤其是这种责权利选择性交错会一直传递到基层政府，使得县政府与乡镇政府（街道办）之间、乡镇政府（街道办）与村（居）委会之间的责权利选择性交错现象更为普遍。而之所以会发生这种模仿性同构，主要是因为这种责权利选择性交错最初是由权力地位较高的政府组织发起的。当上级政府组织采用这种责权利选择性交错模式之后，下级政府便从上级政府那里获取了使用这种模式的"合法性"，进而继续向更下级政府传递这种模式。这种层层模仿或层层传递的方式，相当于各级政府之间达成了一种共谋。

第三节　政府间责权利配置研究的内容、方法与路径

为了回应"政府间责权利选择性交错为何发生且持续存在"这一核心问题，本节通过搭建研究内容框架，从资料收集与资料分析两个方面选择适配的研究方法，进而形成研究开展的技术路径，为整个研究建立清晰的研究思路。

一、政府间责权利配置研究的内容

围绕"政府间责权利选择性交错为何发生且持续存在"这一核心问题，本书分 7 章来进行讨论，具体的内容安排如下：

第一章，政府间责权利配置研究的框架与路径。首先，通过梳理研究背景和经验现象，提出研究问题——政府间责权利交错为何发生与持续存在；

其次，从政府的责权利、政府的责权利之间的关系、政府间责权利选择性交错等方面阐述本研究的基本概念与研究对象；最后，阐述本研究的研究内容、研究方法与技术路线。

第二章，政府间责权利配置的文献述评：基于组织—制度—过程—功能视角。从组织结构、运行过程、制度规范、结构功能四个视角回顾已有研究中的政府间责权利关系的相关内容，对已有研究的贡献、启示及不足之处进行评述，指出本研究在政府间关系领域内可以继续推进之处，明确本研究的创新方向。

第三章，选择性交错分析的理论基础与整合框架。基于已有研究的贡献、启示与不足，结合中国的国家治理情境与政府责权利配置的制度结构，借鉴制度逻辑理论和结构功能主义理论的思想与分析方法，对已有研究进行整合，提出一个解释"政府间责权利选择性交错为何发生且持续存在"的"结构—过程—功能"的整合性分析框架。

第四章，选择性交错的结构：组织分析与类型划分。根据我国的治理情境，在将政府体系分为党委系统与行政系统两个子系统后，通过对政府体系的组织结构与组织制度进行分析，提出政府间责权利选择性交错发生的结构基础与制度基础。在此基础上，从结构与制度层面分析政府间责权利选择性交错的类型及表现形式。

第五章，选择性交错的过程：基于浙江省的案例分析。通过梳理财政省管县改革与扩权改革推进的政策背景与实践背景，明确选择浙江省作为案例分析对象的依据，在此基础上进一步分析改革开放以来浙江省市县责权利关系的改革历程，并结合制度逻辑理论分析浙江省市县之间责权利选择性交错模式形成的过程。

第六章，选择性交错的功能：复合形态及实现机制。基于制度逻辑理论与结构功能主义理论，确定国家治理系统与公共事务治理系统作为政府间责权利选择性交错模式的功能分析单元并建立相应的功能分析框架，在此基础上分析政府间责权利选择性交错模式对于国家治理系统的正功能及其实现机制与对于公共事务治理系统的负功能及其生成原因。

第七章，制度逻辑与政府间责权利配置：对选择性交错的再思考。基于前文对政府间责权利选择性交错的结构分析、过程分析与功能分析，对政府间责权利交错的选择性特征表现、制度逻辑的选择与组织注意力的聚焦之间的关系，以及政府间责权利交错模式的演变方向进行整体性地再思考。

二、政府间责权利配置研究的方法

鉴于研究对象的复杂性且难以进行直接测量，本书主要采用定性研究方法，以案例分析与制度分析为主，并在不同的研究阶段采用了不同的资料收集方法与资料分析方法，具体情况如下。

（一）资料收集方法

第一，文献调查。通过梳理国内外关于地方政府间责权利配置研究的相关文献，剖析已有研究的研究成果与不足之处，找出研究领域内可以继续精进的研究问题及创新方向。同时，笔者系统学习制度逻辑理论与结构功能主义理论的思想与分析方法，结合中国的治理情境，建构适合本书主题的理论分析框架。

第二，档案调查。档案资料包括统计年鉴、政府工作报告、《中华人民共和国宪法》（以下简称宪法）与《中华人民共和国地方各级人民代表大会和地方各级人民政府组织法》（以下简称地方组织法）等法律文本，以及关于政府机构改革、行政管理体制改革、财政体制改革、人事管理制度改革、收入分配政策相关的规章制度与政策文本。其中，大部分资料可通过互联网数据平台（如中国共产党历次全国代表大会数据库）或档案馆（如图书馆馆藏的统计年鉴）获取，少部分资料则通过课题合作的方式由政府工作人员提供。这些档案资料构成了政府间责权利关系形成的结构与制度基础分析，以及责权利选择性交错发生与持续过程中关键事件分析的重要资料来源。

第三，信息公开申请。针对部分年代比较久远且难以获取的资料，笔者主要通过依法申请信息公开的方式获取。这部分资料主要包括省与计划单列市之间的财政制度安排资料。为了保证资料的有效性，笔者先后向计划单列市的财政局与计划单列市所在地的省财政厅就省与计划单列市之间的财政制度安排依法申请信息公开。

第四，深度访谈。主要是通过田野调查和深度访谈就地方各级政府及其工作部门的责权利配置现状、责权利配置制度变迁及责权利配置中存在的问题进行集体座谈或半结构式访谈，获取地方各级政府及其工作部门的责权利配置的相关数据及案例，为政府间责权利选择性交错模式的类型划分以及政府间责权利选择性交错的过程分析与功能分析提供经验证据。

笔者自 2019 年开始陆续在市政府、区政府、县政府、乡镇政府开展田野调查工作，直到 2021 年初结束田野调查工作。2019 年 3—7 月间，笔者主要是在我国东部地区与中部地区进行田野调查。笔者与笔者所在的团队最早是在东部地区 P 县进行了为期一星期的参与式观察与多次半结构式访谈，了解 P 县纪律检查委员会与监察委员会（以下简称纪委监委）、发展改革局、财政局的责权利配置情况以及它们与其他相关部门的业务关系，同时访谈了在 P 县多个乡镇担任过镇长与党委书记的某领导以及 P 县某社区居民委员会原主任。随后，笔者在东部地区的 W 地级市与 H 地级市政府进行半结构式访谈，访谈了 3 位市政府相关领导，了解市政府的责权利配置情况及市政府与省政府、县（市）政府之间的责权利关系。2019 年 8 月，笔者又到中部地区 H 地级市的自然资源部门与 H 县 B 镇进行访谈，了解自然资源部门派驻在乡镇的自然资源所与乡镇的机构设置与责权利配置情况。2021 年 1 月，笔者与笔者所在的团队在东部地区 H 市 F 区进行半结构式访谈，主要是对区政府、规划局、财政局、自然资源局、交通局、城管局、生态环保分局的相关代表进行了集体座谈与一对一的半结构式访谈。在访谈的过程中，笔者还运用事件调查法，通过考察一些中心工作（比如维稳、环境治理、违章建筑拆迁等）推进过程中各级政府以及相关部门是如何进行业务分工与合作的，来了解政府间责权利配置的过程。2021 年 3 月，笔者又到中部地区 H 县 B 镇进行了回访并增加了对村干部进行访谈的内容。总的来说，本研究共访谈了近 30 位政府相关人员，其中用到的访谈资料的编码及访谈对象的情况如表 1.1 所示。

表 1.1　政府间责权利配置相关的访谈资料简介

访谈编码	访谈单位	访谈人员	访谈方式
201903WPJ	W 市 P 县纪委监委	科室负责人	集体座谈与半结构式访谈
201903WPC	W 市 P 县财政局	科室负责人	集体座谈与半结构式访谈

续　表

访谈编码	访　谈　单　位	访谈人员	访　谈　方　式
201907WPA	W 市 P 县 A 镇政府	原镇党委书记、镇长	一对一的半结构式访谈
201907WPF	W 市 P 县发展改革局	科室负责人	一对一的半结构式访谈
201908HHB	H 市 H 县 B 镇政府	原镇党委书记、镇长	一对一的半结构式访谈
202101HXS	H 市 X 区市场监督管理局	科室负责人	一对一的半结构式访谈
202101HFZ	H 市 F 区综合执法局	科室负责人	一对一的半结构式访谈
202101HFS	H 市 F 区生态环境保护分局	科室负责人	一对一的半结构式访谈
202103HCX	H 省财政厅信息公开处	工作人员	一对一的半结构式电话访谈
202103HHX	H 市 H 县 X 行政村	村干部	一对一的半结构式访谈

（二）资料分析方法

第一,案例分析。个案研究的优点在于能够通过深层次的信息挖掘来保证叙事的完整性,其缺点在于样本量有限、外部效度低,因此遵循"以信息为本"和"变量极值"的案例选取导向对于破解个案研究的困境非常重要(丁煌、卫劭华,2021)。本书之所以选取浙江省市县之间的责权利选择性交错模式作为管理层级错位型交错的典型案例来剖析责权利选择性交错模式形成的过程,一方面是因为浙江的省管县与市管县混合管理体制是全国省管县与市管县混合管理体制推行的先导,在地方政府创新与地方政府的自主性方面具有典型代表性;另一方面则是因为该案例可获取的资料非常丰富,能够为笔者开展过程研究提供便利。

第二,制度分析。制度分析方法是分析政府间责权利关系的基本研究方法。政府间责权利关系模式在本质上首先是政府的一项制度设计,其次是政府组织运行的一种状态,要理解政府间责权利选择性交错模式为何发生与持续存在就必须先了解其产生的制度结构。与其他理论不同,制度逻辑理论强调制度与组织之间是赋能与制约(enable and constrain)的关系。它既关注制度对组织的实践与身份的影响，也关注组织通过新的实践与身份来对制度进行重塑，同时特别关注组织所嵌入的多重制度系统与主导制度逻辑。因此，本书在使用制度分析方法时注重对政府组织面临的多重制度环境以及组织与制度之间的相互作用的分析。通过对宪法、地方组织法及相关法律法规和政府组织的职责范围、结构设置、权力运行程序、行政管理体制、财政管理体制、人事管理体制等正式制度以及非正式制度进行制度分析，阐述政府间责权利选择性交错发生与持续存在的制度结构。

第三，系统分析。政治系统分析包括一般政治系统分析和结构—功能分析两种分析方法。前者主要是对政治系统与环境之间的关系进行输入—输出分析，后者主要是对政治系统内部的结构和功能进行分析，其目的都在于阐述政治系统运行的状况和规律（燕继荣，2013）。本书主要借鉴政治系统分析方法中一般政治系统分析方法对政府体系的结构进行分析，以此来确定政府组织在整个政府体系中的位置与角色，并展现政府间责权利选择性交错形成的结构基础。同时，本书借鉴结构—功能分析方法对政府间责权利选择性交错模式进行功能分析，将政府间责权利选择性交错模式看作是一种制度模式，并选定不同的功能分析单元，以此来分析政府间责权利选择性交错模式对于不同的功能分析单元的不同功能。

第四，文本分析。文本分析法是指一种通过对文本材料进行深度剖析，从中发现社会行为或现象的基本特征、类型与机理的方法（毛益民，2017）。它包括文本定量分析、文本定性分析、文本的定量与定性的综合分析 3 种类型（涂端午，2009）。本书主要通过对政府间责权利配置相关的法律法规、规章及政策文本与访谈记录进行由表及里的定性分析，梳理出政府间责权利关系演变的阶段性特点并为政府间责权利选择性交错模式的类型划分提供案例支撑。

三、政府间责权利配置研究的技术路径

本书从经验现象与理论假设之间的冲突出发，提出研究问题，进而在现有研究的启示与新的理论视角的借鉴下提出分析问题的理论框架，最后通过制度分析与案例分析回答所提出的问题，具体研究思路如图 1.3 所示。

经验现象：政府间责权利交错现象长期存在

理论命题：责权利对称是组织设计的基本原则

冲突

文献述评

提出问题：政府间责权利选择性交错为何发生且持续存在

理论借鉴

建立"结构—过程—功能"的分析框架

多重制度逻辑

确定制度逻辑

选择功能分析单元

资料收集方法：
文献调查
档案调查
信息公开申请
深度访谈

互补　冲突

选择性交错的结构分析

选择性交错的过程分析

选择性交错的功能分析

资料分析方法：
案例分析
制度分析
系统分析
文本分析

回顾　再思考

制度逻辑与政府间责权利配置

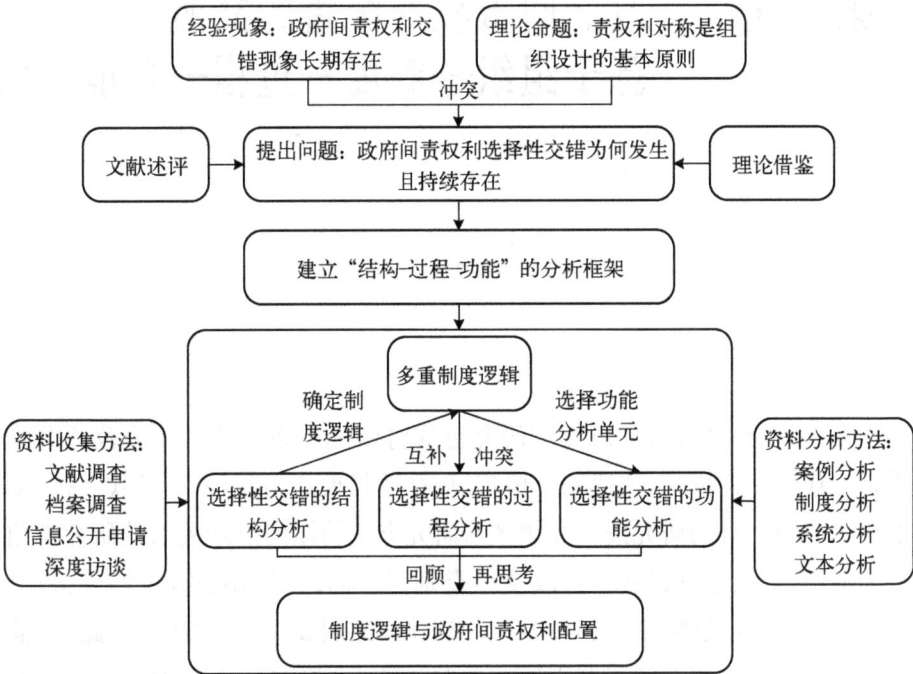

图 1.3　技术路线图

第二章 政府间责权利配置的文献述评：基于组织—制度—过程—功能视角

在已有研究中,有的研究按研究范式将府际关系主流的研究范式分为委托—代理结构模式、法律制度模式、理性选择模式、相互依赖模式4种(罗湘衡,2016)。有的研究按研究领域与研究方法将纵向府际关系的研究视角分为经济学、法学、政治学、行政学等类别(吴帅,2011),或政治学、经济学、组织学、法学等类别(李文钊,2017),或财政、宪制、政治3种研究进路(王浦劬等,2016)。本章在借鉴前人研究的基础之上,根据政府间责权利交错的成因与效应评价,将政府间责权利关系的研究分为组织结构视角下的研究、制度规范视角下的研究、运行过程视角下的研究以及结构功能视角下的研究4类。

第一节 组织结构视角下的责权利配置研究

组织结构视角下的责权利配置研究多采用结构分析的研究方法,将政府间责权利关系置于政府组织的结构中加以考察,认为职责同构、条块矛盾、科层制组织的缺陷、单一制组织结构等造成政府间责权利交错。这一视角主要基于泰罗的科学管理理论、法约尔的行政管理理论、韦伯的科层制等古典组织理论,预设科层制组织应该按照专业分工、权力等级、制度化、非人格化等原则清晰划分政府组织的责权利并使责权利保持一致。但行政组织与市场组织有所不同,基于市场组织发展出来的组织理论预设应该保持权责对等,否则代理人会退出组织,而行政组织的代理人没有退出权,因而其权责配置模式不是只有权责对等一种，而是具有多种配置模式（陈家建、张洋洋，2021）。而我国行政组织并非理性科层制组织，其特有的职责同构、条块纵横交错的结构特征以及科层制组织的缺陷使得上级政府容易向下级政府转移责任，造成政府间责权利错位。

一、职责同构与责权利配置

关于纵向政府间关系的研究，学者们提出职责同构（朱光磊、张志红，2005）、"十字形"博弈（刘祖云，2007）、轴心辐射模式（周振超，2008；周振超，2009）、授权体制（薛立强，2010）等观点。其中，轴心辐射模式认为各级政府在功能、职责、组织原则、制度架构、运行模式、施政方式等方面大体都是同质同构的，职责同构只是诸多同构中的一种（周振超，2009）。总体上来说，这些研究都认为纵向政府间的责权配置采用"职责同构"模式。

"职责同构"是关于当代中国政府间关系总体特征的一个理论概括（朱光磊、张志红，2005），也是中国政府纵向职责配置的基本模式（周振超、张金城，2018）。"职责同构"指除少数专属中央的权限外，不同层级的政府在纵向职能、职责、职权和机构设置上的高度统一，其产生的基础在于我国单一制国家结构形式与计划经济体制对集中资源与限制部门集权的需要（朱光磊、张志红，2005；杜创国，2008）。在计划经济体制下，"职责同构"模式为地方对抗部分集权提供了合法性，同时在一定程度上调动了地方积极性，减少计划体制效率损失，还有助于改革后国家平稳地走向市场经济体制（朱光磊、张志红，2005）。改革开放以来，随着政府职能转变与政府机构改革的深入推进，"职责同构"作为一种体制优势进一步凸显（张志红，2020；朱光磊、张志红，2024）。但"职责同构"带来的问题仍然存在，如导致纵向政府间职责不清（朱光磊、张志红，2024），上下级政府间职责"错位""越位""缺位""争利让责"（任博、孙涛，2017），以及政府管理过程中的"上面决策，下面执行，上面领导，下面负责，上面负担重，下面责任多，权力与责任不对等"及职责交叉重复、模棱两可等问题（朱光磊，2002）。

关于职责同构产生的根源，有研究将其归结于以轴心辐射模式为特征的国家整合方式，认为其通过人事任命、责任机制、党政关系等变量，影响职责同构的管理模式（周振超，2008）。也有研究基于结构同形理论（Theory of Structural Isomorphism)(DiMaggio and Powell,1983),认为中国上下级政府的职责同构是强制性压力和规范性要求的产物(吴理财,2009)。此外,还有研究将其归结于集权传统、单一制国家结构形式、计划经济体制(贺鹏,2014)与权威体制(韩万渠、孙锦帆,2018)。针对职责同构造成的权属不明与职责划分不清的问题,学者们提出了"职责异构"(白现军,2010;任博、孙涛,2017)、"职责序构"(朱光磊、杨智雄,2020)等解决方案。其中,"职责异构"强调各级政府的职责不同,且有自己特定的职责,是西方国家职责配置常用的模式(王向澄、孙涛,2014);"职责序构"强调按照"序列"对广义政府职责体系进行"归堆",以及按照"次序"对狭义政府职责体系进行"分层"(朱光磊、杨智雄,2020)。

二、条块矛盾与责权利配置

一般来说,条块关系模式包括条与条、条与块、块与块之间的关系(周振超,2009)。总的来说,我国政府的条块矛盾主要表现在权力关系、行政关系与财政关系三个方面。这些矛盾加剧了政府间责权利的失衡(林尚立,1998)。

第一,条块间权力集分的矛盾。一方面,"条条"权力过分集中,"块块"被肢解,地方政府协调能力难以发挥,即"条条专政";另一方面,"块块"各自为政,中央宏观调控不力,即"块块专政"(马力宏,1998;周振超,2006)。在实践中,条块权力集分矛盾导致了权责失衡的问题。刘承礼(2016b)认为,条条集权与条条扩权、条条缺位与条条越位、条条专政与块块全能、条块矛盾与块块阻隔、条条分割与条块干扰等问题导致条块权责失衡。叶贵仁和欧阳航(2021)认为,强镇扩权改革过程中将权力下放给条条机构,而责任压实在块块政府,导致经济强镇陷入"权虚责实"的困境。仇叶(2023)则认为,县级条条借助部门工作"中心化"机制来强化自身的权力,并将责任推给乡镇政府,导致条块之间的责权利不匹配,并且中心工作任务的扩大化会进一步深化条块之间的责权利不匹配结构。

第二,条块间政策矛盾。条块矛盾不仅导致机构重叠、职能交叉、行政效率低下、决策与执行分离、权责不一致等问题(周振超,2005;张劲松等,2008;国务院发展研究中心"推进经济体制重点领域改革研究"课题组,

2013；周振超，2019），还使地方政府在执行中央政策时采取变通、共谋与抗争行为（周雪光，2008；周雪光，2011；艾云，2011；刘骥、熊彩，2015；李元珍，2015）。同时，"党政不分"和"条块分割"使得中国公共政策的正式执行结构具有"有限分权"的特征，而这种"有限分权"的结构性因素导致权力的上下交错、左右交错和纵横交错，形成权力的支离破碎，造成"政出多门"（龚虹波，2008）。

第三，条块间权与利的矛盾。它是指在统一领导、分级管理的原则与统一的财政制度之下，地方财政收入虽然增加了，但地方政府支配收入的权力不一定扩大（林尚立，1998）。

从根源上来看，我国政府的条块矛盾主要源于"双重从属制"或"职责同构"的制度设计（马力宏，1998；孙发锋，2011；崔志梅，2018；周振超，2006），中国改革后半程的再集权运动对条块矛盾的加剧作用（Mertha，2005），中国一元化的超大规模集权系统的内部紊乱（李侃如，2010）等方面。

三、组织缺陷与责权利配置

这一类研究主要是将权责背离的成因归结于科层组织结构设计的缺陷。有学者将传统公共行政时期的权责背离的情境分为封闭环境下资源垄断形成的权责背离、科层组织多元化目标导致的权责背离、隐藏于科层组织结构安排中的权责背离和以规则控制组织运行中产生的权责背离 4种，将传统公共行政反思时期的权责背离情境分为绩效责任引发的权责背离、目标导向引发的权责背离和责任移植导向的权责背离 3种，且将权责背离的原因主要归结于委托代理关系、个体决策缺少有效制约及集体决策带来的责任分散、价值理性与工具理性的冲突、非人格化的理论预设、官僚组织扩张的本性等（郭蕊，2009）。也有学者指出，"权责背离"内生于科层组织设计当中，无法通过科层组织自身的努力来消弭，尽管它是我国政府改革必须解决的问题，但现阶段我国政府改革又难以超越科层组织反功能化悖论（麻宝斌、郭蕊，2010）。此外，还有学者指出，科层组织中的委托—替代关系会造成下级官员的代理人角色，导致责权利分离，而这个问题又因为中国政府组织规模庞大、结构复杂、地位垄断及制衡机制缺失而加剧（周雪光，2011）。

四、国家结构形式与责权利配置

这一类研究主要是将政府间责权利不对称、权责错位的成因归结于国家结构形式的特性。单一制与联邦制是常见的两种国家结构的组织原则，其本质在于通过制度安排实现纵向政府间的权力配置与互动，核心是责权利的划分与平衡。在单一制国家，主权事务在法理（宪法中）上通常属于全体人民且由中央政府独享，地方政府权力只是国家主权和中央政府权力的延伸。因此，在单一制国家权力的纵向配置和行使的过程中，中央政府单独享有全部主权权力，地方政府通过中央政府的授权或委托分享其他国家权力的行使权（童之伟，1995；谢庆奎、燕继荣、赵成根，1995；王浦劬，2016）。在联邦制国家，联邦政府权力在法理（宪法中）上来自各联邦成员的让渡，州（省）政府在让渡主权权力时可以保留部分主权权力。因此，联邦政府通常与地方政府分享主权（王浦劬，2016）。此外，单一制国家通常由中央政府决定公共服务标准与确保平等的公共服务供给渠道，并通过单一层级或多层级政府来提供公共服务；而联邦制国家的宪法通常明确规定了各级政府的职责、权利与特权，由多层级的政府或相对独立政府共享公共服务供给决策权（Dziobek，Manga，and Kufa，2011）。

从纵向政府间分权机制来看，单一制国家的纵向分权具有随机性分权的特点，各级政府受的约束比实行制度性分权的联邦制国家要宽松，这使得单一制国家的中央政府面临放权的软约束，并使地方政府面临软预算约束、软权力约束、软资源约束以及软公众约束（刘承礼，2016b）。同时，在单一制的国家权力结构形式下，纵向政府间的关系表现出"垄断权力逐级复制"与"从向上负责制到向直接上级负责制"（周雪光，2013），"以统一中央政权作为纵向权力结构的唯一决策中心"与"上下服从的等级制度"（许玉镇、刘滨，2020）等特征。而在这种结构下所形成的单一的等级政治体系（Hierarchically Unitary Political System）成为"没有配套财政资金支持的强制性指令""财政权力与执行权力以及财政分权与政治集权之间的不平衡"等权责错位产生的根源（Fan，2015，2017）。此外，还有学者将单一制集权体制视为我国政府间责权利交错的根源。如周雪光（2014a）认为，中央政府与地方政府之间责权不对称的根源在于中央集权体制。邓大才(2020)认为,单一制的集权体制是上位决策者的"权力超载"和下位决策者的"责任超载"的结构性原因,且我国大部分官员处于权力超载区和责任超载区,只有少数官员处于高位和低位的权责对等区域,这使得处于权小责大一方的下位决策者会采取避责或反向避责的方式向下级或上级转嫁责任。

第二节　制度规范视角下的责权利配置研究

制度规范视角下的责权利配置研究多采用制度分析方法,将政府间责权利关系看作是由法律规范与制度契约共同建构的结果,认为行政管理体制、财税管理体制、法律法规不完善以及国家组织体制等导致了政府间责权倒置、财权事权失衡及责权利冲突等问题。该研究视角主要基于传统的制度主义理论,认为重复再现的组织现象是建筑在稳定持续的组织制度和相应的组织环境之中的(周雪光,2008)。

一、行政管理体制与责权利配置

这一类研究的主要观点是,市管县体制及省管县改革不彻底导致了政府间责权利的交错。一方面,市管县体制下垂直权力分配不均,如地级市截留省级下放的权力,下侵县级权益或利用行政手段汲取所辖县(市)的资源、占有县(市)的市场,甚至摊派各种负担,造成地级市权大责小利大,而县(市)权小责大利小,即市县之间的责权利交错(孙学玉,2013；吴金群等,2013；Wang, Zheng, and Zhao, 2012；Guo, 2014；Li and Yang, 2015)。因此,权责关系的失衡和倒置是改革市管县体制或省管县改革的动力之一(吴帅、陈国权,2008；吴金群等,2013；韩艺、陈婧,2017)。另一方面,由于省管县改革不彻底,财权、事权与人事权的改革呈现出明显的非同步性(吴帅,2010)、人权事权财权不对等(陈国权、黄振威,2011)、市县(市)之间权责不匹配困境(庞明礼、石珊、金舒,2013),形成了市县之间交错的科层关系,使得地方政府之间责权利配置的扭曲和不对称(吴金群等,2013；吴金群,2017a)。

二、财税管理体制与责权利配置

这一类研究的主要观点是收入集中与支出分散的财政体制造成了政府间责权利交错。中央与地方（省）的财政关系经历了三个不同阶段：1979 年之前的改革前阶段即统收统支阶段，1980—1993 年的过渡阶段即财政包干制阶段，以及 1994 年后阶段即分税制阶段（Jin and Zou,2003；Jin,Qian,and Weingast,2005；刘尚希、石英华、武靖州,2018）。

基于中国的政治分权、财政包干制和行政分权的改革经验，学者们提出了"市场保护型联邦主义"（Montinola,Qian,and Weingast,1995；Qian and Weingast,1996,1997；Weingast,1995；Jin,Qian,and Weingast,2005）。市场保护型联邦主义包含权责范围内自主性、地方政府的经济自主权、中央政府的监管权、硬预算约束、权责分配的制度化等 5 个控制各级政府间权责分配的条件（Montinola,Qian,and Weingast,1995）。其核心观点是，政治分权只有在可靠承诺下才能保护市场，而这种承诺就是中央政府不越权管理各级政府已确定的权责划分，从而确保地方政府拥有高度自治权来处理自己的事务；同时，司法管辖区之间的竞争使地方政府无法进行掠夺，从而引导地方政府采取促进增长的战略（Tsui and Wang,2008）。实际上，上述理论假说与中国的现实存在较大差距，如各级政府间的权责划分并不清晰且缺少制度保障，中央政府可能越级干预地方政府的权力等（Huang,1995；Blanchard and Shleifer,2001；Tsui and Wang,2004,2008；Cai and Treisman,2006；Fan,2017），并且该理论假设地方政府追求财政收入最大化，忽视了地方官员的个人激励（杨其静、聂辉华,2008）。而郑永年（2013）将改革开放以来中国建立在高度集权基础上的政府间的放权模式称为"行为联邦制"（De Facto Federalism）。他认为行为联邦制包括了按等级划分的政治制度、政府间分权的制度化、各省在管辖范围保持权责一致等 3 个条件。此外，郑永年（2013）认为在行为联邦制下，中央政府为了加强对省和地方政府的控制，从 20 世纪 90 年代开始进行选择性再集权，这使得权力集中到了中央政府，但责任仍主要在地方政府，进而使得地方政府严重缺乏承担责任的能力，尤其是财政能力。

关于中国政府间责权利交错的原因，学者们更多地将其归于财政管理体制。在 20 世纪 80 年代，由于工业增长对预算收入的贡献减少，加之实施财政包干制使中央政府的财政收入减少，但中央政府无法削减财政支出，因而中央政府一方面通过改革集中财政收入，另一方面又通过各种国家政策将强制性责任转移给地方政府，同时地方政府也与中央政府采取类似的政策，使地方各级政府财政支出责任与财政收入严重失衡（Wong，1991；West and Wong，1995）。这种情况也发生在里根政府的"新联邦制"下，即联邦政府为削减自身支出而将财政负担转移到地方政府（Wong，1991）。这种情形被称为"没有配套财政资金支持的强制性指令"（Unfunded Mandates）（Zelinsky，1993；Anderson，1997；Adler，1997；Posner，1998；Fan，2017），或"中央请客，地方拿钱"（Wong，1991；Fan，2015），或"上级请客，下级买单"（周黎安，2014a）。

1994 年，我国实行分税制财政体制后，财权上移至中央，但事权（支出责任）却没有相应进行调整，导致中央与地方之间财权事权失衡。在此情形下，地方政府将财权（财力）层层上移、事权（事责）层层下放，加之转移支付制度不完善，导致纵向政府间财权事权（财力事责）失衡或权责失衡（Wong，2000；Bernstein and Lv，2003；Jin and Zou，2003；Dabla-Norris，2005；Guo，2008；渠敬东、周飞舟、应星，2009；何逢阳，2010；Huang and Chen，2012；吴帅，2013；Niu，2013；Jia，Guo，and Zhang，2014；周飞舟、谭明智，2014；刘剑文，2014；陈家建、张琼文、胡俞，2015；Zhang，Zhu，and Hou，2016；刘勇政、贾俊雪、丁思莹，2019）。从财政事权与支出责任关系出发，闫坤和于树一（2013）将政府间支出责任的错配分为政府财政支出责任与市场主体支出责任的"错配"、中央财政与地方财政的支出责任"错配"和地方政府之间支出责任"错配"三类，并且将省与市（县）之间的财政支出责任"错配"又分为"张冠李戴"式错配、"心有余而力不足"式错配和"巧妇难为无米之炊"式错配，将市与县之间的财政支出责任"错配"分为"雁过拔毛"式错配、"照猫画虎"式错配和"强权掠夺"式错配三类，将县与乡镇之间的财政支出责任"错配"称为"甩包袱"式错配。此外，他们将政府间支出责任错配的原因归咎于组织缺陷、财政制度、公共服务的层次性、公共服务的外部性、交易费用、规模经济意识等六个方面。李苗和崔军（2018）将政府间事权与支出责任之间的错配细分为"内外不分"式错配、"张冠李戴"式错配、"上级点单"式错配、"齐抓共管"式错配和"小马拉大车"式错配等形式。他们将政府间事权与支出责任之间的错配原因分别归咎于政府活动领域与公共物品范畴背离、对公共物品层次性理论重视不足、下级政府自主权严重受限、相关法律呈现原则化和趋同化态势、政府间财力体系建设滞后等。此外，还有学者将政府间责权利交错的原因归结于"没有配套或部分配套财政支持的强制性指令"(Tsui and Wang，2004，2008；Fan，2015，2017)。

纵向政府间的财权事权失衡被称为纵向财政不平衡（张永生，2008）或财政垂直不平衡（李永友、张帆，2019）。但关于纵向财政不平衡的具体界定，学者们并未形成统一界定（江庆，2006）。Guo（2008）、李永友和张帆（2019）等将其界定为政府的支出与收入不匹配。如 Eyraud 和 Lusinyan（2013）将纵向财政不平衡界定为政府的支出（总支出减去已支付的转移）与收入（总收入减去已收到的转移）之间存在差距。鲁建坤和李永友（2018）认为，财政体制垂直不平衡是指财政支出分权大于财政收入分权的状态。事实上，纵向财政不平衡现象在各个国家都普遍存在。自 20 世纪 90 年代以来，在分权化改革的浪潮下，多数国家都将支出责任下放给较低层级的政府，但是没有同步将财权下放给低层级政府，使得央地之间的财政收入与财政支出之间长期处于失衡状态（Guo，2008；Dziobek，Manga，and Kufa，2011；张永生，2008）。经济合作与发展组织（OECD）成员中平均超过 30% 的政府支出是由地方政府来承担的，但只有 20% 的收入分配给地方政府，有 1/3 的地方支出需要由中央政府的转移支付来支持（Bouton，Gassnera，and Verardi，2008）。德国、挪威、阿根廷、巴西、印度、冰岛、墨西哥、意大利、西班牙、英国、比利时、澳大利亚等许多国家都存在财政垂直不平衡的问题，且纵向失衡的差异巨大，进而影响财政绩效及公共物品的供给（Hunter，1974；Hettich and Winer，1986；Madden，1993；Grewal，1995；Burton，Dollery，and Wallis，2002；Borge and Rattso，2002；Rattso，2003；Rodden，2003；Dziobek，Manga，and Kufa，2011；Karpowicz，2012；Eyraud and Lusinyan，2013）。

而学界对纵向财政不平衡主要有 3 种理论解释思路（张永生，2008）。第一种理论思路是经典的财政理论（Tiebout，1956；Masgrave，1959；Oates，1972），用政府的资源配置效率、社会公平和经济稳定等三种职责来解释中央财政占主导的现象。第二种理论思路是将政府间纵向财政不平衡看作是现有经济结构和税收结构下实现税收最大化的结果（Scott，1952；Breton，1996；Courant，Gramlich，and Rubinfeld，1979），即政府间纵向财政不平衡是为了最大化国家的总税收。第三种理论思路是经济学家与联邦主义者的思路，强调中央财政集权是纵向财政不平衡产生的原因（Hamilton，Madison，and Jay，1787），并主张通过地方财政分权（Buchanan，1965；Brennan and Buchanan，1980）、央地相互制衡（Weingast，2005；De Figueiredo and Weingast，2005）来解决纵向财政不平衡问题。

在这些理论的指导之下，学者们对我国纵向财政不平衡产生的原因进行了具体分析。如张永生（2008）认为，造成我国纵向财政不平衡的原因在于上级政府不仅控制下级政府的官员任免，而且控制地方的财政收入，这使得上级政府比较容易侵犯下级政府的利益。陈纪瑜和赵合云（2004）认为事权划分原则性不强且缺乏法治化基础，地方政府级次过多与"倒轧账"式的分税模式，转移支付制度不规范等造成了地方财政体制权责不对称问题。赵合云（2006）从经济学的角度分析，认为辖区间外部性问题是省以下财政体制权责不对称的一个重要根源。宋哲和沈亚平（2017）认为，地方政府在财权、事责配置领域，由于配置结构、配置方式、配置形态等方面存在的种种不合理性，出现了"权责悖论"的问题。邱实（2019）认为，中央政府与地方政府之间财政转移支付制度的结构性问题，也会造成地方政府财力与事权不匹配的问题。李永友和张帆（2019）认为，除了分税制财政体制，预算软约束和晋升竞争机制也会加剧财政体制的垂直不平衡。

三、法律法规界定与责权利配置

这类研究的主要观点是，法律法规不完善导致了政府间责权利交错。

一方面，行政法制中没有权责对等的制度安排导致了行政机构权责错位。关保英（2002）将国家行政机构体系中权责失衡称为权责关系的错位性，并认为权责关系的错位表现在权力清晰化与责任模糊化错位、高位职级命令化与低位职级服从化错位和权力占有与义务免赦型错位等三个方面，而造成权责失衡的原因在于立法与执法中都没有确立权责对等的制度。曾鲲和皮祖彪（2004）将行政权责不对等的表现形式分为同一行政主体权责不对等与上下级行政主体权责不对两种，并将权责不对等的原因归结于行政立法不健全、行政执法不完善和行政文化不适应现代法治要求等。宋功德(2007)将我国行政责任制中存在的责权不对等问题分为有权无责、权大责小、权小责大、有责无权四种，并认为法律法规不完善导致了行政责任制中的责权不对等问题。麻宝斌(2015)将中国政策执行力提升的体制性障碍分为权责倒置、权责不清、权责分散、权责分离、权责失衡五种，并将这些障碍产生的原因归结于法律法规对各执行主体的权责界定不明确。缪小林和伏润民(2013)认为，在2014年新预算法出台之前，地方政府债务举借权力在法律上的缺失，地方政府领导任期与债务期限结构不一致，地方政府债务风险本身具有的外部性等，导致地方政府的举债权力与偿债责任在时空上发生分离。

另一方面，我国宪法和有关法律法规对各级政府的事权未做明确划分，导致了政府间责权利不对称。如我国的宪法、预算法及其他相关法律法规对各级政府间的职责未进行详细的划分，导致了政府间财政事权与支出责任的交错(贾康、刘微，2012；刘承礼，2016a)。还有一些学者认为，法律法规对政府间财权事权、支出责任等规定不明确，上级政府决定甚至主导支配的政策性调整方式成为决定事权和财力关系的实际规则，使得上级可以向下级转移责任但不配套资金，导致上下级权责不对等(谭建立，2008；叶贵仁，2007，2009a；靳继东，2015；周振超，2009)或事权事责错位(侯一麟，2009)。周志忍(2016)认为，中国政府在纵向事权配置上缺乏法律规范，加之"职责同构"为上级政府随意干预或加码创造了条件，进而导致了政府间责权利不对称。

第三节　运行过程视角下的责权利配置研究

与组织结构、制度规范的视角更多地关注制度对组织的决定性影响不同，运行过程视角将政府间责权利关系置于组织互动的过程中加以考察，更多地关注组织与组织、制度之间的相互影响，在一定程度上弥补了制度规范视角的不足。在压力型体制、行政发包制、属地管理制、项目制等治理机制运行过程中,处在不同的权力关系结构中的政府组织为维护自身权力与利益通过组织间互动产生层层加码、避责与反向避责行为、控制与反控行为等,使政府责权利配置与理想的制度设计发生偏离,造成了责权利失衡。这一视角主要是基于政府过程理论,采用过程分析的方法,以"现实中的大政府"为研究对象,试图通过分析处于一定的权力关系结构中的行动者基于自身的利益目标与能力而进行的相互作用来揭示政府运行过程中产生的偏离现象及其规律性(朱光磊,2002)。

一、压力型体制与责权利配置

压力型体制是指一级政治组织(县、乡)为了实现经济赶超,完成上级下达的各项指标而采取的数量化任务分解的管理方式和物质化的评价体系(荣敬本等,1998)。在早期研究中,荣敬本等(1988)将压力型体制的内容分为六个方面。后来,杨雪冬(2012)将其简化为数量化的任务分解机制、各部门共同参与的问题解决机制和物质化的多层次评价体系等三个结构要素。在压力型体制下,县乡(镇)两级政府逐级通过目标管理责任制进行责任(通过签订责任状进行指标、任务的层层分解)和利益(通过绩效考核进行奖惩)的匹配,进而在县—乡(镇)—村之间建立起责任—利益连带关系(荣敬本等,1988;王汉生、王一鸽,2009)。由此可见,作为一种理想的模型,压力型体制下各级政府间的责权利配置是对称的。但在实际运行中,压力型体制下各级政府间责权利常常是交错的。

首先,在压力型体制运行过程中,由于责任层层下沉,而权力却没有相应地下放,加之分税制改革使得财权层层向上集中,因而压力型体制本身就是政府纵向层级关系中最为典型的责权利失衡表现(麻宝斌,2015;荣敬本等,1988)。其次,压力型体制运行过程中存在"层层加码"、"政治性"任务挤压其他责任、政府责任实现机制的"泛政治化"等问题,导致了政府责任机制的失衡与避责行为(杨雪冬,2012)。最后,在压力型体制下,上级政府对部分任务采取"一票否决"制的考核方式,即一旦某项任务没达标,就视其全年工作成绩为零(荣敬本等,1988)。这种考核方式本身就导致了政府部门之间责利错位,即某些部门负责的工作因"一票否决"制考核而影响其他部门的绩效和政治利益。总之,压力型体制中自上而下的压力机制通过权力配置运行体系、任务确定及资源分配系统、问责系统等塑造了基层政府责权利不对等(刘雪娇,2021)。

与强调自上而下的压力传导作用不同的是,有学者将乡土社会的自主性纳入压力性体制,从上下互动压力传导层面对基层政府的责权利不对称做了解释,拓展了压力型体制的解释框架。如丁煌和卫劭华(2021)认为,基层政府与上级政府间的责权利不对称是压力型体制下自上而下的压力与乡土社会下自下而上的压力共同作用的结果,而技术环境的效率机制与制度环境的合法性机制的背离是基层政府组织责权利不对称持续存在的深层原因。颜昌武和杨郑媛(2022)认为,基层政府间责权利不对称是压力型体制下由外而内的职能扩张、自上而下的压力传导、基层政府自下而上的自我加压等共同作用的结果。

二、行政发包制与责权利配置

行政发包制是指中央政府将行政和经济管理的具体事务全部发包给省一级政府,然后省级政府再往下逐级发包,一直到县乡一级。这个行政事务在逐级转包的过程就是政府的职责和职权向下转移的过程(周黎安,2008)。它是周黎安等学者用来概括中国政府间关系和政府治理重要特征的理想类型(周黎安,2014a)。从责权利配置来看,行政发包制与纯粹的科层制及外包制在行政权分配、经济激励和内部控制3个方面存在差异,并且在作为理想类型的行政发包制中,发包方与承包方之间在行政权、预算权以及责任配置方面是责权利一致的(周黎安,2014a)。但在行政发包制运行实际过程中,政府间责权利也会发生错位。

由于政府单位实行财政或预算分成制,而分税制改革是在中央和地方仍然维持过去的事权分配的基础上实现对不同税种收入的分享,行政事务的层层发包格局并未改变,政府间财权与事权失衡,使地方政府依靠预算外资金来缓解财政压力(周黎安,2014a)。此外,周雪光(2014b)认为,"一方面,分包制确立了权力、责任、利益(剩余控制权)的边界;另一方面,官僚体制自上而下的行政权威又凌驾于这些结构边界之上;官僚体制内部条块关系的交错张力不断地冲击着这些边界;官僚体制与政治过程间的互动紧张也时常打断这一制度的运行"。这表明行政发包制中政府间的责权利边界并不稳定,政府组织很容易利用自身的权力地位向其他政府组织转移责任或侵犯其他政府组织的利益。

三、项目制与责权利配置

项目制是分税制后中央政府实行财政再分配的一种重要方式(陈硕,2010),是国家为了解决分税制实施以来形成的地方政府财权事权不对等的问题,而采用公共服务项目化运作,让大量地方建设以专项资金方式操作,形成以财政为核心的项目管理机制(周飞舟,2012;孙秀林、周飞舟,2013;陈家建、张琼文、胡俞,2015)。项目制被认为是一种不同于科层制的治理体制与组织体制,其运行依托于中国的科层组织结构,同时它也重塑了中国科层组织的责权利配置(Liu et al.,2009;折晓叶、陈婴婴,2011;周雪光、程宇,2012;渠敬东,2012;陈家建,2013,2017;黄宗智、龚为纲、高原,2014;史普原,2015,2016,2019;Looney,2015;狄金华,2016;陈家建、张琼文、胡俞,2015;周雪光,2015)。从责权利关系来看,作为理想类型的项目制,其各级政府或部门的责权利是一致的(折晓叶、陈婴婴,2011)。但在项目制实际运行过程中,政府组织间责权利也比较容易发生交错。

一方面,项目制成为政府部门的权力与利益膨胀的手段,导致政府间"共谋"现象的产生。分级运作的机制意味着"在纵向关系方面下级政府并没有从上级获得资源分配的权力及自主权,在横向上民众也不可能获得自主参与的权力,无法有效评估政府绩效,更不可能监督政府行为,防止滥用权力"(折晓叶、陈婴婴,2011)。但是在这个过程中,由于项目制引入了招投标等竞争性的市场机制,项目制成为上级部门权力和利益膨胀的主要手段,也使得下级政府有可能对既定集权框架与科层逻辑有所修正,加入更多自身的意图和利益,进而获得更多自主权(折晓叶、陈婴婴,2011)。此外,史普原(2016)认为,地方和基层依赖上级项目增加自身支出,上级部门依赖地方争夺项目资金和支配权,使得上下级政府权责捆绑在一起,产生"共谋"现象。

另一方面,项目制重塑了政府组织的责权利关系,加剧了条与块之间的责权利的矛盾与冲突。相比行政发包制的笼统权责分配,项目制使得政府间的部分权责关系明晰化,同时也使得公共服务项目中"条"的权责增加,"块"的权责弱化,且因权责关系明晰化而使得地方政府对中央政府形成一种制度化的反控行为(陈家建,2015)。而在项目制推行过程中,上级政府要求下级政府提供担保资金等配套资金,导致政府间责权利交错(陈家建,2017),且项目制的组织学特征使部门间的责权配置具有不确定性,加剧了政府间责权利冲突与协调困难(渠敬东,2012;史普原,2015,2016)。

四、属地管理制与责权利配置

属地管理就是根据空间边界来划定管理范围与责任,其本质是"谁主管谁负责"(张铮、包涵川,2018),不仅强调责任属地管理,还强调相应的权力与资源也要属地管理(颜昌武、许丹敏,2021a,2021b)。因此,理论上属地管理制的本质内涵是责权利匹配,它有利于明确政府间责权利关系(尹振东、聂辉华、桂林,2011;杨华,2019)。

但实践中,属地管理往往成为上级政府向下级政府推卸责任的理由,导致上下级政府间责权利交错。如倪星和王锐(2017)认为,在基层治理中,由条块分割所形成的属地管理与行业管理的现实矛盾,使行业部门以属地管理名义向基层政府下移事项和责任,并扩大责任边界,进而导致基层政府拥有"有限权力",承担"无限责任"。张紧跟和周勇振(2019)认为,我国上下级政府间不均衡的权责关系使得上级政府很容易将责任转移给下级政府。杨华(2019)认为,属地管理、"一盘棋"思想、政治任务等管理方式使上级政府或职能部门能够向下级政府或职能部门转移责任,导致基层出现"责权利"不匹配现象。颜昌武和赖柳媚(2020)认为,上级职能部门通常以属地管理为由,通过签订责任状将自身的职责转移给下级政府,辅以"一票否决"式的负面激励,使自身由"责任主体"变为"督查主体",下级政府则陷入"做事无权、出事担责"的窘境。颜昌武和许丹敏(2021a,2021b)认为,基层治理中的属地管理已演变为上级职能部门甩锅推责的工具,进而导致乡镇政府"有责无权"的治理困境。刘雪姣(2022)则认为,属地管理制以空间为核心来界定基层政府的事务、责任与风险的特征会导致基层政府的权责不对等。此外,陈家建和张洋洋(2021)认为,我国的属地化管理具有权责不均衡的结构性特点,且越到基层,权责不对称程度越高。张国磊和张新文(2018)认为,环保部门由属地管理改为垂直管理并不能完全规避地方政府以其他形式进行合法性行政干预造成的权责不对称。

第四节　结构功能视角下的责权利配置研究

结构功能视角下的责权利配置研究，将政府间责权利关系看作是一种制度模式或结构模式，认为责权利交错损害了公共事务治理效率，因而其本身是一种"治理问题"，且带来了一系列其他问题。这类研究主要是从自下而上的公共事务治理视角来评价政府间责权利交错对公共事务治理的负效应，进而基于责权利一致的原则主张对政府间责权利关系模式进行改革。该研究视角主要基于结构功能主义理论，采用系统分析的方法，认为正功能是有助于系统调适的结果，负功能是削弱系统调适的结果（默顿，2015）。

第一，大部分研究认为责权利错位会影响公共物品供给效率或公共事务治理的效率。如传统的财政联邦主义理论认为，当地方政府提供具有外部性的公共物品时，会使地方政府之间的公共物品供给职责、政府税收及公共物品带来的收益产生交错。此时，应基于"财政平衡"的原则，通过政府间财政转移支付将其外部效应内部化，否则将影响这一类公共物品的供给效率（Tiebout，1956；Olson，1969；Oates，1972，1999，2005，2008）。Feiock（2013）认为，地方政府在区域性公共事务治理中权力与责任的交错，在缺乏协调机制时会导致区域公共事务治理的制度性集体行动困境，即集体无效率。陈家建和张洋洋（2021）认为，责权不对称的结构使得公共政策的执行结果具有多样性与执行方式具有情境化的特征，进而影响了社区属地治理的成效。

第二，大部分研究还认为纵向政府间责权利失衡造成了地方财政困境及腐败等问题。如纵向政府间财权事权失衡既导致了实践中公共服务支出的越位缺位、上下错位、互相推诿等问题（沈荣华，2007），也迫使地方政府通过增加预算外收入（荣敬本等，1998；Wong and Bird，2008；Huang and Chen，2012；周黎安，2014a）或非预算收入（Wong，2000；黄佩华等，2003；周飞舟，2006）、土地财政（孙秀林、周飞舟，2013；贾康、刘微，2012；周飞舟，2012；贾俊雪、张超、秦聪，2016；Lichtenberg and Ding，2009）、变相举债或通过地方政府投融资平台举债（张永生，2008；刘剑文，2014；李永友、张帆，

2019；Lam，Jiang，and Van Eden，2017)等方式来减轻财政压力，以及扭曲地方支出政策与扩大政府支出规模(Jia，Guo，and Zhang，2014)。此外，财政集权也导致从"帮扶之手"向"掠夺之手"转变的地方政府的腐败行为(Chen，2004；Chen，Hillman，and Gu，2002；Tsui and Wang，2008)。Fan (2015，2017)认为纵向政府间财权事权失衡使地方政府产生收入(寻求收费、罚款等预算外收入)、拖延(推迟或选择性执行中央政府政策)、协商(请求上级政府给予财政支持)、部分妥协(重新分配任务、降低执行标准、打擦边球等)等应对策略。

第三，还有部分研究认为政府间责权利交错会引发避责行为与形式主义等问题。如史普原(2016)认为，"不清晰、'条块'间杂、可下压转嫁、组织间连带"的权责配置，导致了上级政府向下级政府汲取资源并向下级政府转移责任，如压力型体制、逆向软预算约束，以及下级政府向上级政府索取资源，如软预算约束、软风险约束等现象；"'条条'分散、'块块'偏重、向上负责、民众参与弱"的权责配置，导致组织间的利益争夺和组织膨胀、碎片化的权威主义、部门主义、诸侯经济等问题。倪星和王锐(2018)认为，权责分立结构作为一种制度安排是一种事实上的存在，它使基层政府组织无法抵御和化解系统性风险，进而导致避责行为。同时，责权利不一致、责权利分离、权责失调等会造成避责形式主义(刘滨、许玉镇，2021)、反向避责行为(邓大才，2020)、选择性执行与形式主义(杨华，2019；颜昌武、杨郑媛，2022)、选择性治理(张丙宣，2014)、"有编不用"与"编外用工"共生(庞明礼、于珂，2020)、社会冲突(陈硕，2018)等问题。

第五节　已有研究的贡献、启示与不足

学者们从组织结构、制度规范、运行过程以及结构功能四重视角对责权利配置问题进行了广泛研究。这些研究揭示了责权利交错现象的成因及产生的影响，为优化政府间责权利配置提供了理论支持。然而，现有研究仍存在不足，如缺乏系统的整合性分析框架，对责权利交错的深层逻辑尚未进行充分阐释。本节将对这4个视角下的责权利配置研究进行述评，总结已有

研究的贡献与启示，并指出其不足之处，以期为未来研究提供新的方向和思路。

一、已有研究的贡献与启示

总的来看，已有研究主要从组织结构、制度规范、运行过程的视角来解释政府间的权责不一致、权责错位、权责分立、权责背离等责权利交错现象产生的缘由，并从结构功能的视角评价了责权利交错作为一种制度模式的效应。

组织结构视角基于古典组织理论，采用结构分析的方法，将政府间责权利关系置于组织结构中加以考察，认为组织结构的特征与缺陷造成了责权利交错。这启示我们需要关注不同的组织结构安排下责权利交错的类型以及不同类型的责权利交错模式产生与持续存在的逻辑。

制度规范视角基于传统的制度主义理论，采用制度分析的方法，将政府间责权利关系置于制度规范中加以考察，认为行政体制、财政体制、法律法规不完善等导致了责权利失衡。这启示我们需要关注责权利交错产生的制度根源及不同的制度规范之间的关联。

运行过程视角基于政府过程理论，采用过程分析的方法，将政府间责权利关系置于组织互动过程中加以考察，认为上下级政府组织基于各自的权力地位与利益诉求而产生的责任转移与资源汲取行为导致了责权利交错。这启示我们在分析责权利关系时需要关注组织间的互动关系以及组织与组织结构、制度规范之间的关系，并将组织的非正式行为纳入责权利关系的研究中。

结构功能视角基于结构功能主义理论，将政府间责权利关系看作是一种制度模式，采用系统分析的方法，将政府间责权利关系置于公共事务治理中加以考察，认为责权利交错损害了公共事务治理的效率。这启示我们进行功能分析时必须区分功能分析的单元。

尽管现有研究对政府间责权利交错的成因给出了不同的解释，但其共同的合理性都指向了"制度同构"与"集体理性"（DiMaggio and Powell，1983）。即认为从集体理性出发，政府组织应该遵从"责权利对称"的制度同构设定，而责权利交错则是对集体理性的偏离，应通过改革使其回归理性的责权利对称模式。这种思路建立在组织行动的理性逻辑之上，但忽视了组织行动的理性逻辑之间的秩序。如政府组织行动的理性逻辑会将对国家治理的稳定性追求置于对公共事务治理的效率追求之前，使政府间产生责权利失衡问题（曹正汉、周杰，2013）。这导致了不同治理领域中责权利配置模式的异构性，也恰恰是某些治理领域责权利交错长期存在的缘由。另外，理论视角的多样性反映了解释逻辑的多样性，这不仅表明了责权利交错现象的复杂性，还启示我们既要从静态的结构、制度、功能角度又要从动态的过程角度去认识责权利交错模式。

二、已有研究的不足

已有研究虽多角度地解释了责权利交错的成因，但也存在进一步改进的空间，主要表现在以下四个方面。

第一，组织结构、运行过程与制度规范视角下的研究虽能够在各自的逻辑下解释政府间责权利交错产生的原因，但这些研究过于碎片化，缺乏有机整合，且它们无法解释政府间责权利交错形成的机理及它们在时空结构中长期存续的缘由。此外，既然实务界与理论界大多将责权利交错看作是一种"治理问题"，为何政府一方面强调要通过改革实现责权利一致，另一方面又通过某些改革（如财政省管县与行政市管县混合管理体制）主动选择了责权利交错模式？既然重复再现的组织现象是建筑在稳定持续的组织制度基础之上的和相应的组织环境之中的（周雪光，2008），那么分析"政府间责权利交错为何发生且持续存在"问题就需要进一步分析责权利交错背后稳定的制度安排，即责权利交错的制度逻辑。

第二，已有研究对权责不一致、权责错位、权责分立、权责背离、责权利不对称等现象进行了各种各样的刻画，且大都从责权或责利关系方面来研究政府间责权利关系，少有研究从类型分析学的角度对政府间责权利交错模式做出系统分类。现有研究要么将不同制度设计下的政府间责权利交错视为无差别的整体，要么在特定公共事务领域进行个案分析，忽视了政府间责权利交错模式的异质性。这也进一步导致现有研究未能很好地揭示政府间责权利交错产生的结构化条件与情境。因此，在分析责权利交错产生的制度逻辑之前，必须对政府间责权利交错模式进行系统的分类，即分析责权利交错的结构基础。

第三,已有研究将"职责同构"作为政府间责权利交错成因的主流解释,但"职责同构"不能完全解释各级政府间责权利交错产生的成因。"职责同构"是计划经济时代产物,而改革开放后政府间的职责配置及机构设置已经发生了变化,该模式已经无法完全体现改革开放后政府职责和机构设置的特征。由于财政直管、省直管县等组织体制及领导小组、指挥部等高度关联型的动员机制及改革开放后区域差别政策,不同区域间、政府间的权责配置已经有所不同(Yang,1990;史普原,2016)。此外,在2003年、2008年、2018年中共中央、国务院关于地方机构改革的意见中,除中央规定必须上下对口的机构外,已允许地方政府因地制宜地设置机构和配置职能(蓝煜昕,2013;竺乾威,2018)。因此,实践中,中央与地方政府的部分职责及机构设置并非完全同构。同时,"职责同构"是否体现在整个自上而下的体制中仍存在争议。有人认为职责同构主要存在于县级以上政府之间(黄红华,2013),有人认为职责同构主要存在于县乡两级政府之间(叶贵仁,2009b)。也有人认为中国的治理结构为上下分治的治理结构,即上层政府(中央政府与省政府)与下层政府(县、乡政府)的权力与功能相异(曹正汉,2011)。再者,职责同构主要关注纵向政府间责权配置,对于横向条条之间的责权利交错现象缺少解释力。如果政府间责权配置是完全同构的,那么就不会存在政府间责权利交错现象。

第四,结构功能视角的研究主要聚焦于政府间责权利交错在公共事务治理中的负功能,少有研究关注到政府间责权利交错所具有的正功能。事实上,当我们从国家治理的视角出发,就会发现政府间责权利交错模式具有一定的正功能,而这恰恰也构成了政府间责权利交错长期持续的重要基础。如责权利不对称的财政制度有利于中央政府加强对地方政府的管制(陶然、刘明兴、章奇,2003),行政体制中政府间责权利不对称解决了信息不对称和治理制度化不足的问题(贺雪峰,2015),权责不对称有利于中央政府降低自身承担的社会风险或控制地方政府的投资风险(曹正汉、周杰,2013;曹正汉、薛斌锋、周杰,2014)等,责权利不对称的财政体制与人事控制相结合有助于实行控制与激励的协调(张永生,2008,2009;鲁建坤、李永友,2018;何显明,2009a)。虽然这些研究只是零碎或隐约地提到责权利不对称的正功能,但为本研究提供了重要启迪。也正因为大部分研究忽视了责权利交错的正功能,以至于学界大多从公共事务治理的角度出发,主张基于"责权利一致"的原则,通过改革来理顺责权利交错关系,而忽视了政府间责权利交错长期存在的合理性。因此,在对政府间责权利交错模式进行功能分析时,必须确定功能分析单元,才能从功能的视角对政府间责权利交错模式的持续存在有一个全面的认识。

综上,基于已有研究的贡献、启示与不足可知,要回应"政府间责权利交错为何发生且持续存在"这一重大理论问题,有必要整合已有的理论视角,建立一个新的理论分析框架,既关注组织行动的理性逻辑与组织制度的同构性,又关注组织行动的理性逻辑秩序与组织制度的异构性,既关注静态的结构、制度与功能维度,又要关注动态的过程维度,以系统地研究政府间责权利配置模式。

第三章 选择性交错分析的理论基础与整合框架

结构规定了事务的基本框架,过程展示了事务的形成轨迹,功能则体现了事务存在的意义与价值,将前两者结合在一起有助于理解事务发生的机理,将后两者结合在一起有助于理解事务持续发展的机理。基于已有研究的贡献、启示与不足,本章通过借鉴制度逻辑理论与结构功能主义理论,对已有的碎片化研究进行整合,进而建立了一个解释"政府间责权利选择性交错为何发生且持续存在"的结构—过程—功能的整合性分析框架。

第一节 选择性交错分析的理论基础

本节聚焦于选择性交错分析的理论基础,结合研究问题分析的需要,简要介绍制度逻辑理论与结构功能主义理论的核心思想、分析方法与研究取向。其中,制度逻辑理论主要关注制度与个体、组织行为之间的相互作用,而结构功能主义理论则主要关注社会结构的稳定性和功能。前者为选择性交错生成的过程分析提供理论基础,后者则为选择性交错生成的结构分析与选择性交错的功能分析提供理论基础。

一、制度逻辑理论

制度逻辑理论是"组织的制度理论"的一个分支与新的发展,通常聚焦于单个行业(格兰诺维特,2019)。它认为社会中的每项制度都是由物质要素与象征要素构成,物质要素是指结构与实践,象征要素是指思想与意义,两种要素相互交织、相互作用（Thornton，Ocasio，and Lounsbury，2012）。此外，它将社会看作是一个由相互依赖又相互冲突的制度秩序构成的多重制度系统，并从"彼此竞争和谈判的个人""相互冲突和协调的组织""彼此矛盾和相互依赖的制度"三个层次开展研究（Friedland and Alford，1991；Thornton，Ocasio，and Lounsbury，2012；杜运周、尤树洋，2013；梁强、徐二明，2018）。以 Friedland 和 Alford（1991），Ocasio（1997），Thornton 和 Ocasio（1999），Thornton（2004；2005），Lounsbury（2007），Thornton 和 Ocasio（2008），Dunn 和 Jones（2010），Greenwood、Díaz 和 Magán 等（2010），Greenwood、Raynard 和 Kodei 等（2011），Thornton、Ocasio 和 Lounsbury（2012），Friedland（2012）等为代表的制度逻辑理论，提出了一套制度分析方法，包括一系列的理论、工具和分析框架。

（一）制度逻辑的内涵

"制度逻辑"一词，最早是 Alford 和 Friedland（1985）用来描述现代西方社会制度中固有的相互矛盾的做法和信仰。他们将资本主义、国家官僚主义和政治民主描述为三种相互竞争的制度秩序，这些制度秩序具有不同的实践和信仰，且决定了个人如何参与政治斗争（Thornton and Ocasio，2008）。Jackall（1988）将制度逻辑定义为："复杂的、经验性建构的及由此产生的一套规则，在特定情况下人们可以这样的方式予以创造和重建，以至于他们的行为及观点在某种程度上可以正规化和被预测。简而言之，制度逻辑是特定社会世界运作的方式。"[①]Friedland 和 Alford（1991）提出，"当代西方资本主义社会有资本主义市场、科层制国家、民主、核心家庭、基督教五种核心制度，这些制度塑造了个人偏好与组织利益及个人和组织实现其偏好与利益的行为。这些制度潜在地相互矛盾，因而使得个人和组织可以利用多重逻辑。个人和组织利用这些矛盾改变社会制度间的关系"。Friedland 和 Alford（1991）对每一种制度的核心逻辑进行了解释，认为制度

---

① Jackall 将制度逻辑定义为 "the complicated, experientially constructed, and thereby contingent set of rules, premiums and sanctions that men and women in particular contexts create and recreate in such a way that their behavior and accompanying perspective are to some extent regularized and predictable. Put succinctly, an institutional logic is the way a particular social world works." 引自：JACKALL R. Moral mazes：the world of corporate managers[M]. New York：Oxford University Press，1988：112.

逻辑是一套构成了组织化原则的重要实际做法与符号性结构,供组织和个人利用。Thornton(2004)在 Friedland 和 Alford(1991)的基础上,将制度秩序扩展为家庭、宗教、国家、市场、专业、公司六种。Thornton、Ocasio 和Lounsbury(2012)在 Thornton(2004)的基础上增加了"共同体"或"社群"①,形成了七种核心制度。Thornton 和 Ocasio(1999)整合了 Jackall（1988)、Friedland 和 Alford(1991)对制度逻辑的定义,将其定义为:"由社会建构的关于文化象征、物质实践、假定、价值、信仰的历史模式,个体通过该模式对物质生活进行生产和再生产、对时间和空间进行组织并赋予其日常活动以意义。"②

与制度逻辑理论对制度逻辑的界定更强调制度与组织或个体之间的相互影响不同,其他的制度理论研究对制度逻辑的界定,则更加关注制度对组织或个体的单方面影响。如 Tilly(1995)提出,制度逻辑是一些重复再现的动因,它们在不同的情形和次序排列组合中相互作用,导致相去甚远但又循迹可查的结果。周雪光和艾云(2010)提出:"制度逻辑指某一领域中稳定存在的制度安排和相应的行动机制。这些制度逻辑诱发和塑造了这一领域中相应的行为方式。"后来,周雪光(2017)在其专著《中国国家治理的制度逻辑:一个组织学研究》中将制度逻辑定义为:"一个国家的运行过程、解决问题的能力与方式、应对危机的抉择、中央与地方政府间关系、国家与社会的关系,都是建立在一系列制度设施之上的。这些稳定的制度安排塑造了解决问题的途径和方式,诱导了相应的微观行为,从而在很大程度上规定了国家治理的轨迹、抉择和后果。我把这一制度安排所导致的因果联系称为国家治理的制度逻辑。"

---

① 译著《制度逻辑:制度如何塑造人和组织》(*The Institutional Logics Perspective: A New Approach to Culture, Structure, and Process*)中将"community"翻译为"社区"(参见:桑顿、奥卡西奥、龙思博.制度逻辑:制度如何塑造人和组织[M].汪少卿,杜运周,翟慎霄,等译.杭州:浙江大学出版社,2020:66.)。而原著中的"community"是指一个组织,如合作社、互助社、联合会等,原著对"community"的理解更接近于"共同体"或"社群",而将其翻译为"社区"容易被理解为一个空间治理单元,因此本书采用"共同体"或"社群"的译法。

② Thornton 和 Ocasio 将制度逻辑定义为:"the socially constructed, historical patterns of cultural symbols and material practices, assumptions, values, and beliefs by which individuals produce and reproduce their material subsistence, organize time and space, and provide meaning to their daily activity." 引自:THORNTON P H, OCASIO W. Institutional logics and the historical contingency of power in organizations: executive succession in the higher education publishing industry, 1958 - 1990[J]. American Journal of Sociology, 1999,105, 801 - 843.

此外，制度逻辑理论建立在新制度理论之上，同时又不同于新制度理论。

首先，新制度理论的优点在于解释了宏观制度与文化如何塑造组织，其缺陷在于在解释能动性、制度的微观基础、制度的异质性及变迁方面的有限性。由于制度逻辑理论提供了一种通过跨层次的过程（社会、制度场域、组织、交互、个人）来融合宏观结构、文化、能动性以解释制度如何赋能并制约行动的新方法（桑顿、奥卡西奥、龙思博，2020）。因此，制度逻辑理论弥补了新制度理论的不足。

其次，新制度理论致力于解释单一主导制度逻辑对组织同质性现象的塑造，而制度逻辑理论致力于解释多元性制度环境下多种制度逻辑长期并存所导致的组织行为差异现象（Friedland and Alford，1991；Thornton，2004；杜运周、尤树洋，2013）。新制度理论假定存在一种主导性制度逻辑，促使组织行为趋向于结构上的同质化（Meyer and Rowan，1977；DiMaggio and Powell，1983，1991；杜运周、尤树洋，2013）。制度逻辑理论将社会视为一种存在潜在矛盾的制度间系统，认为正是这种组织所处环境中不同制度逻辑间的不兼容、冲突，导致组织的异质性行为表现及所处制度环境的变迁（Friedland and Alford，1991；Thornton and Ocasio，2008；Thornton，Ocasio，and Lounsbury，2012；梁强、徐二明，2018）。

最后，制度逻辑理论同时考虑了制度的物质性和象征性方面的二元性（Thornton，Ocasio，and Lounsbury，2012），而新制度理论关注西方文化的同质性（Meyer et al.，1997）与组织场域的同质性（DiMaggio and Powell，1983）。

（二）制度逻辑理论的分析方法

Thornton 和 Ocasio 提出了制度逻辑作为一种元理论与分析方法的五个原则与假设：嵌入式能动、作为交互制度系统的社会、物质与文化双重基础、制度多层次性和历史权变性。相对应的五个假设分别为：第一，个体与组织的利益、身份认同、价值观和假设是嵌入在主导制度逻辑中的，且制度结构与个体行为能动性相互影响。当个体和组织行动者寻求权力、身份和经济利益等时，他们寻求利益的手段和结果及能动性同时受到主导制度逻辑的赋能和制约。第二，任何组织面临的情境都要受到社会不同制度逻辑的多重影响，不同制度逻辑之间的冲突、矛盾和互动决定组织行为的异质性。第三,每种制度都有物质与文化(象征)双重要素,制度的发展与变迁是其物质与文化要素相互影响、共同作用的结果。第四,制度在多个分析层次(个体、组织、场域和社会等)上运行,且具有潜在的交互效应。第五,制度是历史权变的,在不同时间段内不同的制度逻辑对于组织和个体行为影响的重要性会发生变化(Thornton and Ocasio,2008;杜运周、尤树洋,2013)。

基于以上制度逻辑理论的基本假设,Thornton 和 Ocasio(2008)进一步考察了制度逻辑影响组织获取合法性的四种机制,认为它们可用来解释造成组织场域和社会差异性的深层次原因。第一,制度逻辑通过组织和个体的集体身份认同来塑造行为主体的群体特征。第二,制度逻辑通过影响地位与权力的竞争进而影响个人与组织的行为。社会行为主体通过理解制度逻辑来竞争地位与权力,而竞争结果又会强化某种主导逻辑。第三,制度逻辑通过社会分层和分类来塑造单个行为主体的认知。第四,制度逻辑通过改变组织决策者的注意力配置来影响组织和个体行为(Thornton and Ocasio,2008;杜运周、尤树洋,2013)。

此外,Thornton 和 Ocasio(2008)还提出了制度变迁的三种机制:① 制度企业家(institutional entrepreneurs),利用其在交互制度系统中的社会位置为制度变迁创造机会。后 Thornton、Ocasio 和 Lounsbury(2012)用“文化企业家”代替“制度企业家”在制度变迁的作用,理由是制度企业家过于强调行动者的能动性,而文化企业家更加强调行动者的有限能动性。② 结构重叠(structural overlap),不同行动者或结构与功能不同的组织在被迫关联时会产生结构重叠,导致组织内部与组织场域产生矛盾,进而为制度变迁创造机会。③ 事件排序(event sequencing),通过事件排序来揭示制度变迁的因果关系。

Thornton、Ocasio 和 Lounsbury(2012)进一步通过专著《制度逻辑:制度如何塑造人和组织》(*The Institutional Logics Perspective: A New Approach to Culture, Structure, and Process*)系统地介绍了制度逻辑研究的成果,提出制度逻辑视角是分析社会系统中制度、个人和组织之间相互关系的元理论框架,并详细分析了其原则与假设、变量、理论及模型。同时,他们也指出目前制度逻辑理论对权力的研究不足。总的来说,《制度逻辑:制度如何塑造人和组织》对于制度逻辑理论研究的主要贡献在于:第一,通过提出一种新的制度——共同体或社群，发展出制度间系统的模型，制度间系统不仅被用作推进制度逻辑研究的理论和方法工具，也被用来找出制度分析中某些理论问题（如社会结构与行动的部分自主性、制度场域的定义等）的解决方案。第二，利用动态建构理论提出了制度逻辑的微观和宏观机制的跨层次效应模型，以解释个人和组织如何利用宏观层面的制度逻辑。第三，基于制度企业家或文化企业家纵向专业化与横向一般化能力，提出了制度逻辑的可用性与可及性权变的新变量。制度逻辑理论提出了关于个体与组织如何重组制度逻辑的新理论。即个体与组织通过混合和隔离不同制度中的不同类别要素（横向一般化）或同一项制度中的类别要素（纵向专业化），来重组多个制度逻辑。第四，提出了两个过程模型来分析组织内与组织间的制度逻辑与组织实践及认同的动态之间的关系，并提出了决策、意义构建与集体行动三个机制作为制度逻辑与组织实践及身份之间的动态关联机制。第五，提出了在场域层面制度逻辑变迁的新机制类型，超越了替代、混合和隔离的概念，将同化、阐述、扩展和收缩识别为制度逻辑变迁的替代模式（Thornton，Ocasio，and Lounsbury，2012）。

目前，国内越来越多的学者引入制度逻辑理论作为分析工具来研究中国问题（缑倩雯、蔡宁，2015；王利平，2017；谭海波、赵雪娇，2016；彭小辉、史清华，2016；毛蕴诗、戴传斌，2018；吴少微、魏姝，2019；缑倩雯、蔡宁、信瑶瑶，2019；王诗宗、杨宇，2025）。其中，周雪光基于制度逻辑理论与组织理论对中国国家治理中的一系列问题进行了开创性研究。如周雪光和艾云（2010）基于对中国乡村选举制度变迁过程的观察，提出了一个"多重制度逻辑"的理论分析框架，并分析了乡村的逻辑、科层制的逻辑、国家的逻辑在乡村选举制度变迁中的相互作用。此外，周雪光（2017）还通过系列案例研究及理论分析来发现和理解中国国家治理诸多现象背后稳定的制度逻辑，对于运用组织理论、制度逻辑理论来研究中国问题非常具有启发意义。

（三）制度逻辑理论的研究取向

制度逻辑理论有两种研究取向。一种是主导逻辑的研究取向。早期的文献认为社会是由各种核心制度组成，且每一种制度秩序都有一种主导逻辑。该研究取向比较关注组织场域内竞争或冲突制度对主导逻辑的争夺及这种冲突对组织行为的影响，并认为竞争逻辑之间无法调节与共存

(Thornton and Ocasio，1999；Marquis，Lounsbury，and Résistance，2007；梁强、徐二明，2018）。另一种是多元逻辑的研究取向。随着研究的推进，制度逻辑理论出现了多元逻辑的研究取向（梁强、徐二明，2018；缑倩雯、蔡宁，2015）。越来越多的学者开始以一种更碎片化、更具竞争性的观点来评估制度环境，认为组织场域内并不存在一个具备绝对支配地位的主导逻辑，而是同时存在多个能对组织行为产生制约和赋能的竞争逻辑，且这些相互竞争的逻辑可以共存（Lounsbury，2007；Kraatz et al.，2008；Reay and Hinings，2009；Purdy and Gray，2009；Dunn and Jones，2010；Zilber，2011；Greenwood et al.，2010；Greenwood et al.，2011；Besharov and Smith，2014；Venkataraman et al.，2016；周雪光，2010，2017；梁强、徐二明，2018）。因此，制度逻辑理论在组织层面不仅关注主导逻辑转变对组织行为的影响，更关注组织所处环境中多元逻辑性质，尤其是组织如何回应这种制度复杂性及互动过程（Lounsbury and Boxenbaum，2013）。

二、结构功能主义理论

结构功能主义的核心思想在于将社会视为一个由多个相互关联的子系统构成的有机整体，强调这些子系统通过各自的功能和相互作用来维持社会的稳定与动态均衡。其中，帕森斯的理论从宏观层面分析社会系统的整体结构与功能，强调子系统间的整合与动态均衡；政治系统的结构功能主义理论聚焦于政治体系的层次与功能，突出各层次结构的互动与平衡；默顿的结构功能主义理论则从中层和经验层面细化功能分析，强调功能的多样性和实现机制，是对帕森斯理论的深化与拓展。

（一）帕森斯的结构功能主义

帕森斯的 AGIL（adaption-goal attainment-integration-latent pattern maintenance）行动系统理论分析了作为整体的系统和作为部分的子系统之间的有机统一以及各个子系统的功能结合关系，从宏观理论层面为社会系统提供了功能分析框架。该理论认为，"行动系统"由社会系统、行为有机体、人格系统和文化系统共同构成，社会系统是行动系统的一个子系统。社会系统之所以得到延续与发展是因为它能够满足四种功能需求，即适应功能（adaption，指适应环境资源）、目标实现功能（goal attainment，指实现社会公认的目标）、整合功能（integration，指整合社会中包括不和谐元素在内的各种元素）、潜在的模式维持功能（latent pattern maintenance，指维持模式与处置张力），执行这四种功能的系统分别是经济系统、政治系统、社会系统和文化系统。这四个子系统构成一个整体、均衡、自我调节和相互支持的社会系统，系统内的各子系统都对作为整体的社会系统发挥作用，并通过不断地分化与整合来维持作为整体的社会系统的动态均衡（Parsons，1991；刘润忠，2005）。

在帕森斯的结构功能主义理论中，社会结构就是由这四个子系统构成的"总体社会系统"，同时社会结构还表现为一种功能、互动关系模式和规范。"总体社会系统"通过共同的价值体系将四个子系统整合在一起，以促使作为整体的社会系统充分发挥作用（周怡，2000）。此外，帕森斯还提出由于行动者所处"位置"（"行动者在社会系统中所处的结构性方位"）与"角色"（"社会对这一位置所具有的行为期待"）是制度化的，进而使行动者之间的互动关系便是模式化的，因此社会结构或社会秩序便会相应地走向稳定或均衡（刘润忠，2005）。总之，行动系统理论强调社会结构就是一种规范化的社会系统，而功能是社会系统的各个组成部分（子系统）存在的理由，各个组成部分之间通过相互作用和相互调适来实现社会系统的动态均衡与稳定。同时，共同的规范与价值在社会结构中对行动具有决定性的作用，即社会结构对行动者的行为产生束缚作用。

（二）政治系统的结构功能主义

政治系统的结构功能主义理论认为，政治体系是"由相互作用的结构（例如立法机关、选民、压力集团和法院等）构成的"，而结构是"由各种相互关联而又相互作用的角色组成的"。任何政治系统的功能都可以从三个层次来考察，即体系层次的体系维持与适应功能，过程层次的利益表达、利益综合、政策制定和政策实施功能，以及政策层次的政策输出与政策反馈功能（阿尔蒙德、鲍威尔，2007）。同时，任何政治系统都是由体系、过程、政策三个系统组成的。体系结构是指那些维持或改变政治结构的组织和机构，过程结构是指那些影响利益表达、利益综合、政策制定和政策实施的组织和机构，政策结构是指那些影响政策输出与政策反馈的组织和机构（阿尔蒙德、鲍威尔，2007）。

总之,政治体系是一个有规律的计划系统,政治系统的层次、结构和功能同时并存且相互作用,并通过各个层次之间的动态平衡来维持政治系统的稳定(阿尔蒙德、鲍威尔,2007)。

(三)默顿的结构功能主义

在批判与吸收帕森斯功能主义理论的基础上,默顿(2015)从中层理论层面和经验分析层面提出了社会学功能分析的范式。该范式阐释了功能分析的概念、方法和推论的核心。首先,该理论明确了功能分析的对象必须是标准化的事项,如社会角色、制度模式、社会过程、文化模式、文化模式化的情绪、社会规范、群体组织、社会结构、社会控制手段等模式化和重复化的事项。其次,该理论强调任一既定的事例对于不同的分析单元有不同的功能,功能分析时必须注意分析单元的特征和性质。"正功能"就是"观察到的那些有助于一定系统之调适的结果","负功能"就是"观察到的那些削弱系统之调适的结果","非功能"是"与所考察的系统完全不相关的结果"。除了正功能与负功能之外,默顿的社会学功能分析范式还提出了显功能与潜功能、功能选择(功能对等或功能替代)等分析概念。"显功能"是"有助于系统调试、为系统参与方期望和认可的客观结果","潜功能"是"无助于系统调试、系统参与方不期望也不认可的客观结果"[①]。"功能选择"或"功能替代"是指就系统而言,某个功能事项被另外的功能事项所替代,那就意味着该功能事项对系统的维持和发展是能够加以选择或替代的。最后,该理论强调了功能分析要对实现指定功能的机制予以详细而具体地说明(默顿,2015)。

第二节 选择性交错分析的整合框架

尽管现有研究已分别从结构、制度、过程、功能四个视角对政府间责权

---

① 唐少杰等人在译著《社会理论与社会结构》中,将"正功能"定义翻译为"观察到的那些有助于一定系统之调适的后果",将"负功能"的定义翻译为"观察到的那些削弱系统之调适的后果",将"非功能"的定义翻译为"与所考察的系统完全不相关的后果",将"显功能"的定义翻译为"有助于系统调试、为系统参与方期望和认可的客观后果",将"潜功能"的定义翻译为"无助于系统调试、系统参与方不期望也不认可的客观后果"。考虑到"后果"一词更多强调某一事件或行为所带来负面的、不利的影响,"结果"则强调某一事件或行为所带来正面或不利的影响,"结果"比"后果"更符合原文的语境,因此本书将定义中的"后果"改译为"结果"。

利交错模式进行了研究，但是每个视角下的研究都存在不足，且并未形成系统的理论分析框架。因此，本书通过借鉴制度逻辑理论，综合结构、制度、过程与功能视角下的研究，建立一个"结构—过程—功能"的整合性分析框架。由于结构功能主义理论主要探讨社会系统与社会制度之间的关系，制度逻辑理论主要探讨制度存续与制度变迁的问题。因此，本书首先借鉴结构功能主义理论对政府间责权利选择性交错模式进行解构，阐释政府间责权利选择性交错模式发生与持续存在的结构与制度基础，在此基础上借鉴制度逻辑理论来剖析政府间责权利选择性交错模式发生与持续存在的过程，然后借鉴结构功能主义理论分析政府间责权利选择性交错模式的功能及其实现机制。

一、选择性交错分析的结构视角

结合帕森斯与阿尔蒙德的结构功能主义理论可知，政府组织的结构规定了政府组织在政府体系中所处的位置与角色，它们使政府责权利配置过程中政府组织间的互动关系模式化，进而为政府间责权利选择性交错的发生提供行动条件。同时，政府体系是由相互关联而又相互作用的政府组织或机构构成的。它包括中央政府与地方政府、上级地方政府与下级地方政府以及同级政府组织。政府体系的结构就是指相互作用的层级政府（即所谓"块块"）与职能部门（即所谓"条条"）。基于政府体系的构成组织可知，政府体系的组织分析包括三个层面。

第一，政府体系的构成系统分析。由于本书中的政府是指党委政府，即政府体系包括党委系统与行政系统两个组成部分，而党委系统与行政系统在政府体系中的位置与角色又有所不同，故党委系统与行政系统组织设定的行动条件与可以获取的制度资源有所不同。因此，党委系统与行政系统的组织特征分析是政府体系结构分析的第一步。

第二，政府体系的条块结构分析。由于党委系统与行政系统的组织结构都是由条块结构构成的，因而条块结构是政府间责权利选择性交错发生的重要结构基础。

第三，政府体系的管理制度分析。由于条块关系的实质是条与条、条与块、块与块之间的责权利关系，而条与条、条与块、块与块之间的责权利关系又具体体现为它们之间在行政管理、人事管理和财政管理等方面的关系,而这些主要与属地管理制、垂直管理制、双重领导制相关,因而这三项制度构成了政府体系结构的制度基础。

这三个层面的结构与制度,共同规定了政府组织在政府运行过程中的位置与角色,同时也为政府组织的行动提供了可以利用的制度资源。在此基础上,本书再对政府间责权利选择性交错模式的具体表现形式进行呈现,即政府间责权利选择性交错的类型分析。政府间责权利选择性交错的类型是责权利在各个政府组织间发生选择性交错而形成的排列组合方式。基于政府间责权利选择性交错的表现形式及其制度成因,可以将政府间责权利选择性交错分为不同的类型。总之,政府体系的组织结构与组织制度是政府间责权利选择性交错发生的结构与制度基础,它们设定了政府组织行动的条件,并为政府组织的行动提供可以利用的制度资源。而政府间责权利选择性交错的类型则是对政府间责权利选择性交错结构的具体表现形式的展现。

二、选择性交错分析的过程视角

政府间责权利选择性交错的过程是指在政府运行过程中政府组织基于自身的利益,通过与周围环境及其他政府组织的互动而使责任与权力、责任与利益在政府组织间发生错位的过程。从过程视角来看,政府间责权利选择性交错模式是政府组织运行的一种状态。因此,过程分析的关键是弄清楚在进行责权利配置过程中政府组织所处的制度环境以及在这种制度环境之中政府组织间的互动关系。

(一)广义上中国国家治理体系构成系统的制度逻辑分解

制度逻辑理论认为,社会制度是由多重制度秩序构成的,包括家庭、共同体/社群、宗教、国家、市场、专业、公司等7种理想型的制度秩序(X轴的制度秩序)。每种制度秩序都代表了一个治理体系,为行动者进行意义构建提供了参考框架与前提。同时,每种制度秩序的构成要素(Y轴的类别要素)包括了根隐喻、合法性来源、权威性来源、身份来源、规范的基础、注意力基础、战略基础、非正式控制机制、经济体制等类别要素。它们代表了该制度秩序"所特有的文化象征和物质实践",并且"确定了塑造个体和组织偏好和利益的组织原则，以及在特定秩序的影响范围内获得利益和偏好的行为组合"（Thornton, Ocasio, and Lounsbury, 2012；桑顿、奥卡西奥、龙思博，2020）。换言之，每一种制度秩序都具有一套制度逻辑。X轴上的制度秩序与Y轴上的类别要素都具有部分自治性，即这些制度秩序与类别要素构成了多重制度系统，同时这些制度秩序与类别要素可以继续分解为更小的子系统，且制度秩序之间的类别要素可以跨制度秩序进行迁移（Thornton, Ocasio, and Lounsbury, 2012；桑顿、奥卡西奥、龙思博，2020）。此外，制度秩序及其类别要素之间既相互补充又相互矛盾，它们通过竞争个体与组织的注意力和支持来争夺社会文化生存空间，同时个体与组织也可以利用它们之间的矛盾性与互补性来促进制度的转型与发展（Thornton, Ocasio, and Lounsbury, 2012；桑顿、奥卡西奥、龙思博，2020）。

本书主要是研究政府组织间的责权利关系，因而本书的制度场域主要是中国国家治理情境中的政府组织可获取与利用的各种制度逻辑。需要注意的是，制度逻辑理论是基于西方资本主义国家政府高度分权结构与原子化社会提出的理论，这7种制度秩序与治理体系是西方资本主义制度的核心制度。尽管中国也存在这7种制度秩序，但是因政治经济体制以及社会发展阶段不同，各种制度秩序与治理体系的类别要素是不同的，因而其在中国治理情境中的适用需要根据具体情况进行转换。国家作为一种制度秩序与治理体系，在西方资本主义国家中的构成要素是资本主义制度国家作为一种制度秩序的构成要素，与社会主义制度下中国国家治理体系的构成要素在具体内容上有所不同。因此，本书在论述中将国家作为一种制度秩序的构成要素时，根据我国的国情对桑顿、奥卡西奥、龙思博（2020）所论述的国家作为一种制度秩序的构成要素进行了修正，如表3.1所示。但是，这并不影响本书用制度逻辑理论分析作为一种制度模式的政府间责权利选择性交错模式的稳定与变迁问题，因为制度逻辑理论更多的是提供一种关于制度稳定与制度变迁的分析工具。

韦伯将国家合法性来源分解为三个理想型：一是传统合法性，指一种基于古已有之的并且成为一种传统的权力；二是卡理斯玛合法性（又称为"魅力合法性"或"克里斯马合法性"），指一种基于个人魅力或者某种超凡能力的权力；三是法理合法性，指一种基于一系列被广泛认可的法律和行政原则基础上的权力(赵鼎新,2016)。而赵鼎新(2016)认为,国家合法性来源的理想型有三种,即绩效合法性、意识形态合法性与程序合法性。他提出,任何一个国家政权的合法性都是这三种合法性来源的理想型混合体,只是在不同的历史发展时期,某一理想型合法性会占据主导地位并在很大程度上定义这一国家的性质乃至这一国家民众的政治认知模式和政治行为特征。其中,绩效合法性,是指国家统治的正当性源自国家为大众提供公共物的能力;意识形态合法性,是指国家统治的正当性源自一个被大众广为接受的意识形态,而魅力合法性(即卡理斯玛合法性)属于意识形态合法性的一种;程序合法性,是指国家统治的正当性来源于一套被有能力影响政治过程的群体所广泛接受的程序。

新中国成立后(1949—1976年),党通过社会改造建立起原初意义上的卡理斯玛型权威(即卡理斯玛合法性)(冯仕政,2011),而科层体制的合法性仍来自自上而下的授权,执政党与科层体制之间是领导与被领导的关系,国家的支配方式表现出"实质上的卡理斯玛权威与形式上的法理权威相融合"的特点(周雪光,2013)。换言之,此阶段国家权力的合法性建立在意识形态的合法性与程序合法性的基础上。20世纪80年代中期以来,随着改革开放的深化,我国通过大力推进市场经济改革,使德政和经济绩效重新成为评判政权合法性的重要标准(赵鼎新,2012)。进入21世纪后,党和国家更是坚定不移地把发展作为党执政兴国的第一要务,并持续推进法治国家与法治政府建设,因而现阶段中国国家权力的合法性主要来自绩效合法性,同时混合了意识形态合法性与程序合法性。

表 3.1　中国国家作为一种制度秩序的类别要素的分解

构　成　要　素		制度秩序：国家（X 轴）		
		中央政权	中间政权	基层政权
类别元素（Y 轴）	根隐喻	再分配机制	再分配机制	再分配机制
	合法性来源	绩效合法性为主,混合了意识形态合法性与程序合法性	绩效合法性为主,混合了意识形态合法性与程序合法性	绩效合法性为主,混合了意识形态合法性与程序合法性

续　表

构 成 要 素		制度秩序：国家（X 轴）		
		中央政权	中间政权	基层政权
类别元素（Y 轴）	权威性来源	公民的授权	中央政府的授权	中央政府的授权
	身份来源	公民的认可	中央政府的认可	中央政府的认可
	规范的基础	公民	公民	公民
	注意力的基础	公民的满意度	中央政府满意	中央政府满意
	战略的基础	增强国家层面的利益	增强区域层面的利益	增强地方层面的利益
	非正式控制机制	后台政治	后台政治	后台政治
	经济体制	公有制为主体、多种所有制经济共同发展		

资料来源① THORNTON P H, OCASIO W, LOUNSBURY M. The institutional logics perspective: a new approach to culture, structure, and process[M]. New York: Oxford University Press, 2012: 73.
② 桑顿,奥卡西奥,龙思博.制度逻辑：制度如何塑造人和组织[M].汪少卿,杜运周,翟慎霄,等译.杭州：浙江大学出版社,2020：86.
注：本表是根据上述资料提出的多重制度系统理想型,并结合中国的实际情况制定的。与西方国家政权不同,中国国家政权是由党委和人民政府构成的复合政权或统合政权,因而表格中的政权均是指党委和人民政府构成的统合政权。表中的中央政权是指中央一级的国家政权,中间政权是指省、地级市、县(市)一级国家政权,基层政权是指乡镇一级的国家政权。

　　由于政府间责权利配置模式是国家实现治理目标的基础性制度工具,因而应将政府间责权利选择性交错模式置于中国国家治理的情境中加以考察。一般来说,广义上的国家治理体系,按照功能可以分为"国家统治"与"公共事务治理"两个方面。狭义上的国家治理是指国家统治,"是指国家对其疆域和民众的统治,即国家在其疆域内如何建立统治权,以及如何行使统治权";公共事务治理,"是指中央政府和地方政府为了办理或管理公共事务,或提供公共服务,所开展的规划、决策、实施、管理和监督等一系列活动过程"(曹正汉、聂晶、张晓鸣,2020)。在这里,为了表述的方便,本书用"国家治理"代替"国家统治",那么广义上的中国国家治理体系包含了国家治理与公共事务治理两个方面。依据制度逻辑理论,任何组织的身份与实践都受到该组织在一个或多个制度场域中所处的情境的影响,而每个制度场域都包括一个或多个可获取的制度逻辑以及一系列恰当的集体组织身份与实践(桑顿、奥卡西奥、龙思博,2020)。因此,首先需要弄清楚在广义的中国国家治理体系内,国家治理系统与公共事务治理系统内存在哪些可以获取的制度逻辑。

由于制度逻辑就是各种制度与其所代表的治理体系所包含的一系列的能够影响行动者认知的制度安排与行动机制,而个体与组织既嵌入在这些制度安排之中,在其指导之下进行组织实践与身份的生产,同时个体与组织也可以利用这些制度安排之间的互补与冲突来维持制度的稳定或促进制度的涌现与变迁。因此,需要基于制度逻辑的部分自治性理论,将广义上的中国国家治理体系分解为国家治理系统与公共事务治理系统,然后再分别基于治理内容的不同来分析国家治理系统和公共事务治理系统中稳定存在的制度逻辑。

从公共事务治理内容来看,公共事务治理包括公共事务管理和公共服务供给两个方面。其中,在公共服务供给方面,政府组织除了需要保证公共服务供给的效率与质量之外,还需要促进地区之间公共服务的均等化。但在我国,由于国家治理系统贯彻的是自上而下的统治(控制)逻辑,使得公共服务供给的质量压力通常让位于公共服务供给的效率压力(周黎安,2014)。因此,公共服务的供给主要是遵循效率逻辑和公平性逻辑[1]。而在公共事务管理方面政府组织则需要提高公共事务管理效率,因而公共事务管理主要遵循效率逻辑。公平性逻辑,要求政府组织缩小城乡区域发展差距和居民生活水平差距,实现基本公共服务均等化,进而实现共同富裕[2];而效率逻辑,要求政府组织按规定有效地生产或提供公共服务并有效地管理公共事务。

---

[1] 通常情况下,大家比较习惯用"效率原则"与"公平性原则",而不是"效率逻辑"与"公平性逻辑"。"原则"一词在汉语中通常是指行事所依据的法则或标准,在我国政府的话语体系或实践中可以理解为包括了正式制度(正式成文的制度,如依据法定程序制定的法律、法规、规章等)与非正式制度(不成文的非正式约束,如传统、惯例、习俗等)的广义上的制度。如政府所说的"党管干部原则"就是指"党管干部的制度体系",在实践中体现为一套具体的关于干部提名、考核、审查、任免的制度体系。因此,本书所说的控制逻辑、合法性逻辑、效率逻辑、公平性逻辑,就是指政府运行过程中遵循的制度规则与机制。

[2] 缩小地区、城乡发展差距,推进基本公共服务均等化,坚定不移走共同富裕道路,使发展成果惠及全体人民,一直以来都是我国经济社会发展的指导思想与奋斗目标,尤其是对于实行社会主义制度的中国来说,这一目标的实现是中国特色社会主义制度的本质要求。关于这一指导思想与目标的论述可参见我国历年制定的国民经济和社会发展规划纲要。

从国家治理的内容来看，国家治理主要包括国家对疆域的统治与国家对民众的统治两个方面（曹正汉、聂晶、张晓鸣，2020）。就国家对疆域统治而言，可以分为对内与对外两个方面。在对外方面，国家对疆域的统治主要是维护国家领土不受其他国家的侵犯，它涉及全球政治体系中不同国家之间的责权利关系，因而不在本研究的讨论范围之内；在对内方面，国家对疆域的统治主要体现为中央政府（上级政府）对地方政府（下级政府）的控制。在这里，控制逻辑要求加强对代理人的风险控制。就国家对民众的统治而言，它主要体现为政府对民众的控制以及政府通过获取民众的信任与支持来获取统治的合法性两个方面。在这里，控制逻辑要求加强对社会风险的控制，合法性逻辑要求政府组织采取外部环境中具有合法性的组织结构或做法（周雪光，2003），即要求政府组织按照民众能够理解与接受的方式运行，以获取民众的信任与支持。其中，代理人风险是指由地方（下级）政府官员偏离中央（上级）政府的控制引起的风险，社会风险是由公共事务治理中政府的某些行政工作不当或管理纰漏引起的民众抵制政府的风险（曹正汉、周杰，2013；曹正汉，2017；Cao and Zhang，2018）。

（二）广义上中国国家治理体系中多重制度逻辑间的关系

从各种制度逻辑之间的关系来看，国家治理系统与公共事务治理系统的各种制度逻辑之间存在互补与冲突的关系。

第一，公共事务治理系统内效率逻辑与公平性逻辑之间的互补与冲突关系。一方面，效率逻辑与公平性逻辑之间存在互补关系。因为提高公共服务供给的公平性，在一定程度上可以提高某些区域内公共事务治理的效率，尽管这种提高可能是以损害另一区域内公共事务治理的效率提升为代价的，但在不同的区域之间公平性逻辑与效率逻辑之间存在互补关系。另一方面，效率逻辑与公平性逻辑又存在冲突的关系。因为国家通过资源再分配机制使得富裕地区的资源转移到贫困地区，会使城乡、区域间的公平性提升，但也会因为资源的转移而在一定程度上损害被转移资源地区公共事务治理效率的提升。

在党的十九大之前，我国的收入分配政策强调的是"先富带动后富"和"效率优先，兼顾公平"，因此在公共事务治理系统中，当效率逻辑与公平性逻辑冲突时,公平性逻辑让位于效率逻辑。但随着我国进入全面深化改革阶段,从党的十九大开始我国收入分配政策的重点与社会矛盾的焦点开始从"重效率"向"重公平"转变(孙豪、毛中根,2019),制度秩序中公平性逻辑的排序开始被提升至与效率逻辑同等重要的地位。如表3.2所示,改革开放以来我国的收入分配政策都是将效率置于优先地位,后来党的十四届三中全会提出"效率优先,兼顾公平"的原则后,"效率优先,兼顾公平"的原则就一直占据着主导地位。直到党的十九大报告提出"让改革发展成果更多更公平惠及全体人民,朝着实现全体人民共同富裕不断迈进","坚持在经济增长的同时实现居民收入同步增长、在劳动生产率提高的同时实现劳动报酬同步提高","激发全社会创造力和发展活力,努力实现更高质量、更有效率、更加公平、更可持续的发展",将中国的发展推入"公平与效率并重"的新时代。另外,党的十九大之前我国的社会矛盾是"人民日益增长的物质文化需要同落后的社会生产之间的矛盾",而党的十九大之后我国的社会矛盾转变为"人民日益增长的美好生活需要和不平衡不充分的发展之间的矛盾"。公共事务治理系统中效率逻辑与公平性逻辑地位的转变,意味着政府逐渐从发展型政府向服务型政府转变,国家的资源配置职能从注重经济发展效率转变为更注重实现社会公平。总的来说,目前我国公共事务治理的逻辑正处于从重效率向重公平的转变过程之中,但这一转变尚未完成,效率逻辑仍然是公共事务治理的主导制度逻辑,公平性逻辑是公共事务治理体系的次要制度逻辑。

表3.2 改革开放以来党的工作报告关于收入分配政策的重点内容

年 份	文 件	分配政策的重点内容
1984	党的十二届三中全会报告	"只有允许和鼓励一部分地区、一部分企业和一部分人依靠勤奋劳动先富起来,才能对大多数人产生强烈的吸引和鼓舞作用,并带动越来越多的人一浪接一浪地走向富裕。"
1987	党的十三大报告	"我们的分配政策,既要有利于善于经营的企业和诚实劳动的个人先富起来,合理拉开收入差距,又要防止贫富悬殊,坚持共同富裕的方向,在促进效率提高的前提下体现社会公平。"

续　表

年　份	文　件	分配政策的重点内容
1992	党的十四大报告	"在分配制度上,以按劳分配为主体,其他分配方式为补充,兼顾效率与公平。运用包括市场在内的各种调节手段,既鼓励先进,促进效率,合理拉开收入差距,又防止两极分化,逐步实现共同富裕。"
1993	党的十四届三中全会报告	"建立以按劳分配为主体,效率优先、兼顾公平的收入分配制度,鼓励一部分地区一部分人先富起来,走共同富裕的道路。"
1997	党的十五大报告	"把按劳分配和按生产要素分配结合起来,坚持效率优先、兼顾公平,有利于优化资源配置,促进经济发展,保持社会稳定。"
2002	党的十六大报告	"坚持效率优先、兼顾公平,既要提倡奉献精神,又要落实分配政策,既要反对平均主义,又要防止收入悬殊。初次分配注重效率,发挥市场的作用,鼓励一部分人通过诚实劳动、合法经营先富起来。再分配注重公平,加强政府对收入分配的调节职能,调节差距过大的收入。"
2005	党的十六届五中全会报告	"完善按劳分配为主体、多种分配方式并存的分配制度,坚持各种生产要素按贡献参与分配,更加注重社会公平,加大调节收入分配的力度,努力缓解地区之间和部分社会成员收入分配差距扩大的趋势。"
2007	党的十七大报告	"初次分配和再分配都要处理好效率和公平的关系,再分配更加注重公平。逐步提高居民收入在国民收入分配中的比重,提高劳动报酬在初次分配中的比重。"
2012	党的十八大报告	"努力实现居民收入增长和经济发展同步、劳动报酬增长和劳动生产率提高同步,提高居民收入在国民收入分配中的比重,提高劳动报酬在初次分配中的比重。初次分配和再分配都要兼顾效率和公平,再分配更加注重公平。"
2017	党的十九大报告	"坚持在经济增长的同时实现居民收入同步增长、在劳动生产率提高的同时实现劳动报酬同步提高。拓宽居民劳动收入和财产性收入渠道。履行好政府再分配调节职能,加快推进基本公共服务均等化,缩小收入分配差距。"
2019	党的十九届四中全会报告	"提高劳动报酬在初次分配中的比重……完善相关制度和政策,合理调节城乡、区域、不同群体间分配关系。重视发挥第三次分配作用,发展慈善等社会公益事业。鼓励勤劳致富,保护合法收入,增加低收入者收入,扩大中等收入群体,调节过高收入,清理规范隐性收入,取缔非法收入。"

续　表

年　份	文　件	分配政策的重点内容
2022	党的二十大报告	"分配制度是促进共同富裕的基础性制度……努力提高居民收入在国民收入分配中的比重,提高劳动报酬在初次分配中的比重。坚持多劳多得,鼓励勤劳致富,促进机会公平,增加低收入者收入,扩大中等收入群体。完善按要素分配政策制度,探索多种渠道增加中低收入群众要素收入,多渠道增加城乡居民财产性收入。加大税收、社会保障、转移支付等的调节力度。完善个人所得税制度,规范收入分配秩序,规范财富积累机制,保护合法收入,调节过高收入,取缔非法收入。引导、支持有意愿有能力的企业、社会组织和个人积极参与公益慈善事业。"

资料来源:根据中国共产党历次全国代表大会数据库(http://cpc.people.com.cn/GB/64162/64168/index.html)公开的文件整理而得。

第二,国家治理系统内的控制逻辑与合法性逻辑之间的互补与冲突关系。一方面,降低国家治理面临的风险,有利于提升国家治理的合法性,因此控制逻辑与合法性逻辑之间存在互补关系。另一方面,为了降低国家治理中面临的风险,政府组织可能采取不合法的手段来控制社会风险,进而会降低民众对国家治理的支持与信任,使得合法性逻辑与控制逻辑之间产生冲突。

第三,国家治理系统与公共事务治理系统的制度逻辑之间的互补与冲突关系。一方面,公共事务治理系统的效率逻辑、公平性逻辑与国家治理系统的合法性逻辑、控制逻辑之间存在互补关系。因为公共事务治理的效率和公平性的提升,有助于提升国家治理的合法性和降低国家治理的风险。从合法性逻辑与效率逻辑之间的互补关系来看,由于目前我国国家治理的合法性主要是建立在绩效合法性的基础之上,因而提高公共事务治理的效率,有利于提高国家治理的合法性。因此,效率逻辑与合法性逻辑之间存在互补关系。但是在不同的发展阶段,我国国家治理的合法性基础有所不同,如改革开放之前,我国的国家治理合法性主要建立在以领导者个人魅力为基础的卡理斯玛型权威或意识形态合法性基础之上,因而合法性逻辑与效率逻辑之间的关系需要根据具体情况来加以讨论。从合法性逻辑与公平性逻辑来看,提高公共事务治理的公平性,有利于提高民众对国家治理的支持与信任，因而合法性逻辑与公平性逻辑之间存在互补的关系。从控制逻辑与效率逻辑、公平性逻辑之间的关系来看，由于社会分配不公平与公共事务治理效率低下会提高国家治理的风险，因而提高公共事务治理的效率与公平性，有利于降低国家治理的风险。因此，效率逻辑、公平性逻辑与控制逻辑之间存在互补关系。

另一方面，公共事务治理系统的效率逻辑、公平性逻辑与国家治理系统的控制逻辑、合法性逻辑之间存在冲突的关系。由于在国家治理系统与公共事务治理系统中对某一种制度逻辑的实践，会在整个广义上的国家治理系统中争夺用来实践另一种制度逻辑的资源，因此治理系统之间的制度逻辑之间也会产生冲突。一般来说，国家治理系统对稳定性的追求要优先于公共事务治理系统对效率的追求（曹正汉、聂晶、张晓鸣，2020），因此，当国家治理系统的控制逻辑与公共事务治理系统的效率逻辑发生冲突时，国家治理系统的控制逻辑会占据主导地位。如中央政府为了降低其面临的社会风险而选择将一些社会风险较高的全国性公共事务下放给地方政府（曹正汉、周杰，2013），又或是为了控制地方政府的投资风险（代理人风险）而选择向上集中一些地方重大公共项目的决策权（曹正汉、薛斌锋、周杰，2014），形成了一种低效率（公共事务治理的低效率）的风险控制模式。在这种风险控制模式中，效率逻辑与控制逻辑之间是相互冲突的，因为全国性公共事务应该由中央政府来承担才能提高其治理效率，地方行政公共事务应该由地方政府来决定才能提高其治理效率，但中央政府在这种冲突中选择了以牺牲公共事务治理的效率的方式来强化国家治理的风险控制能力。又如为了提升经济发展绩效，地方政府在招商引资中可能会实施一些违规和不合理的招商引资优惠，包括违规实施税费减免等优惠政策，违规提供融资支持，随意许诺或兑现优惠政策等（杨亚军、朱寒秋，2024），这就产生了效率逻辑与合法性逻辑之间的冲突。

总之，公共事务治理系统与国家治理系统的各种制度逻辑之间存在互补与冲突的关系。但就目前而言，我国国家治理系统的首要目标是维护政权稳定，公共事务治理系统的首要目标是提高治理效率（曹正汉、聂晶、张晓鸣，2020），因而国家治理系统的主导逻辑是风险控制的逻辑，次要逻辑是合法性逻辑，公共事务治理系统的主导逻辑是效率提升的逻辑，次要逻辑是公平性逻辑。但是从长期来看，控制逻辑与合法性逻辑、效率逻辑与公平性逻辑是一致的，即降低国家治理的风险也是为了提高国家治理的合法性，提高公共事务治理的效率也是为了提高公共事务治理的公平性。

（三）多重制度逻辑与政府组织之间的互动过程

在弄清楚政府组织在广义的中国国家治理体系中所处的制度场域之后，就可以分析各种制度逻辑与政府组织之间是如何通过互动来维持制度稳定或促进制度涌现与变迁的。

首先，作为行动者的政府组织具有嵌入能动性。制度逻辑理论认为，行动者是情境化的、嵌入的、具有有限意图的行动者。其中，"嵌入能动性"是指个体与组织的利益追求或目标受到其社会身份与社会认同的限制；"情境"是指在时间与空间上能够对个人与组织产生影响的直接因素，包括"直接的社会环境与互动"和"情境中的物质属性"；"有限意图"是指个体与组织的意图受到认知局限的约束（Thornton, Ocasio, and Lounsbury, 2012；桑顿、奥卡西奥、龙思博，2020）。简单地说，行动者具有嵌入能动性，即个体与组织的利益、身份认同、价值观和假设是嵌入在主导制度逻辑中，并且制度逻辑与行动者的能动性之间相互影响（Thornton and Ocasio，2008）。就中国政府组织而言，已有的关于政府自主性的研究表明，作为行动者的政府组织具有有限的自主性，即有限的能动性[①]。如叶贵仁和陈燕玲（2021）提出基层政府在承接上级政府的事权时表现出"约束型自主"的特征。何显明（2007）认为在市场化进程中地方政府表现出"自主性扩张"的特征。不管是表现出约束型自主的基层政府，还是表现出自主性扩张的地方政府，它们都是嵌入在我国的政府体系之中的，其所追求的利益或目标本质上会受到其在政府体系中所处的位置与角色的限制，因而也是具有嵌入能动性的行动者。

其次，政府组织与制度逻辑之间的互动过程。具体来说，一方面，制度逻辑通过文化嵌入来聚焦个体与组织的注意力，从而激活行动者在特定情境下的身份、目标与基模（用于处理信息与指导决策的知识结构），这些基模

[①] 本书在同等意义上使用"能动性"与"自主性"。

和共享的注意力焦点一起塑造个体与组织间的互动,个体与组织间的互动使个体与组织通过决策、意义构建、动员三种机制产生新的组织实践与身份,最后特定情境下的组织实践通过文化演化的过程被选择和保留,使得新的制度逻辑在社会、制度场域和组成层级上涌现(Thornton, Ocasio, and Lounsbury, 2012;桑顿、奥卡西奥、龙思博,2020)。另一方面,组织利用制度逻辑变化或不稳造成的组织实践与身份的变化带来的模糊性,来聚焦组织的注意力并催生解决模糊性的互动①,然后通过互动产生组织实践与身份的新组合,进而促进制度逻辑的变迁与重构(Thornton, Ocasio, and Lounsbury, 2012;桑顿、奥卡西奥、龙思博,2020)。

  具体来说,在政府组织责权利配置的过程中,政府组织既嵌入在国家治理系统的制度逻辑之中,也嵌入在公共事务治理系统的制度逻辑之中,但这些制度逻辑对政府组织进行责权利配置的要求是不一样的。在国家治理系统中,代理人风险控制逻辑要求中央政府向上集中权力与资源以强化中央政府对地方政府的代理人风险的控制;社会风险控制逻辑要求中央政府下放具有较高社会风险的全国性公共事务,以向地方政府分散与转移社会风险(曹正汉、周杰,2013;曹正汉、薛斌锋、周杰,2014);同时合法性逻辑要求政府组织按照民众能够理解与接受的方式运行,通常是按照制度设定的责权利一致的原则运行,以获取民众的信任与支持。在公共事务治理系统,全国性的公共事务治理更多地要求将权力与资源向上集中到中央政府,地方性公共事务治理则更多要求将权力与资源下放到地方政府,以提高公共事务治理的效率(周雪光,2011;曹正汉、聂晶、张晓鸣,2020);同时公平性逻辑要求中央政府或上级政府向上集中权力与资源,使得上级政府能够制定一些区域性的公共政策并在区域间进行资源再分配,以促进城乡与区域的均衡发展。因此,国家治理系统的风险控制逻辑更多要求向上集中权力与资源,并下放一些风险较高的全国性公共事务治理责任,全国性公共事务治理的效率逻辑更多要求向上集中权力与资源,地方性公共事务治理的效率逻辑更多地要求下放权力与资源,这就构成控制逻

---

① 制度逻辑理论将这种互动称为"社会互动",是指社会行动者之间的互动。因为制度逻辑理论将行动者看作是嵌入在社会系统中的行动者,所以将个人或组织间的互动称为"社会互动"。由于本书主要研究政府组织,因而用组织互动代替社会互动。

辑与效率逻辑之间的冲突。同时，地方性公共事务治理的效率逻辑要求更多下放权力与资源，而公共事务治理的公平性逻辑更多要求向上集中权力与资源，这就构成了效率逻辑与公平性逻辑之间的冲突。由于现阶段我国国家治理的合法性主要建立在绩效合法性的基础之上，而绩效合法性逻辑要求提高公共事务治理的效率，此时绩效合法性逻辑对政府间责权利配置的要求与公共事务治理的效率逻辑对政府间责权利配置的要求是一样的，这就产生了合法性逻辑与控制逻辑之间的冲突。至此，可以对国家治理系统与公共事务治理系统所遵循的各种制度逻辑进行一个比较，如表 3.3 所示。

表 3.3　国家治理系统与公共事务治理系统的制度逻辑的比较

比较维度	国家治理系统	公共事务治理系统
制度逻辑	控制逻辑与合法性逻辑	效率逻辑与公平性逻辑
主导逻辑	控制代理人风险与社会风险，以维持政权稳定	提高公共事务治理效率，以维持政权的有效运行
次要逻辑	提高国家治理的合法性	提高公共事务治理的公平性
制度逻辑对政府责权利配置的要求	① 代理人风险控制逻辑要求向上集中权力与资源，社会风险控制逻辑要求下放风险较高的公共事务治理的责任； ② 合法性逻辑要求政府组织按照民众能够理解与支持的方式运行，通常是按照制度设定的责权利一致的原则运行，以尽可能获取民众的支持与信任	① 全国性公共事务治理的效率逻辑要求向上集中权力与资源，地方性公共事务治理的效率逻辑要求下放权力与资源； ② 公平性逻辑要求级别相对较高的政府向上集中权力与资源，进而在区域范围内进行资源再分配，以缩小城乡、区域之间的发展差距
各种制度逻辑之间互补与冲突关系	① 效率逻辑与公平性逻辑的互补与冲突关系：一方面，提高公共事务治理的公平性，在一定程度上可以提高某些区域内的公共事务治理的效率；另一方面，公共事务治理公平性提升在一定程度上会损害某些地区公共事务治理效率的提升。 ② 控制逻辑与合法性逻辑之间的互补与冲突：一方面，降低国家治理面临的风险，有助于提升国家治理的合法性；另一方面，为了降低国家治理中面临的风险，政府组织可能采取不合法的手段来控制风险，进而消解国家治理的合法性。	

续　表

比较维度	国家治理系统	公共事务治理系统
各种制度逻辑之间互补与冲突关系	③ 效率逻辑、公平性逻辑与合法性逻辑、控制逻辑之间的互补与冲突关系：一方面，公共事务治理效率和公平性的提升，有助于提升国家治理的合法性和降低国家治理的风险；另一方面，为了提升国家治理的风险控制能力，上级政府组织可能会选择低效率的制约模式；为了提升公共事务治理的效率，政府组织可能会实施一些违规和不合理的招商引资优惠政策，进而损害国家治理的合法性	

　　如前所述，国家治理系统遵循的制度逻辑与公共事务治理系统遵循的制度逻辑之间存在互补与冲突的关系。一方面，由于公共事务治理效率和公平性的提高依赖于国家治理的稳定，没有国家治理的稳定，公共事务治理的效率和公平性就得不到保障。因此，国家治理的战略目标在政治上优先于公共事务治理的战略目标，公共事务治理需要服务于政权稳定（曹正汉、聂晶、张晓鸣，2020）。换言之，国家治理的控制逻辑优先于公共事务治理的效率逻辑，因而政府组织首先需要遵循国家治理的控制逻辑。这就使得中央政府选择性集中一些控制性权力（主要是考核权、指挥权等人事权以及审批权、干预权等决策权）与资源（主要是财政资源），以强化对代理人风险的控制；同时中央政府选择下放一些风险较高的全国性公共事务，以降低自身面临的社会风险，进而使得中央政府与地方政府之间的责权利配置发生了选择性交错，即中央政府处于权力与利益超载的一方，而地方政府处于责任超载的一方。而地方政府在承接了中央政府下放的社会风险较高的全国性公共事务之后，为了降低自身面临的政治风险与行政风险[①]，会通过层层加码的方式逐级向下级政府转移风险或通过由内而外的方式向市场与社会转移风险（王刚，2020），这就使得地方政府间的责权利配置发生了选择性交错，即上级地方政府处于权力与资源超载的一方，而下级地方政府处于责任超载的一方，并使得政府与社会、企业之间发生责权利选择性交错。另一方面，政府间责权利选择性交错模式又会损害公共事务治理的效率，且现阶段

---

① 王刚认为政治风险是指"背离中央政治纲领或没有贯彻其政治任务而引发的风险"，行政风险是指"没有完成既定的工作任务，或者因为违规违法所面临的风险"。这里的"政治风险""行政风险"分别对应本书中的"代理人风险""社会风险"。引自：王刚.风险的规避、转嫁与控制策略：基于中央与地方政府的对比分析[J].中国行政管理，2020，424(10)：121-128.

我国国家治理的合法性主要是建立在绩效合法性的基础之上的(Yang and Zhao,2015;赵鼎新,2012,2016),政府间责权利选择性交错模式也会损害国家治理的合法性,而合法性的受损又会影响到国家治理的稳定性。这就产生了国家治理系统的控制逻辑与公共事务治理系统的效率逻辑之间的冲突,并进一步产生了国家治理系统内控制逻辑与合法性逻辑之间的冲突。而在政府间责权利选择性交错的情形下,处于责任超载一方的下级政府也会选择性向上级政府转移责任或索取资源来提升公共事务治理的效率,这就发生了另一种上下级政府间责权利选择性交错。

综上所述,政府间责权利选择性交错模式是政府组织在调节国家治理的制度逻辑与公共事务治理的制度逻辑之间的互补与冲突关系而形成的一种制度模式。即国家治理的控制逻辑与公共事务治理的效率逻辑之间的冲突,对政府组织的责权利配置提出了相反的要求,这使得政府组织在遵循控制逻辑的要求之下形成了政府间责权利选择性交错模式;而在效率逻辑与合法性逻辑的要求之下又形成了另一种政府间责权利选择性交错模式,这就使得政府间责权利选择性交错在中国的治理情境下不停地发生且长期持续存在。

三、选择性交错分析的功能视角

根据帕森斯与默顿的功能主义理论可知,作为一种制度模式的政府间责权利选择性交错模式对于社会系统的功能是其保持稳定与持续存在的理由。但结构功能视角下的研究因政府间责权利交错模式损害公共事务治理的效率而将其看作是一种有待改革的"问题",而忽视了国家治理视角下政府间责权利交错具有某些正功能。如责权利不对称的财政制度有利于中央政府加强对地方政府的管制(陶然、刘明兴、章奇,2003),行政体制中政府间责权利不对称解决了信息不对称和治理制度化不足的问题(贺雪峰,2015),权责不对称有利于中央政府降低自身承担的社会风险或控制地方政府的投资风险(曹正汉、周杰,2013;曹正汉、薛斌锋、周杰,2014)等,责权利不对称的财政体制与人事控制相结合有助于实现控制与激励的协调(张永生,2008,2009;鲁建坤、李永友,2018;何显明,2009a)。

正因为如此,借鉴功能主义理论的思想与分析方法,本书将广义上的中国国家治理体系分为国家治理系统与公共事务治理系统，并将它们作为政府间责权利选择性交错模式的功能分析单元。在此基础上，本书将政府间责权利选择性交错模式所具有的削弱国家治理系统与公共事务治理系统之调适能力的结果，称为"政府间责权利选择性交错模式的负功能"；将政府间责权利选择性交错模式所具有的有助于国家治理系统与公共事务治理系统之调适能力的结果，称为"政府间责权利选择性交错模式的正功能"；同时，将政府间责权利选择性交错模式所具有的正功能与负功能的集合称为"政府间责权利选择性交错的复合功能"。最后，在区分功能分析单元的基础上，依据国家治理系统与公共事务治理系统两个制度场域所设定的制度逻辑，分析政府间责权利选择性交错所具有的正功能，以检验关于政府间责权利选择性交错具有正功能的假设。

四、选择性交错分析框架的形成

总的来说，制度逻辑理论主要关注制度如何制约个体与组织以保持制度稳定，以及如何使具有嵌入能动性的个体与组织利用制度之间的互补性与冲突性去促进制度涌现与变迁的问题。与结构功能主义理论过于强调结构对行动者的束缚不同，制度逻辑理论强调行动者在社会结构中具有一定的能动性（受限的能动性），因而制度既约束又促进个体与组织行动者，在此基础之上建立了一套关于制度涌现、制度稳定性与制度变迁的理论（桑顿、奥卡西奥、龙思博，2020）。此外，结构功能主义强调社会系统是由在功能上相互支持的子系统构成的，更加注重社会结构内部的稳定与秩序。但结构功能主义理论"不否定社会内部的矛盾与冲突"，只是更强调"结构对冲突的消弭作用"（吴晓林，2017）。而制度逻辑理论强调社会系统存在"相互竞争与谈判的个体""相互冲突与协调的组织"以及"相互矛盾与依赖的制度"（桑顿、奥卡西奥、龙思博，2020），更加注重社会结构内部的矛盾与冲突以及其对社会结构的变迁的推动作用。因此，结构功能主义理论更适合静态的结构与功能分析，制度逻辑理论更适合动态的过程分析。政府间责权利选择性交错作为一种制度模式，其形成与持续存在是一个非常复杂的现象。通过借鉴制度逻辑理论，将结构功能主义理论加以整合，本书构建了一个结构—过程—功能的理论分析框架，以阐释政府间责权利选择性交错模式为何会发生且持续存在的深层逻辑,如图 3.1 所示。

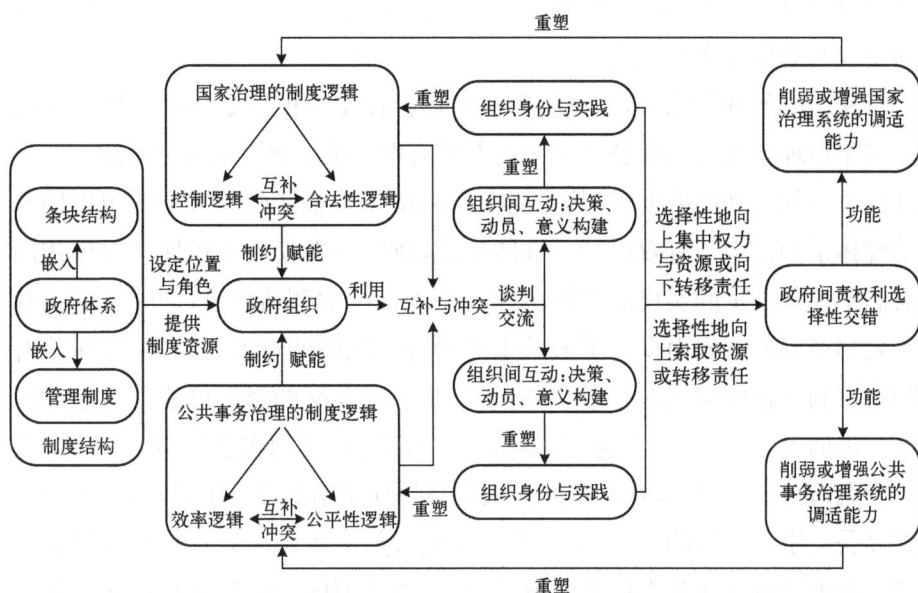

图 3.1　政府间责权利选择性交错的结构—过程—功能分析框架

从结构视角来看,政府间责权利选择性交错是一种嵌入在政府体系结构中的制度模式,政府体系的结构(包括条块结构及其组织制度)设定了政府组织的位置与角色,同时政府组织也可以利用其在政府体系中的位置与角色来获取政府体系中可以利用的制度资源。

从过程视角来看,政府间责权利选择性交错模式是政府组织在各种既相互补充又相互冲突的制度逻辑的作用下,通过与其他组织进行互动(包括决策、动员与意义构建三种互动机制)而形成的一种新的组织实践与身份,这种新的组织实践与身份因其责权利配置发生了变化又会重塑国家治理与公共事务治理系统的制度逻辑。具体而言,政府组织嵌入的控制逻辑要求上级政府向上集中权力与财政资源并下放责任,政府组织嵌入的地方性公共事务治理的效率逻辑则要求上级政府选择下放权力与财政资源并下放责任,而国家的控制逻辑优先于公共事务治理的效率逻辑,因而在制度逻辑冲突的情形下政府组织之间通过互动产生了政府间责权利选择性交错模式;但在政府间责权利选择性交错模式损害公共事务治理效率,并会进一步损害国家治理的合法性与稳定性的情形下，政府组织嵌入的效率逻辑则促使下级政府有选择性地向上级政府转移责任或索取资源，进而也会产生政府间责权利选择性交错模式。

从功能的视角来看，政府间责权利选择性交错模式是政府组织用来调适国家治理系统的制度逻辑与公共事务治理系统的制度逻辑之间的互补与冲突关系的一种制度模式，其功能在于维持作为整体的广义上的中国国家治理体系的稳定与有效运行。具体来说，政府间责权利选择性交错模式因有利于控制逻辑的实现而增强了国家治理系统的调适能力，同时也因不利于效率逻辑的实现而损害了公共事务治理系统的调适能力。但是，在政府间责权利选择性交错的情形下，由于公共事务效率的降低可能会影响到国家治理的合法性，进而影响到国家治理的稳定性，进而也会削弱国家治理系统的调适能力。同时，在政府间责权利选择性交错的情形下，政府组织为了提高公共事务治理的效率，可能会选择通过另一种政府间责权利选择性交错来向上级政府转移责任或索取资源，这种政府间责权利选择性交错模式进而也会增强公共事务治理系统的调适能力。

第四章 选择性交错的结构：组织分析与类型划分

如前所述,政府间责权利选择性交错的发生与持续存在具有结构性与制度性基础。而我国政府体系的组织结构与组织制度便构成了政府间责权利选择性交错发生的结构与制度基础。政府间责权利选择性交错类型的划分则是政府间责权利选择性交错模式在结构与制度层面的具体表现形式。因此,本章在分析政府间责权利选择性交错模式形成的结构与制度基础之上,结合政府间责权利选择性交错的理想类型,将政府间责权利选择性交错模式划分为八类,借此厘清了不同类型的政府间责权利选择性交错模式的表现形式。

第一节 政府体系的组织结构

从组织结构来看,我国的政府体系是由以条块结构为组织基础的党委系统与行政系统构成的"广义政府"(陈国权、皇甫鑫,2022)。党委系统与行政系统的组织特征决定了作为整体的政府体系要遵循的多重制度逻辑,政府组织既要遵循控制逻辑与合法性逻辑,又要遵循效率逻辑与公平性逻辑,而这些制度逻辑之间本身存在互补与冲突的关系。但处于不同的条块关系中的政府组织因其所处的位置与角色不同,其可以获取与利用的制度逻辑有所不同。当处于不同条块关系中的政府组织面临相互冲突的主导制度逻辑时,上级政府组织会选择性地向上集中权力与资源或向下级政府组织转移责任,或下级政府组织会选择性地向上级政府索取资源或推卸责任,由此产生责权利选择性交错模式。

一、政府体系的构成系统

根据第一章对"政府"的定义可知,本书中的"政府"是指包括了党委与政府,因而政府体系包括了党委系统与行政系统两个组成系统。表 4.1 展示了党委系统与行政系统在功能定位、目标导向、权力类别、权力来源、权力的合法性基础、任务领域、组织机制、运行机制及其功能特点、人事标准、控制规则、相互关系 12 个方面的特征。这些特征共同塑造了党委系统内部的组织间责权利关系、行政系统内部的组织间责权利关系,以及党委系统与行政系统之间的责权利关系。由于党委系统与行政系统在政府体系中所处的位置与角色有所不同,其可以获取与利用的制度逻辑有所不同,因而对党委系统与行政系统进行比较,有助于分析党委系统内部、行政系统内部以及党委系统与行政系统之间的责权利选择性交错生成的制度逻辑。

表 4.1 党委系统与行政系统的组织特征比较

比较维度	构 成 系 统	
	党委系统	行政系统
功能定位	政治代表与全面领导的核心,获取政治权力,制定国家政策;履行国家治理的功能	行使行政权力,在授权范围内制定公共政策并执行国家政策;履行公共事务治理的功能
目标导向	控制导向与合法性导向,维护国家政权稳定与国家治理的合法性	效率导向与公平性导向,提升公共事务治理的效率与公平性
权力类别	决策权与监督权	执行权
权力来源	人民	自上而下的授权
权力的合法性基础	以绩效合法性为主,以意识形态合法性与程序合法性为辅的混合体	
任务领域	政治任务或中心工作	专业性的行政任务
组织机制	科层制	科层制
运行机制	政治统合制	行政机制

续　表

比较维度	构　成　系　统	
	党委系统	行政系统
运行机制的功能特点	统揽全局、协调关系、整体推进	专业分工、按部就班、水滴石穿
人事标准	政治忠诚	专业能力
控制规则	对人民的回应性和对行政系统的支配性；下级对上级的服从性	行政系统对党委系统的服从性；下级对上级的服从性
相互关系	执政党将行政系统的科层制作为国家执政的工具，并对科层制加以领导与制约；科层制以其法定规则、程序等对执政党的权力行使形成约束，同时又依赖执政党的领导	

资料来源：① 冯仕政.中国国家运动的形成与变异：基于政体的整体性解释[J].开放时代,2011, 223(1)：73 - 97.

② 周雪光.运动型治理机制：中国国家治理的制度逻辑再思考[J].开放时代,2012,243(9)： 105 - 125.

③ 周雪光.国家治理逻辑与中国官僚体制：一个韦伯理论视角[J].开放时代,2013,249(3)：5 - 28.

④ 欧阳静.政治统合制及其运行基础：以县域治理为视角[J].开放时代,2019,284(2)：184 - 198.

⑤陈国权,皇甫鑫.功能性分权：中国特色的权力分立体系[J].江海学刊,2020,328(4)：128 - 136.

在功能定位方面,党委系统的主要功能是进行国家治理,行政系统的主要功能是进行公共事务治理。党章规定中国共产党是中国特色社会主义事业的领导核心,代表中国最广大人民的根本利益,同时宪法规定中国共产党领导是中国特色社会主义最本质的特征。因此,党委系统履行着政治代表与全面领导的功能,其主要功能是进行国家治理;而行政系统是作为执政党的执政工具而存在,其主要功能是进行公共事务治理。换句话说,党委系统负责国家权力的获取并制定国家政策,而行政系统则负责行政权力的行使,执行国家政策并在党委授权范围内制定并执行公共政策。需要明确的是,这里的"国家治理"是狭义上的国家治理,即"国家统治",是指"国家对其疆域和民众的统治,即国家在其疆域内如何建立统治权,以及如何行使统治权";而"公共事务治理"是指"中央政府和地方政府为了办理或管理公共事务,或提供公共服务,所开展的规划、决策、实施、管理和监督等一系列活动过程"(曹正汉,聂晶,张晓鸣,2020)。正因为如此,在目标导向方面,党委系统的目标是维护国家治理的稳定与合法性，而行政系统的目标是提升公共事务治理的效率和公平性。

在权力类别方面，党委系统主要掌握决策权力与监督权力，行政系统主要掌握执行权力。从权力运行的过程出发，可将国家权力分为决策权、执行权、监督权，其中党委和人大主要掌握决策权，政府主要掌握执行权，法院、检察院与纪委监委主要掌握监督权。因此，党委系统主要掌握决策权与监督权，行政系统主要掌握执行权（陈国权、皇甫鑫，2020a）。

在权力的来源与合法性基础方面，党委系统的权力主要来自人民，行政系统的权力来自自上而下的授权（欧阳静，2019），党委系统的权力与行政系统的权力都是公权力或国家权力的一部分，两者具有相同的权力合法性基础。同时，如前文（见表 3.1）所述，现阶段我国的国家合法性主要以绩效合法性为主，同时也混合了意识形态合法性和程序合法性。

在组织机制方面，党委系统与行政系统都建立在科层制组织之上，两个系统的组织在政府内既有所分开又交错在一起。在政府内部，党委系统与行政系统要么并行设立各自的组成部门（如党委系统设立组织部、宣传部等，行政系统设立市场监管部门、民政部门等），要么合署设立组成部门（如2016 年国家监察体制改革试点之前纪律检查委员会与行政监察部门实行合署办公），形成了稳定的组织机制。但政府体系所赖以运行的科层制与韦伯的理性科层制有所不同。韦伯（2004）所述的理性科层制，具有按章办事、官职层级制与审级制、文书主义、专业化、长期雇佣制等特点。周雪光（2013）认为，当代中国科层体制的组织方式和行为表现出垄断权力逐级复制、从"向上负责制"到"向直接上级负责制"、规则的尴尬以及领袖、官员、民众之间关系的困境等新特点。总的来说，中国的科层制在正式结构上与理性科层制相似，也有一套常规制度与程序，但在正式结构之外还有一套非正式关系和制度，强调政府官员同时具有政治代表性与行政服务功能两种功能，因而可将中国的科层制称为"政治官僚制"（周雪光，2012；冯仕政，2011）。

在运行机制方面，党委系统采用政治统合制，行政系统采用行政机制，党委和政府之间既有分工又有合作。政治统合制，是"以党委为主体的政治机制为了应对和克服行政科层制固有的惰性与反功能，通过将重要的治理事务转化为中心工作,再运用压力机制、动员机制和行政包干制等具体机制落实中心工作,从而实现县域经济社会的跨越式发展和超常规治理"。它在功能上具有"统揽全局、协调关系、整体推进"的特点。行政机制,是指按照科层组织循序渐进、按部就班、照章办事等规则,采用程式主义的任务传递和事本主义的行政激励的方式,来完成县域常规的日常性业务工作。它在功能上具有"专业分工、按部就班、水滴石穿"的特点(欧阳静,2019)。

在人事选拔标准方面,党委系统强调政治忠诚,而行政系统强调专业胜任能力,但在党政两条线并行的同一部门内部,两个系统各司其职,但总体上是以政治忠诚统领专业胜任能力(冯仕政,2011;周雪光,2012)。

在控制规则方面,党委系统强调对行政系统的支配性及对人民的回应性,而行政系统强调的是对党委系统的服从性(冯仕政,2011;周雪光,2013)。依据党章,中国共产党是中国最广大人民的根本利益的代表,因此党必须对人民的利益需求具有回应性;同时中国共产党是中国特色社会主义事业的领导核心,因此党委系统必须对行政系统加以全面领导与控制,即党对行政系统的支配性(周雪光,2013)。此外,无论是在党委系统内部,还是在行政系统内部,都实行"授权代理""向上负责制",强调了下级对上级的服从性(周雪光,2013)。但就整个政府体系来看,政府体系的控制规则表现出两个特点,即在纵向控制中,中央政府"保留了任意干预地方政府的绝对权力,以便随时控制和纠正地方政府的偏离行为";在横向控制中,地方政府"在实际的权力运作上有意排斥权力的横向分立与制衡,追求地区权力的一元化"(曹正汉、薛斌锋、周杰,2014)。

在相互关系方面,党委系统与行政系统是互为依赖、互为钳制的关系(周雪光,2013)。一方面,党委系统将行政系统的科层制作为执政的工具,并通过行使制度化的领导权、决策权、监督权和人事权对行政系统的科层制加以领导与制约,因此党委系统既制约行政系统又依赖行政系统科层制的有效性(周雪光,2013)。另一方面,行政系统的科层制以其法定规则、程序等对执政党的权力行使形成约束,防止其过度干预或偏离既定规范,同时行政系统的科层制又依赖执政党(党委系统)提供的政治稳定性以保障其有效运转(周雪光,2013)。此外,党委系统与行政系统还通过政治集权与组织分权机制在权力结构与权力运行过程的双重维度上初步构建起决策权、执行权、监督权既相互制约又相互协调的机制(陈国权、皇甫鑫，2020b)。但国家的党政一体化在实际运行中产生了相互渗透、同化的现象，主要表现在党政两个系统的人事互为流动、党委系统科层化、行政机构的政治化等方面(周雪光，2012；周雪光等，2020)。

二、政府体系的条块结构

条块关系的模式包括了条与条、条与块、块与块之间关系，它是我国政府间关系模式的基础，也是政府体制中基本的结构性关系(周振超，2006，2019)。也有学者将这由条条和块块组成多层次多地区的层级制称为"多部门形式的层级结构"(Multidivisional-form Hierarchy Structure)，或称"M形组织"(M-structure)，并认为与苏联的 U 形组织相比，中国的地方政府具有半自主性与便于协调的优势(Qian and Xu，1993；Qian，Roland，and Xu，1999，2006；Maskin，Qian，and Xu，2000)。

早期的"条条"主要指中央部委，后来学者们将"条条"的范畴扩大到地方政府的职能部门(周振超，2009)。大部分学者认为，"条条"指的是从中央到地方各级政府业务性质相同的职能部门，"块块"指的是由不同职能部门组合而成的各个层级政府(马力宏，1998；谢庆奎，2000；周振超，2009；刘承礼，2016b；任勇，2017；杨华，2020)。需要注意的是，本书中的"政府"是指"党委和政府"，因此本书中的"条条"与"块块"是指内含在党委、政府体系中的"条条"与"块块"，而不仅仅是指政府或行政系统的"条条"与"块块"。

"条块关系"是指"条条"和"块块"在政府实际运作过程中形成的相互作用、相互影响的状态，既包括条块合作又包括条块矛盾与冲突(周振超，2009)。按照条块之间的权责关系，可以将条块关系分为不同的类型。如早期马力宏(1998)按照与不同层级的联系，将条块关系分为中央与省的条块关系、省与市县的条块关系、县与乡镇的条块关系三类；按照集权和分权的不同程度，将条块关系分为条块分割型(包括条条管理型、块块管理型)和条块结合型(包括"条块结合，以条为主"及"条块结合，以块为主")两类。他认为条块关系表现为上级职能部门(条条)和下级地方政府(块块)之间的关系、上级政府职能部门(条条)与下级政府职能部门(条条)之间的关系、上级政府(块块)与下级政府(块块)之间的关系。后来，周振超(2009)将条块关系在纵向上分为四类，包括中央部委与省、自治区、直辖市的关系，省级职能部门与地方政府的关系，地级职能部门与县级政府的关系，县级职能部门与乡镇政府的关系。同时，在横向上将"条块关系"的表现分为八类，包括上级"条条"与下级"块块"的关系、垂直管理的"条条"与"块块"的关系、上下级政府的关系、上下级"条条"的关系、上级"块块"与下级"条条"关系、同级"条条"的关系、政府与本级"条条"的关系、同级"块块"的关系。刘承礼（2016b）将条块结合的政府间关系分为四种：① 条与块的关系，包括中央部委与省级政府、省厅（委）与市级政府、县级政府的局（或委）与乡镇政府之间的关系；② 条与条的关系，包括同级政府兄弟职能部门之间的关系；③ 块与块的关系，指纵向维度上中央政府与省级政府、省级政府与市级政府、市级政府与县级政府、县级政府与乡镇政府的关系，也包括横向的政府间关系，如省级政府与省级政府的关系；④ 块与条的关系，主要是指地方政府与垂直管理部门的关系。总之，中国的条块关系模式是维系国家统一与发挥地方活力的制度安排，具有四个方面的特点：第一，"条条"既包括实行垂直管理的"条条"，又包括实行双重领导的"条条"；第二，上级"条条"指导、协调和监督下级"条条"；第三，"条条"和"块块"形成了多层面、多角度、立体交叉的权力结构网络；第四，中国政府采用条块协同的治理方式（周振超，2020）。

　　具体来看，"条条"与"块块"的组织特征主要表现在组织职能、权力性质、功能特点、治理要求、资源配置方式、工作方式、利益代表等七个方面，具体如表4.2所示。从组织特征的比较中可以发现，"条条"的组织职能具有单一性，权力性质具有专门性，资源配置方式具有专用性，而"块块"的组织职能具有综合性，权力性质具有整体性，资源配置方式具有统筹性，因此"条条"的责权利边界相对容易界定，"块块"的责权利边界则相对难以界定。另外，"条条"基于部门利益、以项目配置资源与以常规程序来履行职能的特点，使其责权利边界具有相对刚性；而"块块"基于地方整体利益、统筹使用资源与以中心工作动员方式来履行职能的特点，使其责权利边界具有相对柔性。换言之，"块块"可根据其承担的各项工作任务的重要性与紧急性动态地调整相应的资源配置，而"条条"则难以进行这种动态调整。

表 4.2 "条条"与"块块"的组织特征

比较维度	"条条"	"块块"
组织职能	是上级尤其是中央或省市的统一意志的代表；既要直接贯彻着国家意志，又要维护地方层级政府治理的完整性	是国家在地方各层级的代表，也是地方利益的代表；既要维护国家政令的统一性，也要根据自身治理情境选择合适的治理方式以提升本地治理绩效
权力性质	是一种专门性的行政权力	是一种"创制"的政治权力
功能特点	是国家职能分工的结果，体现国家职能行使的组织化、制度化和专业化	承担着地方层级治理的整体责任，在治理过程中更强调系统性、整体性和创造性
治理要求	政令统一	地方差异
资源配置方式	以项目配置资源	统筹使用资源
工作方式	职能常规履行方式	中心工作动员方式
利益代表	部门利益	地方利益
演变关系	① 条块关系是国家治理基本矛盾在组织制度上的体现。当中央与地方关系向中央集权倾斜时，条上的资源分配和权威力度增加；当这一关系向地方性治理倾斜时，块上的权力、资源自主性增强。 ② 任务之间的冲突度决定了条块关系演变的方向。在中央政府需要下属政府机构同时完成多项任务时，如果任务间的冲突度较高，则推动条块关系走向条块分开，即从属地管理走向垂直管理；如果任务间的冲突度较低，则推动条块关系走向条块结合，即从垂直管理走向属地管理	

资料来源：① 杨雪冬.条块关系问题的产生及其协调[J].探索与争鸣,2020,373(11)：40-42.
② 周雪光.中国国家治理及其模式：一个整体性视角[J].学术月刊,2014,46(10)：5-11.
③ 曹正汉,王宁.从矿区政府到地方政府：中国油田地区条块关系的形成与演变[J].社会,2019,39(5)：39-79.
④ 杨华."认真应付政治任务"：从县域条块机制探讨基层形式主义产生的根源[J].东方学刊,2020,7(1)：2-9.

在本书中，条块关系分为条条之间的责权利关系、条与块之间的责权利关系、块块之间的责权利关系三类。其中，条条之间的关系，包括垂直管理的条与属地管理的条之间责权利关系、属地管理的条条之间的责权利关系、垂直管理的条条之间的责权利关系。条与块之间的责权利关系，包括垂直管理的条条与地方政府之间的责权利关系、上级政府管理的条条与下级地方政府之间的责权利关系、政府与本级条条之间的责权利关系。块块之间的责权利关系，包括纵向上下级块块之间的责权利关系、横向同级块块之间的责权利关系以及斜向不存在隶属关系的不同级别的块块之间的责权利关系。

第二节　政府体系的组织制度

从条与条、条与块、块块之间的责权利关系来看，我国形成了属地管理制、垂直管理制、双重领导制三种行政管理体制。这些组织制度规定了政府组织之间的责权利关系，同时在这些管理制度之下政府组织之间形成的条块矛盾又成为政府间责权利选择性交错发生与持续存在的制度基础。这是因为条块矛盾在一定程度上是国家治理的制度逻辑与公共事务治理的制度逻辑之间的基本矛盾在组织制度上的体现，如国家治理的控制逻辑要求向上集权，此时政府组织更倾向于实行垂直管理制，而公共事务治理的效率逻辑要求向下分权，此时政府组织更倾向于实行属地管理制。而为了缓解两者之间的矛盾，政府组织可能在某些职能领域内实行属地责任制，但对该领域负有责任的相关部门实行垂直管理制，导致责任属地而权力却不属地，使得条块之间发生责权选择性交错；也有可能在某些职能领域内实行属地责任制，但对该领域内负有责任的部门干部实行干部双重管理制，使得实行属地责任制的块块对实行干部双重管理制的职能部门具有不完全的权力，进而也会使得条块之间发生责权选择性交错。

一、属地管理制

属地管理制，又称地方政府分级管理体制，是指职能部门实行"条块结合，以块为主，分级管理"的行政管理体制。在这种管理体制下，地方政府管理职能部门的人、财、物，而上级主管部门管理职能部门的事权（尹振东，2011）。根据《中华人民共和国地方各级人民代表大会和地方各级人民政府组织法》第六十六条规定："省、自治区、直辖市的人民政府的各工作部门受人民政府统一领导，并且依照法律或者行政法规的规定受国务院主管部门的业务指导或者领导。自治州、县、自治县、市、市辖区的人民政府的各工作部门受人民政府统一领导，并且依照法律或者行政法规的规定受上级人民政府主管部门的业务指导或者领导。"在这一规定下，我国形成了两种职能部门，即实行属地管理制的职能部门与实行双重领导制的职能部门。其中，实行属地管理制的职能部门，包括既要接受同级地方政府的统一领导又要接受上级主管部门业务指导的职能部门，如教育部门、财政部门等；也包括某些地方因地制宜设置的只接受同级地方政府统一领导的职能部门，如在2023年国家数据局成立之前部分地方设立的数据局或数据资源局等。实行双重领导制的部门，包括既要接受同级地方政府的统一领导又要接受上级主管部门领导的职能部门，如纪检部门、审计部门等。

尽管属地管理制是实务界与学术界常用的术语，但实务界更多地将其理解为一种责任落实与追究机制，学术界则将其理解为一种与垂直管理相对应的行政管理体制（颜昌武、许丹敏，2021b）。如李宜春（2012）认为，属地化管理是指政府部门的人、财、物、事受地方党委和政府直接领导并将其纳入同级人大监督范畴，而垂直管理是指政府部门的人、财、物、事直接由省级或者中央业务主管部门统筹管理。在理论上，属地管理制的本质内涵是责权利一致的属地管理制，但在实践中属地管理制常常演变为上级政府推卸责任的借口（杨华 2019；颜昌武、赖柳媚，2020；颜昌武、许丹敏，2021a，2021b），使得地方治理中尤其是基层治理中上级主管部门与属地政府之间、垂直管理部门与属地政府之间的责权利选择性交错的现象持续存在。

二、垂直管理制

与属地管理制相对应的是垂直管理制，它是指职能部门的业务以及人、财、物都由上级政府的职能部门直接管理的行政管理体制（周振超，2008；李宜春，2012）。李宜春（2012）认为，按照垂直管理的层级可将垂直管理分为中央垂直管理、省垂直管理和市垂直管理三种，按垂直的组织形式可将垂直管理分为实体性垂直管理和督办性垂直管理两种，按照垂直的力度可将垂直管理分为垂直管理与双重管理（半垂直）两种。但是也有学者认为，垂直管理一般是指中央垂直管理（沈荣华，2009）。从垂直管理的层级来看，设在地方的海关部门由海关总署实行中央垂直管理，设在地方的环保机构和监测机构由省生态环境厅实行省垂直管理，县级生态环境分局由市级生态环境局实行市垂直管理。一般认为，垂直管理制的优点在于它有利于增强中央部委的控制能力或地方职能部门的独立性，打破地方保护主义，其缺点在于容易导致垂直管理部门与地方政府之间的权力摩擦和权责不清，容易引发利益冲突和激化条块矛盾；而属地管理制的优点在于它有利于激发地方政府的积极性和主观能动性，其缺点在于容易导致地方保护主义、削弱中央对地方的控制能力（皮建才，2014）。

属地管理制与垂直管理制之间存在竞合关系（颜昌武、许丹敏，2021b），其演变不仅反映了国家治理中权威体制与有效治理之间的矛盾（周雪光，2014a），也反映了任务的冲突性（曹正汉、王宁，2019）。具体来说，当中央政府倾向于集权时，条上的资源分配和权威力度增强，比较倾向于采用垂直管理体制；当中央政府倾向于分权时，块上的权力、资源自主性增强，比较倾向于采用属地管理制（周雪光，2014a）。或者说，当中央政府为了抑制地方保护主义和建立统一的监管标准而向上进行软集权时，会将原属地管理改为省垂直管理（Mertha，2005）。此外，当中央政府需要下级政府同时完成多项冲突度较高的任务时，则会促使属地管理体制向垂直管理体制演变；当中央政府需要下级政府同时完成多项冲突度较低的任务时，则会促使垂直管理体制向属地管理制演变（曹正汉、王宁，2019）。

三、双重领导制

"双重领导体制"指地方职能部门在同级地方政府与上级主管部门的双重领导下进行工作，包括"以上级主管部门党组（党委）领导为主，地方党委协助领导"（条块结合，以条为主）与"以地方党委领导为主，上级主管部门党组（党委）协助领导"（条块结合，以块为主）两种模式。一般来说，"领导关系"是指上级部门对下级部门的人事任免、重大预算决策负责，"业务指导关系"是指上级部门对下级部门发布指导方针、指南、意见或不具有约束力的指示（Lieberthal and Oksenberg，1988）。因此，从严格意义上讲，"双重领导制"的内涵不包含"业务指导关系"。为了区分"属地管理制"与"双重领导制"，本书将"业务指导关系"归入"属地管理制"，而将"领导关系"归入"双重领导制"。

在管理学中，双重领导是指组织拥有两位级别相同的最高领导者来负责不同的职能领域，并对组织结果共同负责的一种领导结构。它包含五个要点：一是双重领导是组织所采用的一种领导结构；二是双重领导位于组织最高层级；三是双重领导中的两个领导者级别相同；四是两个领导者要共同承担领导责任；五是两个领导者分工协作于不同职能（王季、罗莎、肖宇佳，2024）。但在公共管理的研究中，通常将"双重领导"理解为"双重从属"，并将"双重领导"等同于"属地管理制"。如龙太江和李娜（2007）认为，在双重领导模式下，地方政府的职能部门在业务或事权上受上级主管部门领导或指导，而人、财、物等方面则受地方政府领导。周振超和李安增（2009）提出，双重领导是指自治州、县、自治县、市、市辖区的人民政府的各工作部门受人民政府统一领导，并且依照法律或者行政法规的规定受上级人民政府主管部门的业务指导或者领导。并且，他们认为双重领导是当代中国政治生态环境下一种"不理想"但"必要"的制度安排。所谓不理想，是指它造成管理权分散、行政效率低下、政府机构庞大和中央决策的"中间梗阻"等诸多问题，使政府间关系陷入失衡的状态。所谓必要，是指它通过调整条块关系形成监督与制约机制、弹性机制、信息传输、政治整合、替代与变通等机制。刘承礼（2016）认为，双重领导体制是指以块为基础的政府，与其上级或下级存在业务指导和被指导关系。尹振东（2011）认为，在属地管理体制下，地方职能部门受地方政府和上级部门"双重领导"，即主管部门负责工作业务的"事权"，而地方政府管"人、财、物"。

目前，实行双重领导制的部门有纪检部门、公安部门、审计部门等。双重领导制中的主管方与协管方的变化，往往反映了权力制约监督模式的变化。以纪检部门为例，它经历了从"单一领导体制"到"条块结合，以块为主"的双重领导体制，再到"条块结合，以条为主"的双重领导体制的转变。在党的十一大修改党章以前，各级纪律检查委员会主要是对党的代表大会负责，与同级党委处于平行的位置。1977年，党的十一大修改的党章规定，各级纪律检查委员会由同级党的委员会选举产生并由同级党委的领导，此时纪委部门实行的是"单一领导体制"（陈自才、陈惠，2014）。1982年，党的十二大修改的党章第四十三条规定："党的中央纪律检查委员会在党的中央委员会领导下进行工作。党的地方各级纪律检查委员会在同级党的委员会和上级纪律检查委员会的双重领导下进行工作。"[①]此时，纪委部门开始实行"以同级党委为主管、以上级纪委为协管的双重领导体制"（陈自才，陈惠，2014）。2017 年，党的十九大修改的党章第四十五条规定："党的中央纪律检查委员会在党的中央委员会领导下进行工作。党的地方各级纪律检查委员会和基层纪律检查委员会在同级党的委员会和上级纪律检查委员会双重领导下进行工作。上级党的纪律检查委员会加强对下级纪律检查委员会的领导。"党章第四十五条还规定："党的地方各级纪律检查委员会全体会议，选举常务委员会和书记、副书记，并由同级党的委员会通过，报上级党的委员会批准。"[②]此时，纪委部门在业务管理与干部管理方面开始实行"以上级纪委部门为主管、以同级党委为协管的双重领导体制"（王冠、任建明，2019）。2022 年，党的二十大修改的党章（2022.10—至今）第四十五条规定延续了这一制度设计[③]。

　　与双重领导体制紧密相关的是"干部双重管理制"。双重领导制通常包括了业务与人事管理两个方面，而干部双重管理制通常只是强调干部管理方面，两者之间可能重合（如纪检部门实行双重领导制与干部双重管理制），也可能不重合，但干部双重管理制也会因条块干部的人事管理权而影响到条块之间的互动关系。干部双重管理制是指按照中央有关规定及干部管理职责，采取由上级业务主管部门党组（党委）或者地方党委以一方为主、一方协助的管理方式，对部分部门、单位的干部进行共同管理。干部双重管理通常分为两种：一种是以上级主管部门党组（党委）管理为主，地方党委协助管理，即"由条线主管、地方党委协管"，也称为"条条为主管理"。另一种是以地方党委管理为主，上级主管部门党组（党委）协助管理，即"地方党委主管、条线协管"，也称为"块块为主管理"。表 4.3 直观地展示了 2003 年吴江市（原苏州市下辖的县级市，于 2012 年改为苏州市吴江区）实行干部双重管

---

① 共产党员网.中国共产党章程(1982 年 9 月 6 日十二大通过)［EB/OL］.(2014 - 12 - 24)［2024 - 03 - 29］. https://fuwu.12371.cn/2014/12/24/ARTI1419388285737423.shtml.

② 共产党员网.中国共产党章程(中国共产党第十九次全国代表大会部分修改)［EB/OL］.(2017 - 10 - 28)［2024 - 03 - 29］.https://www.12371.cn/2017/10/28/ARTI1509191507150883.shtml.

③ 共产党员网.中国共产党章程(中国共产党第二十次全国代表大会部分修改)［EB/OL］.(2022 - 10 - 22)［2024 - 03 - 29］. https://www.12371.cn/special/zggcdzc/zggcdzcqw/.

理制的单位与职务的分布情况。

表 4.3 2003 年吴江市实行干部双重管理制的单位与职务的分布情况

干部双重管理的模式	干部双重管理的单位名称与职务名称
中共吴江市委主管、条线协管	① 市纪律检查委员会常委,市委组织部正副部长,市委宣传部正副部长,市委机要局正副局长; ② 市监察局正副局长,市公安局政委、副政委、副局长,市司法局正副局长,市审计局正副局长,市环境保护局正副局长,市财政局正副局长; ③ 市人民法院副院长、政治协理员,市人民检察院副检察长; ④ 市总工会正副主席,团市委正副书记,市妇联正副主席; ⑤ 市农村信用合作社联合社党委书记、副书记、纪委书记
条线主管、中共吴江市委及委托市委组织部协管	① 市国家税务局、市地方税务局、吴江烟草专卖局(烟草公司)、市气象局、市供电局(供电公司)、吴江工商行政管理局、吴江质量技术监督局、吴江药品监督管理局、市电信局、市邮政局、中国石油化工股份有限公司吴江支公司、江苏省盐业集团苏州有限公司吴江分公司(市盐务管理局)、东吴证券吴江中山北路证券营业部; ② 市农村信用合作社联合社理事长、监事长、主任、副主任
不再列为中共吴江市委协管的单位	① 人民银行吴江市支行、工商银行吴江市支行、农业银行吴江市支行、农业发展银行吴江市支行、中国银行吴江市支行、建设银行吴江市支行、交通银行吴江市支行、中信实业银行吴江市支行、商业银行吴江支行、中国人民保险公司吴江市支公司、中国人寿保险公司吴江市支公司、中国太平洋财产保险股份有限公司吴江市支公司、中国太平洋人寿保险股份有限公司吴江市支公司; ② 苏州海关吴江办事处、吴江出入境检验检疫局

资料来源：根据吴江市委.关于进一步规范干部双重管理工作的通知：吴发〔2003〕21 号[EB/OL].(2004 - 06 - 09)[2024 - 03 - 29]. http://www.szwjdj.gov.cn/View/762.aspx.整理而得。

注：表中为吴江市 2003 年的统计情况,随着党和国家机构改革的进行,表中有些单位和职位已经被撤销,有些单位和职位的干部管理体制已经发生了变化。附上该表的目的主要是让读者对实行干部双重管理体制的单位与职位有更直观的理解。

总体上,我国实行的党管干部原则与下管一级的人事管理制度,包括了一系列干部提名、审查、考核、任免等相关制度,其中最具有特色的是干部双重管理制度。1983 年中共中央组织部(以下简称中组部)发布的《关于改革干部管理体制若干问题的规定》(中组发〔1983〕15 号)以及 1991 年中组部发布的《中共中央组织部关于干部双重管理工作若干问题的通知》(组通字

〔1991〕35 号），对干部双重管理工作中的主管与协管的职责与权限及任命程序做了规定。此外，在 2002 年颁布的《党政领导干部选拔任用工作条例》（中发〔2002〕7 号，于 2014 年废止）及 2014 年颁布的《党政领导干部选拔任用工作条例》，对干部双重管理制度中的主管与协管职责与权限也做了相关规定。如省以下自然资源管理部门干部目前实行"由条线主管、地方党委协管"的双重管理制度。根据中组部发布的《关于调整省以下国土资源主管部门干部管理体制的通知》（组通字〔2004〕22 号）的规定，"地（市）、县（市）国土资源主管部门的领导干部实行双重管理体制，以上一级国土资源主管部门党组（党委）管理为主，地方党委协助管理。任免国土资源主管部门党政正、副职时，上一级国土资源主管部门党组（党委）要事先征求地方党委的意见"①。由于地（市）、县（市）自然资源管理部门仍然是同级地方政府的工作部门，因此省以下的自然资源部门仍然实行属地管理制，但在干部管理制度上实行以上一级自然资源主管部门党组（党委）管理为主的干部双重管理制。

　　在实践中，实行干部双重管理制的主管方与协管方的分工有多种表现形式且经常发生变动。如 1988 年，《国务院办公厅转发国家工商局关于加强工商行政管理几个问题的报告》（国办发〔1988〕21 号）规定"为保护工商行政管理干部的相对稳定，有利于秉公执法，地方各级工商局正副局长的任免调动，需在征得上一级工商局的同意后，再按干部管理权限办理手续"，此时地方各级工商局正副局长实行"由地方党委为主管、上一级工商局党组协管"的双重管理制（李建中，1995）。1998 年，《国务院批转国家工商行政管理局工商行政管理体制改革方案的通知》（国发〔1998〕41 号）将省级以下工商管理部门由"地方政府分级管理制"改为"垂直管理制"，省级工商行政管理局为同级人民政府的工作部门，地（市）和县（市）工商行政管理局为上一级工商行政管理局的直属机构，工商行政管理所为县（市、区）工商行政管理局（分局）的派出机构。在干部管理方面，省级工商行政管理局正、副局长仍实行双重管理，以地方为主；地、市、县工商行政管理局正、副局长，经征求地方党委意见后，由上一级工商行政管理局党组织作出决定并办理任免手续。

---

① 中共中央组织部.关于调整省以下国土资源主管部门干部管理体制的通知：组通字〔2004〕22 号[EB/OL].（2004 - 04 - 29）[2024 - 03 - 29]. http://law168.com.cn/doc/view? id＝163099.

此时，省级工商行政管理局正、副局长实行"由地方党委主管、上一级工商行政管理党组协管"的双重管理制，地、市、县（市）工商行政管理局正、副局长实行"由上一级工商行政管理局党组主管、地方党委协管"的双重管理制。2011年，根据《国务院办公厅关于调整省级以下工商质监行政管理体制加强食品安全监管有关问题的通知》，省级以下工商部门由"垂直管理"改为"地方政府分级管理体制"，在业务上接受上级工商部门的指导和监督，其领导干部实行双重管理、以地方管理为主[①]。此时，省级以下工商部门的领导干部实行"由地方党委为主管、上一级工商行政管理局党组协管"的双重管理制。

四、条块结构、组织制度与制度逻辑之间的关系

从组织结构来看，政府体系由条块结构组成，条块结构在政府体系中承担的治理功能不同，其在行政系统与党委系统中所处的位置与角色便不同，实行的管理体制也不同，因此作为行动者的政府组织可以获取和利用的制度逻辑有所不同。

就"条条"而言，它承担的治理功能与其所处的构成系统有关，且会影响其所实施的管理体制。因此，处于不同构成系统与实行不同管理体制的"条条"嵌入的制度逻辑有所不同。从构成系统来看，党委系统的"条条"更多地承担国家治理的功能，因此更多地嵌入在控制逻辑与合法性逻辑之中，行政系统的"条条"更多地承担公共事务治理的功能，因此更多地嵌入在效率逻辑与公平性逻辑之中。从管理体制来看，由于垂直管理的"条条"有利于上级政府进行专项治理，而属地管理的"条条"有利于地方政府进行综合治理。因此，以承担国家治理功能为主的"条条"更倾向于实行垂直管理体制与"以条为主"的双重领导制，其更多地嵌入在控制逻辑与合法性逻辑之中；以承担公共事务治理功能为主的"条条"更倾向于实行属地管理体制与"以块为主"的双重领导制，因此其更多地嵌入在效率逻辑与公平性逻辑之中。

就"块"而言，它承担的治理功能与其所处的治理层级有关，因此不同层级的"块块"嵌入的制度逻辑有所不同。一般而言，政府组织的治理层级越

---

① 国务院办公厅关于调整省级以下工商质监行政管理体制加强食品安全监管有关问题的通知：国办发〔2011〕48 号[EB/OL].(2016 - 09 - 22)[2024 - 03 - 29]. http://www.gov.cn/zhengce/content/2016 - 09/22/content_5110752.htm.

高,其治理目标越侧重于稳定性、合法性与公平性;而治理层级越低,治理目标越侧重于效率(郁建兴,2019)。因此,治理层级越高的政府组织,承担的国家治理的功能相对越多且对其越重要,同时,承担的受益范围越广的公共事务治理功能也越多且对其越重要。而治理层级越低的政府组织,承担的受益范围越小的公共事务治理的功能越多且对其越重要,同时,其承担的国家治理的功能也就相对越少。以中央政府与基层政府为例,中央政府承担大量国家治理的功能和少量公共事务治理(主要是全国性公共事务)的功能,且其承担的国家治理功能比任何一级政府组织都要多且重要,以确保国家的稳定与人人享有基本的公共服务;而基层政府则承担大量公共事务治理(主要是地方性公共事务)的功能和少量国家治理的功能,以确保辖区内人人享有基本的公共服务和基层社会的稳定。换言之,治理层级越高的政府组织越是嵌入在控制逻辑与合法性逻辑之中,治理层级越低的政府组织越是嵌入在效率逻辑之中,而对于不同治理层级的政府组织,其嵌入公平性逻辑的程度与其承担的公共事务治理的受益范围有关。

当不同的"条条"与"块块"面对国家治理系统与公共事务治理系统之间的制度逻辑冲突时,其选择遵循的制度逻辑与其所处的角色与位置有关。如当公共事务治理系统的效率逻辑与国家治理系统的控制逻辑、合法性逻辑冲突时,低层级的政府组织选择遵循效率逻辑,而破坏控制逻辑与合法性逻辑。

第三节　选择性交错的类型划分

政府体系的组织结构与组织制度共同构成了政府间关系的制度基础。组织结构为政府间关系提供了结构框架,而组织制度则通过规范和协调,确保政府间关系的顺畅运行和治理效能的提升。选择性交错作为一种独特的政府间关系,涉及不同政府主体之间权力、责任与利益的分配与互动关系,而厘清这些关系是通过优化组织结构与组织制度提升公共治理效能的关键。因此,本节将从选择性交错分析的结构维度与时间维度出发,将政府间责权利选择性交错分为政府间责权选择性交错(Ⅰ)、政府间责利选择性交错（Ⅱ）、政府间权利选择性交错（Ⅲ）（实践中不太常见）、政府间责权利选择性交错（Ⅳ）四种类型，并分析这些交错类型在实践中的具体表现，不仅揭示了不同的政府主体在权力、责任以及资源分配上的复杂性，还揭示了公共治理效能提升的潜在路径。

一、选择性交错的分析维度

政府间责权利选择性交错具有时间与结构两个分析维度。时间维度上的政府间责权利选择性交错，是指发生在本届政府与上届政府之间或本届政府与下届政府之间的责权利选择性交错。结构维度上的政府间责权利选择性交错，是指发生在本届上下级政府间以及本届同级政府之间的责权利选择性交错，即发生在同一时空内条与条、条与块、块与块之间的责权利选择性交错，如图 4.1 所示。

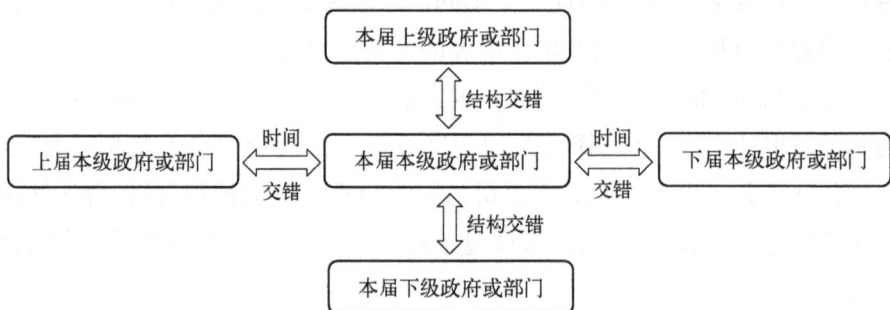

图 4.1　政府间责权利选择性交错的结构维度与时间维度

以政府债务中政府间责权利在时间与结构上选择性交错为例来加以说明。从时间维度来看，政府间责权利选择性交错体现在本届地方政府有借债权并享有由此带来的政治经济利益，而实际承担偿债责任的可能是下届地方政府（缪小林、伏润民，2013）。一方面，本届政府利用借债获得的财政资源来完成"政绩工程"进而获得政治晋升，又或是利用借债获得的财政资源来增加本辖区内的基础设施建设或增加公共服务投入以改善民生。另一方面，由于政府官员的任期与偿债周期不一致，如超过一个任期（五年）的地方政府债务要占到一半，使得偿债责任转嫁给下一届政府（伏润民、缪小林，2014）。这种借债权与偿债责任、偿债责任与借债所带来的政治经济利益在时间上的分离造成了上届政府与本届政府之间的责权利选择性交错。从结构维度来看,政府间责权利选择性交错体现本级政府具有举债权力,但最终承担偿债责任的可能是中央政府或上级政府(缪小林,伏润民,2013)。就初始状态而言,地方政府债务的事前确定、事中监管与事后偿还责任都在本级政府,地方政府在借债中的责权利是一致的(伏润民、缪小林,2014)。但由于我国政府实行的是向上负责制,上下级政府间存在责任—利益连带关系,当下级政府无法承担债务偿还责任时,且在不允许政府破产的情形下,上级政府或中央政府必须为下级政府承担债务偿还责任。这种借债权与偿债责任在结构上的分离就造成了上级政府与下级政府之间的责权利选择性交错。

如贵州省独山县、三都水族自治县(以下简称三都县)就是典型的例子。根据 2020 年 7 月黔南州人民政府新闻办公室发布《关于独山县三都县有关历史遗留问题整改工作的情况通报》,"独山县、三都县原均属贫困县,长期以来基础设施薄弱、产业发展缓慢、民生工程短板较多。为加快经济社会发展,近年来,两县通过融资方式,吸纳资金进行项目建设。截至 2020 年 6 月末,独山县政府债务余额为 135.68 亿元,三都水族自治县政府债务余额为 97.47 亿元,其余为企业债务等。经查,独山县、三都县融资吸纳的资金中绝大多数用于基础设施、脱贫攻坚、民生工程等项目建设,发挥了较好作用。但是,在此过程中,独山县原县委书记潘志立、三都县原县委书记梁嘉庚政绩观出现严重偏差,在缺乏调研、论证的情况下,急功近利,盲目融资举债用于毋敛古城、水司楼、赛马场等政绩工程、形象工程建设,导致新开工项目数量迅速扩张,地方债务规模过大、债务风险突出,有的工程成为烂尾工程。"[1]根据《中国纪检监察报》的报道,2019 年独山县原县委书记潘志立被免职时,独山县债务余额(包括政府债务与国有融资平台公司债务)高达 400 多亿元,且大多数资金的融资成本超过 10%[2],年债务利息达 40 亿元。而根据独山县发布的历年国民经济和社会发展统计公报,除 2018 年独山县财政总收入为 100 771 万

---

[1]　黔南州人民政府新闻办公室. 关于独山县三都县有关历史遗留问题整改工作的情况通报[EB/OL]. (2020 - 07 - 16)[2024 - 03 - 29]. https://www.guizhou.gov.cn/zmhd/hygq/202109/t20210913_70087938.html? isMobile=true.

[2]　邱杰,任廷会,尹琦琦. 央媒看贵州｜在"不忘初心、牢记使命"主题教育中,贵州精选不同层次不同领域典型案例作为教育素材 对照案例汇编 把自己摆进去[EB/OL]. (2019 - 08 - 07)[2024 - 03 - 29]. https://gzstv.com/a/038045c7c9e4494aa6e2476540009aac.

元(含出口退税)之外,2019 年前独山县年财政总收入均不超过 10 亿元。因此,本届县政府根本没有偿还潘志立在任的上届政府遗留债务的能力,这就造成了上届政府与本届政府在债务偿还中责权利选择性交错,即时间维度上的政府间责权利选择性交错。而在本届县政府没有偿还能力的情况下,要么债务偿还责任继续遗留给下一届政府,要么向上级政府或中央政府索取财政资源来偿还债务。这就有可能造成本届县政府与上级自治州政府之间责权利选择性交错,即结构维度上的政府间责权利选择性交错。

政府体系是由条块结构组成,且条与条、条与块、块与块之间的责权利关系具有不同的表现形式。因此,在政府间责权选择性交错(Ⅰ)、政府间责利选择性交错(Ⅱ)、政府间权利选择性交错(Ⅲ)、政府间责权利选择性交错(Ⅳ)等理想型分类的基础之上,再根据条块关系将政府间责权利选择性交错分为条与条之间、块与块之间、条与块之间的责权利选择性交错,并根据不同交错类型产生的制度原因分为压力型体制型、功能分工型、管理体制冲突型等不同子类。需要说明的是,第一章第二节已经讨论了政府间责权利选择性交错(Ⅲ)在实践中不太常见的理由,因而这里不再展开类型分析。总的来说,对政府间责权利选择性交错的分类结合了结构与制度两个维度,如表 4.4 所示。

表 4.4 政府间责权利选择性交错的类型划分及其表现形式

类　型	表　现　形　式	发生的条块	子　类
政府间责权选择性交错(Ⅰ)	在某一领域中,某一层级政府或部门承担了责任但未配置相应的权力,另一层级政府或部门享有相应的权力但不承担相应的责任	党委政府(块)与职能部门(条)之间	功能分工型交错
		实行干部双重管理制度的条条与同级党委政府之间	管理体制冲突型交错
政府间责利选择性交错(Ⅱ)	在某一领域中,某一层级政府或部门承担了职责与责任却未获得相应利益,另一层级政府或部门获得了相应利益却没有承担相应的职责与责任	纵向块块间	自主性扩张型交错
		横向块块间	外部性型交错
		同级条条间	政务分工型交错
		纵向条条间或纵向块块间	强制指令型交错

续 表

类 型	表 现 形 式	发生的条块	子 类
政府间权利选择性交错（Ⅲ）	在现实中一般不太常见	无	无
政府间责权利选择性交错（Ⅳ）	在某一领域中，某一层级政府或部门承担了责任但未享受相应的权力与利益，另一层级政府或部门享有相应的权力和利益但不承担相应的责任	纵向条条间或纵向块块间	压力型体制型交错管理层级错位型交错

二、政府间责权选择性交错（Ⅰ）

政府间责权选择性交错（Ⅰ），表现为在某一领域中，某一层级政府或部门承担了责任但不具有相应的权力，另一层级政府或部门享有相应的权力但不承担相应的责任。按照政府间责权选择性交错产生的原因，可以将其分为功能分工型交错与管理体制冲突型交错两类。它常发生在上下级块块之间、上下级条条之间、同级党委政府与职能部门之间，以及实行双重管理的条条与同级党委政府之间。

（一）功能分工型交错

功能分工型交错，是指由政务活动中决策、执行、监督的功能性分工引起的政府间责权选择性交错[①]。它常发生在同级党委政府与职能部门之间。以 X 区推行"最多跑一次"改革为例，该区行政服务中心的管理机构为区政府的派出机构行政审批服务管理办公室（简称区审管办）。除了区审管办之外，区委全面深化改革委员会办公室（简称区委改革办）对"最多跑一次"改革也负有指导协调责任。为了深化市民办事"最多跑一次"改革，区委改革办与区审管办要求入驻区行政服务中心的窗口单位尽可能压缩审批流程。但有很多审批事项无法实现"跑一次"，窗口单位在面临区审管办考核压力的情况下只能压缩审批程序，甚至压缩一些非常关键的审批程序。据 X 区市场监督管理

[①] 功能分工是指政务活动中决策、执行、监督的功能性分工。引自：陈国权.经济基础、政府形态及其功能性分权理论[J].学术月刊，2020，52(11)：66-74.

局的领导反映,在企业开办类商事登记审批中,中央政府下发的文件要求办结时间不多于 3 天,省委改革办与省跑办要求的办结时间是一个工作日的 8 个工作小时内,区委改革办与区审管办要求将办结时间压缩到不超过 30 分钟,企业开办业务环节压缩至 1 个,申请材料压缩至最多 4 份。这迫使区市场监督管理局在企业开办业务中压缩了一些关键性审批程序,而这为个别企业利用审批程序的简化进行虚假注册提供了机会。如贝壳找房在该区注册了一家房产交易中介公司,该公司利用压缩程序进行虚假注册,然后进行非法交易。事发后,作为决策者的区审管办对做出压缩审批程序的决策引发的虚假注册事件并不负责,作为执行者的市场监督管理局却要对压缩审批程序引发的虚假注册事件负全责(根据访谈资料整理而得 202101HXS)。在这个案例中,区审管办作为决策者享有决策权但不承担决策失误引起的责任,而区市场监督管理局作为执行者却要为区审管办的决策失误所造成的不良影响承担责任,这就发生了决策者与执行者之间的责权选择性交错。

（二）管理体制冲突型交错

管理体制冲突型交错,是指由垂直管理体制与属地管理制之间的冲突或由干部双重管理制与属地管理制之间的冲突引起的政府间责权选择性交错。由于属地管理制强调责任属地,而垂直管理体制则使得事权、人事权与财政资源并不属地,干部双重管理制也同样使得人事管理权力也不完全属地(李宜春,2012),因而会产生垂直管理部门与属地政府间的责权选择性交错。它常常发生在干部管理体制上实行双重管理的垂直管理部门或属地管理部门与同级地方党委政府之间、垂直管理部门与乡镇地方党委政府之间。

在干部管理制度上实行双重管理的垂直管理部门与同级地方党委政府之间责权交错,比较典型的是县级生态环境保护分局与县委、县政府之间的责权选择性交错。根据 2019 年浙江省印发的《浙江省生态环境机构监测监察执法垂直管理制度改革实施方案》,县(市、区)环保局调整为市生态环境局的派出机构,实行"以市生态环境局为主的双重管理,领导班子成员征求属地党(工)委意见后,由市生态环境局任免"[①](县级环保分局领导班子实

---

① 中共浙江省委办公厅 浙江省人民政府办公厅关于印发《浙江省生态环境机构监测监察执法垂直管理制度改革实施方案》的通知;浙委办发〔2019〕25 号[EB/OL].(2019 - 03 - 18)[2024 - 03 - 29].https://www.ehs.cn/law/111061.html.

行"由条线主管、地方党委协管"的双重干部管理制度）。这意味着除了领导班子的人事外，县级环保分局的其他人事、财政与行政（事权）都归市环保局管理。但在属地管理体制下，县委、县政府对县域内生态环境保护负有主体责任，这就产生了县委、县政府与县级环保分局之间的责权选择性交错。此外，比较典型的还有省以下的自然资源管理部门与同级党委政府之间的责权选择性交错。2004 年，中组部发布《关于调整省以下国土资源主管部门干部管理体制的通知》，规定省以下的自然资源管理部门领导干部实行"以上一级自然资源主管部门党组（党委）管理为主，地方党委协助管理"的双重管理制[①]，同时，省以下自然资源管理部门仍然是同级地方政府的工作部门，其事权、财权以及其他人事权都归同级地方党委政府管理。这也意味着属地责任制下地方党委、政府对同级自然资源管理部门没有完全的权力但要承担完全的责任，这就发生了地方党委、政府与地方自然资源管理部门之间的责权选择性交错。

三、政府间责利选择性交错（Ⅱ）

政府间责利选择性交错（Ⅱ），表现为在某一领域中，某一层级政府或部门承担了职责却没有获得相应利益（财政资源），另一层级政府或部门获得了相应利益（财政资源）却没有承担相应的职责。按照其产生的原因，可以分为自主性扩张型交错、外部性型交错、政务分工型交错以及强制指令型交错四类。它既发生在纵向块块之间，也发生在横向块块之间，还发生在同级条条之间。

（一）自主性扩张型交错

自主性扩张型交错，是指由政府的自主性扩张而引起的政府间责利选择性交错。它常发生在纵向块块之间，比较典型的是"软预算约束"（Kornai，1992；Walder，1986；Qian and Roland，1998；Jin and Zou，2003）、"向上级政府或部门化缘"（田先红，2021）与"逆向软预算约束"（周雪光，2005）。前两者表现为下级政府向上级政府索取财政资源来完成自身的职责，后者表现为上级政府向下级政府索取财政资源来完成自身的职责。软预算约束与逆向软预算约束都常见于政府的基建项目中。下级政府申报桥梁、道路、地铁

---

① 中共中央组织部.关于调整省以下国土资源主管部门干部管理体制的通知：组通字〔2004〕22 号［EB/OL］.（2004-04-29）［2024-03-29］. http://law168.com.cn/doc/view? id=163099.

等基础设施建设项目,其建设经费常常会超出预算,但又不能因为预算超支而中途停建项目。此时,下级政府会向上级政府申请更多的财政资源来完成项目,而在责任—利益连带关系之下或关系网络之下上级政府会选择性给予财政资源的支持。

除了向上级政府申请财政预算之外,政府还会向下级政府或辖区内的企业索取财政资源来完成项目。如某村道①修建过程中,县政府只提供道路硬化的经费,镇政府需要承担铺设路基的费用,镇政府因财政预算不足而要求各村委会按人头摊派铺设路基的费用。该村所属的 B 镇党委书记说:"我们镇是吃财政饭的,没有自己的财政收入,哪里有钱来修路,只能要求各村委会按人头摊派费用并发动本村的富豪捐款。一般的村民也愿意出这个份子钱,一方面是因为路修好了对他们有好处,另一方面是碍于面子他们不好意思不出。那些实在不愿意出钱的村民,村委也没有什么强制办法。"(访谈资料201908HHB)但按照《农村公路建设管理办法》的规定,农村公路(包括县道、乡道、村道)建设应建立"以财政投入为主、多渠道筹措为辅的资金筹措机制",且"不得采用强制手段向单位和个人集资,不得强行让农民出工、备料"②。这表明这类政府间责利选择性交错明显不具有合法性。

(二)外部性型交错

外部性型交错,是指由外部性造成的政府间责利选择性交错。它常发生在横向块块之间,比较典型的是跨域治理中因公共物品的外部性造成的责利选择性交错。如"上游污染,下游治理",上游政府享受经济发展带来的政治经济利益,下游政府承担治理环境的责任以及成本,或者上游政府为保护水域投入大量的资金,而下游政府享受由此带来的利益。这种政府间责利选择性交错会产生横向集体行动困境(Feiock,2013),即上游政府与下游政府在水域保护方面都不作为。如 G 省内的小东江流域治理中上游的 M 市政府与下游的 W 市政府之间责利选择性交错。在 1997—2005 年间,小江东遭受了 3 次特大水污染事故,3 次事故均是由于 M 市市辖区的企业排污造成的,而下游

---

① 村道是指除乡道及乡道以上等级公路以外的连接建制村与建制村、建制村与自然村、建制村与外部的公路,但不包括村内街巷和农田间的机耕道。

② 交通运输部. 农村公路建设管理办法:交通运输部令 2018 年第 4 号[EB/OL].(2018-04-08)[2024-03-29]. https://www.gov.cn/zhengce/zhengceku/2018-12/31/content_5444351.htm.

的 W 市则是水污染事故的直接受害者，其辖区内 10 个镇约 60 万居民的饮水安全与农牧业用水受到严重影响。为了治理污水，W 市关停了一些企业，并建立了一些污水处理设施，但因其自身经济欠发达且省政府拨放的专项治理资金有限，W 市的污染治理经费捉襟见肘，对小江东污染治理效果不佳（张紧跟、唐玉亮，2007）。在这个案例中，M 市为了经济发展而继续让企业排污，而 W 市为了保障饮用水安全承担起治污的责任，但 W 市并没有获得 M 市转移的专项治理资金，也没有从省政府获得足够的专项治理资金。因此，W 市承担了小江东污水治理中的责任，M 市则享受了由此带来的利益，责任与利益在横向政府间发生了选择性交错。

　　目前，生态流域领域内的横向政府间责利选择性交错一般是通过横向生态保护补偿机制来加以解决，但如何科学测算环境效益以确定补偿资金仍是横向生态保护补偿机制面临的难题。如 2011 年，财政部、原环境保护部会同皖浙两省共同印发了《关于开展新安江流域水环境补偿试点的实施方案》。该方案规定：新安江流域水环境补偿资金为每年 5 亿元，其中，中央财政出 3 亿元，皖浙两省各出 1 亿元。中央财政 3 亿元每年无条件划拨安徽，用于新安江治理；若两省交界处的新安江水质变好了，浙江地方财政每年再划拨安徽 1 亿元；若水质变差，安徽每年划拨浙江 1 亿元；若水质没有变化，则双方互不补偿。皖浙两省就新安江流域生态补偿机制已经完成第三轮续约，第一轮为 2012—2014 年，第二轮为 2015—2017 年，第三轮为 2018—2020 年，每一轮都在上一轮的基础上进一步提高了水质考核标准并拓展了补偿资金的使用范围[1]。2023 年，开始第四轮续约，期限为 2023—2027 年，浙皖两省人民政府在安徽合肥签署《共同建设新安江—千岛湖生态保护补偿样板区协议》，提出 2023 年补偿资金总盘增至 10 亿元，从 2024 年开始，资金总额在 10 亿元基础上参照浙皖两省年度 GDP 增速，建立逐年增长机制[2]。协议实施后，新安江流域将成为全国跨省流域生态保护补偿资金总量最高、协议实施期限最长的地区之一，为全国探索跨省域横向生态保护补偿机制树立了典范。与之

---

① 新华社.新安江流域上下游横向生态补偿试点完成第三轮续约[EB/OL].(2018 - 11 - 02)[2024 - 03 - 29]. https://www.gov.cn/xinwen/2018 - 11/02/content_5336960.htm.

② 新华社.我国首个跨省流域生态补偿提档升级[EB/OL].(2023 - 06 - 06)[2024 - 03 - 29]. https://www.gov.cn/lianbo/difang/202306/content_6884769.htm.

类似，2021年，河南省与山东省签署了《山东省人民政府河南省人民政府黄河流域（豫鲁段）横向生态保护补偿协议》，实施期限为2021—2022年。该协议规定：在水质基本补偿方面，若刘庄国控断面（河南省与山东省黄河干流跨省界断面）水质全年均值类别达到Ⅲ类标准，山东省、河南省互不补偿；水质年均值在Ⅲ类基础上每改善一个水质类别，山东省给予河南省6 000万元补偿资金；水质均值在Ⅲ类基础上每恶化一个水质类别，河南省给予山东省6 000万元补偿资金。在水质变化补偿方面，刘庄国控断面2021年度关键污染物指数与2020年度相比，每下降1个百分点，山东省给予河南省100万元补偿；每上升1个百分点，河南省给予山东省100万元补偿。该项补偿最高限额4 000万元[①]。据报道，由于协议签订以来黄河入鲁水质持续保持在Ⅱ类以上，主要污染物指标稳中向好，2022年7月山东按照协议约定向河南支付1.26亿元补偿资金[②]。

（三）政务分工型交错

政务分工型交错，是指由组织化分工即政务分工引起的政府间责利选择性交错。政务分工是指组织化的分工，如组织部、宣传部、教育局、卫生局、财政局等部门之间的分工（陈国权、皇甫鑫，2020a）。它常发生在同级条条之间，根据业务部门的性质不同，可以将这类政府间责利选择性交错分为三类。

第一，综合行政执法部门（指承接了各个业务管理部门的部分执法事项的执法部门）与业务管理部门（指划出全部或部分执法事项的生态环境局、自然资源管理局、民政局等管理部门）之间的责利交错。如在固体废物管理中，综合行政执法部门与生态环境部门之间的责利选择性交错。根据《浙江省综合行政执法事项统一目录（2020年）》的规定，"综合行政执法部门加强日常巡查，受理投诉、举报；发现'在运输过程中沿途丢弃、以撒工业固体废物'的，责令改正、依法查处，并将处理结果反馈给生态环境部门"。同时，还规定"生态环境部门在日常管理中发现'在运输过程中沿途丢弃、遗撒工业固体废物'的，责令改正；需要立案查处的，将相关证据材料移送综合行政执

---

① 新华社.鲁豫签订黄河流域省际横向生态补偿协议[EB/OL].(2021-05-09)[2024-03-29]. https://www.gov.cn/xinwen/2021-05/09/content_5605525.htm.
② 新华社.携手呵护母亲河——黄河流域省际横向生态补偿的新实践[EB/OL].(2022-07-10)[2024-03-29]. https://www.news.cn/2022-07/10/c_1128819012.htm.

法部门。综合行政执法部门按程序办理并将处理结果反馈生态环境部门"①。因此，在固体废物管理中，综合行政执法部门与生态环境部门都有监管权力与责任，两个部门间的权责发生了重叠。而这样的案例在2020年发布的浙江省综合行政执法事项统一目录中还有很多。F区综合行政执法局执法科长说："行业主管部门将这类事务的执法权划转给综合行政执法局后，尽管对这块事务仍然负有监管责任，但划转后他们就不太上心了，就集中精力做自己的主业。"（访谈记录201101HFZ）这意味着综合行政执法部门既要负责监管又要负责执法，其工作量大大增加。此外，该科长还埋怨道："在一些划转的执法事项中，我们还要受理投诉、举报，如果业务主管部门前期审批与监管不力，我们执法局受理投诉和举报的工作量大大增加，严重影响执法局的绩效。"（访谈记录201101HFZ）在这个案例中，监管的责任与权力主要在生态环境部门，但上级政府的绩效考核中综合行政执法部门却要因为生态环境部门监管不力而承担更多的执法责任，进而使其绩效考核受到影响。这就意味着生态环境部门与综合执法部门在固体废物治理中的责任与利益发生了选择性交错。

第二，业务主管部门之间的责利选择性交错。如在空气质量考核方面，住建局与生态环境保护局之间出现责利选择性交错。F区生态环境保护局污染控制科科长说："施工工地扬尘归住建局管，环保局管不到，但是空气质量不好却扣环保局的分。"（访谈记录201101HFS）2018年修订后的《中华人民共和国大气污染防治法》第六十八条规定："住房城乡建设、市容环境卫生、交通运输、国土资源等有关部门，应当根据本级人民政府确定的职责，做好扬尘污染防治工作。"2019年，住房和城乡建设部办公厅《关于进一步加强施工工地和道路扬尘管控工作的通知》（建办质〔2019〕23号）明确规定地方各级住房和城乡建设主管部门及有关部门负责施工工地扬尘管控责任②。因此在工地扬尘治理中，监管的责任与权力主要在住建部门，但是环保部门

① 浙江省人民政府办公厅关于公布浙江省综合行政执法事项统一目录的通知：浙政办发〔2020〕28号[EB/OL].（2020-06-09）[2024-03-29].https://www.zj.gov.cn/art/2020/6/9/art_1229017139_610479.html.

② 住房和城乡建设部办公厅.关于进一步加强施工工地和道路扬尘管控工作的通知：建办质〔2019〕23号[EB/OL].（2019-04-09）[2024-03-29]. https://www.gov.cn/zhengce/zhengceku/2019-09/29/content_5434651.htm.

却要因为工地扬尘导致空气质量不佳而接受上级政府的考核。这就意味着住建部门与环保部门在工地扬尘治理中的责任与利益发生了选择性交错。

第三，监督部门与被监督部门之间的责利选择性交错。以纪委监委的派驻组与所驻部门之间的责利选择性交错为例。P县纪委监委在各个单位的派驻组的绩效考核权在县纪委监委，综合考核权中县纪委监委占80%的比重，所驻部门占20%的比重，派驻组主要负责履行县纪委监委规定的监督职责，有部分派驻组承担所驻部门的部分职责，但主要是以班子成员的身份参与所驻部门的一些会议，不参与所驻部门职责的具体分工，派驻组的工资与奖金由所驻部门参照县纪委的标准发放（根据访谈记录整理而得201903WPJ）。在这种情形下，县纪委监委派驻组的责任、权力是由县纪委监委授予的，但其工资与奖金等利益是由所驻单位部门提供的，这就产生了县纪委监委的派驻组与所驻部门之间的责利选择性交错。

（四）强制指令型交错

强制指令型交错，是指由上级政府不配套财政资源的强制性指令引起的政府间责利选择性交错。它常发生在上级条条与下级条条之间或上级块块与下级块块之间。其代表性的模式是"没有配套或部分配套财政支持的强制性指令"（Wong，1991；West and Wong，1995；Tsui and Wang，2004，2008；Fan，2015，2017；周志忍，2016），或"中央请客，地方拿钱"（Wong，1991；Fan，2015），或"上级请客，下级买单"（周黎安，2014a），主要表现为上级条条通过出台不配套或部分配套财政支持的政策或强制性指令，要求下级条条或块块为项目的推行配置财政资源。例如，1985年中央政府把发展基础教育的责任和权限交给地方，要求地方政府有步骤地实行九年制义务教育，但没有给地方政府配置相应的财政资源，而是规定推行义务教育所需经费由国务院和地方各级人民政府负责筹措，造成央地之间责利选择性交错①。又如2009年开始推行全国妇女小额贷款项目，该项目是在党中央、国务院

---

① 1985年，中央政府颁布《中共中央关于教育体制改革的决定》，提出"要把发展基础教育的责任交给地方，有步骤地实行九年制义务教育"。1986年，我国颁布了《中华人民共和国义务教育法》，第二条规定"国家实行九年制义务教育。省、自治区、直辖市根据本地区的经济、文化发展状况，确定推行义务教育的步骤"，第八条规定"义务教育事业，在国务院领导下，实行地方负责，分级管理"，第十二条规定"实施义务教育所需事业费和基本建设投资，由国务院和地方各级人民政府负责筹措，予以保证"以及"地方各级人民政府按照国务院的规定，在城乡征收教育事业费附加，主要用于实施义务教育"。

的关怀下，由全国妇联联合财政部、人力资源和社会保障部、中国人民银行发起，旨在帮助妇女特别是农村妇女创业就业。该项目主要是由财政部等出台政策并提供贷款的全额或部分贴息资金，由地方妇联、财政、人力资源和社会保障等部门负责执行相关政策，并由地方财政部门为小额贷款提供财政担保以及管理中央财政部划拨的财政补贴。2009年，财政部等发布的文件规定，对城镇和农村妇女新发放的微利项目小额担保贷款，东部七省市贴息资金由地方财政预算安排，其他省市由中央财政据实全额贴息[①]。东部省份如福建省规定，自2009年1月1日起对符合条件的妇女新发放的妇女创业小额贷款，省级财政负担全额贴息的80％，设区市和县（市、区）财政负担全额贴息的20％，设区市财政与县（市、区）财政负担比例由设区市政府自行确定[②]。2013年，财政部等发布的新文件规定，对于符合政策规定条件的劳动密集型小企业小额担保贷款，按照中国人民银行公布的同期限贷款基准利率的50％给予贴息，除东部九省市以外，中央财政和地方财政各承担50％；对于符合政策规定条件的个人微利项目小额担保贷款，除东部九省市以外，中央财政承担贴息资金的75％，地方财政承担贴息资金的25％[③]。在此之前，中国人民银行发布的相关文件已经规定，各省、自治区、直辖市以及地级以上市都要设立下岗失业人员小额贷款担保基金，贷款担保基金收取的担保费不超过贷款本金的1％，并由同级政府全额向担保机构支付贷款担保费[④]。因此，在东部某些省市该项目是通过"没有财政配套支持的强制性指令"来推行的。在此情形下中央部委出政策，地方相关部门（主要指地方妇联、财政、人社等部门）既要配置财政资源用于贴息和担保

① 财政部，人力资源和社会保障部，中国人民银行，等.关于完善小额担保贷款财政贴息政策推动妇女创业就业工作的通知：财金〔2009〕72号〔EB/OL〕.（2009-08-17）〔2024-03-29〕.http://www.gov.cn/zwgk/2009-08/17/content_1393927.htm.
② 福建省财政厅，福建省人力资源和社会保障厅，中国人民银行福州中心支行，等.关于完善小额担保贷款财政贴息政策推动妇女创业就业工作的通知：（福银〔2009〕21号）〔EB/OL〕.（2009-12-12）〔2024-03-29〕.http://www.lwq.gov.cn/cms/siteresource/article.shtml?id=20225471691090000&siteId=60425269663040000.
③ 财政部，人力资源和社会保障部，中国人民银行.关于加强小额担保贷款财政贴息资金管理的通知（财金〔2013〕84号）〔EB/OL〕.（2013-09-18）〔2024-03-29〕.http://www.gov.cn/zhengce/2013-09/18/content_5023601.htm.
④ 中国人民银行　财政部　国家经贸委　劳动和社会保障部关于印发《下岗失业人员小额担保贷款管理办法》的通知：银发〔2002〕394号〔EB/OL〕.（2002-12-24）〔2024-03-29〕.http://www.gov.cn/gongbao/content/2003/content_62594.htm.

费，又要承担项目具体推行的责任，中央部委与地方相关部门之间存在明显的责利选择性交错。而在其他省市，该项目最初是通过"完全配套财政支持的强制性指令"来推行的，此时地方相关部门主要承担项目具体推行的责任并由中央部委配套财政资源，中央部委与地方相关部门之间的责权利相对一致，后来则通过"部分配套财政支持的强制性指令"来推行，即地方政府既要配置部分财政资源用于贴息和担保费，又要承担项目具体推行的责任，此时中央部委与地方相关部门则形成责利错位。

四、政府间责权利选择性交错（Ⅳ）

政府间责权利选择性交错（Ⅳ），表现为在某一业务领域中，某一层级政府或部门承担了责任但没有享受相应的权力与利益，另一层级政府或部门享有相应的权力和利益但不承担相应的责任。按照其产生的原因，可以分为压力型体制型交错与管理层级错位型交错两类。它常发生在上下级块块之间与上下级条条之间。

（一）压力型体制型交错

压力型体制型交错，是指在压力型体制运行过程中，上级政府通过将责任层层下移或将任务层层加码并层层下移（荣敬本等，1998；杨雪冬，2012），但并不下放相应的权力与财政资源，进而引起的政府间责权利选择性交错。它常发生在上下级块块之间和上下级条条之间。

如在安全生产监管中，某县安全监管局通过签订责任状的形式将矿山企业的安全生产监管责任转交乡镇，自身由直接监管变为间接监管，但矿山企业的开工、复工等事项的决定权却掌握在县安全监管局手中，相关审批权如炸药的使用审批权与供给权在公安部门手中，用电审批权在电管部门手中，相关执法权在综合行政执法部门手中（杨华，2019）。因此，安全生产监管的权力与财政资源主要由县局掌握，安全生产监管的责任则被转移到乡镇，县局与乡镇之间形成了责权利选择性交错。H县B镇党委书记谈道："我今年签的还少一点，只签了30多份，以往我都要与县级政府部门签订50多份责任状，涉及信访维稳、安全生产、国土、环保、安监、执法等多个领域。其中大概有一半是属于乡镇职责范围内的事务，有一半是属于县政府或县职能部门以'属地管理'为名下放给乡镇的事务。"（访谈记录201908HHB）。

（二）管理层级错位型交错

管理层级错位型交错，是指某一地方政府在人事、行政、财政等方面实行不同的管理体制，而使责权利在不同层级政府间发生选择性交错。它主要发生纵向块块之间，比较典型的是省管县与市管县混合管理体制下省市县之间责权利选择性交错，计划单列市体制下中央政府、省、计划单列市之间的责权利选择性交错，以及在撤县（市）设区的过渡期内保留被撤并县（市）的财政省管体制，使得省、地级市、市辖区之间责权利发生选择性交错。如2001年萧山市、余杭市被改为杭州市萧山区、余杭区时，萧山区与余杭区在过渡期内实行财政省管区体制，萧山区、余杭区保留其享有部分地级市的经济管理权限，使得萧山区、余杭区在行政上部分实行省管区和部分实行市管区，同时萧山区、余杭区的党政一把手为省管副厅级干部，其他干部为杭州市管干部，这就使得地级市对市辖区负有行政管理责任但是没有完全的财权与人事权的保障，使得省、地级市、市辖区之间发生责权利选择性交错。

混合管理体制下省市县之间的责权利选择性交错，由于不同的省份在财政、行政、人事等方面实施的管理体制不同，因而政府间责权利选择性交错的具体表现也有所不同。如在浙江省的混合管理体制下，由于实行财政省管县与党政一把手人事省管县，县（市）（计划单列市除外）的财权与党政一把手的人事权归省管，同时由于扩权改革使县（市）享有一些地级市的经济社会管理权限，即县（市）的一些经济社会事务归省管，另外一些经济社会管理事务与其他人事管理归地级市管理，这就使得地级市对县（市）负有行政管理的责任却没有财权与人事权的保障。又如在河南省的混合管理体制下，有部分县（市）实行的财政省管县，但这部分县（市）在行政上仍归地级市管理，此时财权与事责、事权、财权在省、地级市、县（市）之间发生选择性交错；有部分县（市）在人事方面实行党政一把手人事省管县且在财政方面实行财政省管县，同时这部分县（市）享有地级市的经济社会管理权限，此时则是事责、事权与人事权、财权在省、市、县（市）之间发生选择性交错。

计划单列市体制下中央、省、计划单列市之间的责权利选择性交错，表现为计划单列市的财权与党政一把手的人事权归中央管理，省对计划单列市负有一定的行政管理责任（如区域内公共产品供给等）却没有财政保障。在事权与事责方面，计划单列市享有省级经济管理权限，这意味着计划单列市的经济事务归中央政府直接管理，而计划单列市的社会事务仍然归所在省管理，因此省对计划单列市负有行政管理的责任。在人事方面，计划单列市的党政一把手(副省级干部)由中央政府任命，计划单列市的副厅级干部则由所在省管理。在财政方面，1994 年之前计划单列市不需要向所在省上解财政收入，1994 年起中央与各计划单列市实行分税制财政体制，同时计划单列市逐渐以上解的形式向所在省上缴一定的财政收入(王振宇、郭艳娇，2018)。如表 4.5 所示，各计划单列市上缴省的财政收入呈现出逐年增加的趋势，这在一定程度上有利于减弱中央政府、省、计划单列市之间的责权利选择性交错程度。

表 4.5　现存 5 个计划单列市的财政体制安排

城　市	计划单列市与中央的财政体制安排	计划单列市与所在省的财政体制安排
大连市	1984 年，大连市经批准被列为计划单列市，财政上与中央单独核算；1985—1987 年实行固定比例分成制，分成比例为 34.14%；1988—1993 年为总额分成 + 增长分成，总额分成为 37.74%，增长分成为 27.76%；1994 年起，中央对大连实行分税制财政体制	2003 年起，向辽宁省专项上解财力，以 2 亿元为上解基数，每年按全省一般预算收入实际增幅实行环比递增，专项上解省财政；另外，按照国家及省相关文件要求，大连市上解省事项还包括对口援助新疆西藏资金、大伙房水库输水工程供水水费上解等，具体事项以国家及省当年结算文件为准
青岛市	1986 年，青岛市经批准被列为计划单列市，财政上与中央单独核算；1988—1993 年实行总额分成 + 增长分成制，总额分成为 16%，增长分成为 34%；1994 年起，中央对青岛实行分税制财政体制	2000 年以前，青岛市上缴省的财政收入比较少；2012 年起，向山东省定额上解 6 亿元；2014 年起以 8 亿元为基数，每年环比递增 5%；2019 年起，以 30 亿元为基数，以后每年按青岛市当年财政收入增幅递增上解
宁波市	1987 年，宁波市经批准被列为计划单列市，财政上开始与中央单独结算；1988—1993 年实行收入递增包干制，递增率为 5.3% ，留成比例为 27.93%；1994 年起，中央对宁波实行分税制财政体制	1987—2004 年，宁波市无须向浙江省财政上缴财政收入；2005 年起，宁波市向省财政上缴的财政收入主要是 2005 年省级税收下划宁波市管理而应该交回省财政的收入，以 3 亿元为基数，每年环比递增 5%；2016 年宁波市上缴省财政收入基数为 15 亿元，2017 年为 20 亿元，2018 年起按 8% 政府递增上交，若宁波市一般公共预算收入当年增幅低于 8%，按实际增长率递增上交

城　　市	计划单列市与中央的财政体制安排	计划单列市与所在省的财政体制安排
厦门市	1988年，厦门市经批准被列为计划单列市，但财政上不与中央直接结算；1994年，厦门市的财政收支开始从福建省划出，财政上开始与中央单独结算；1994年起，中央对厦门实行分税制财政体制	1994年起，厦门市通过体制上解和专项上解向福建省贡献财力，其中，体制上解是以1993年上解的金额为（5.4亿元）基数，每年按9%递增上解福建省财政，专项上解主要包括地方教育附加、重点流域生态效益补偿等。福建省对厦门市的财政补助主要包括教育、卫生、农林水等共同事权转移支付以及产业扶持等专项补助
深圳市	1988年，深圳市经批准被列为计划单列市，但财政上不与中央直接结算；1990年，深圳市的财政收支开始从广东省划出，其财政报表、金库开始同中央挂钩，正式实行计划单列；1990—1993年，中央与广东省对深圳实行包干制；1994年起，中央对深圳实行分税制财政体制	① 深圳市对广东省包括体制上解和专项上解两类，上解金额根据具体事项核定，对按照中央和省统一部署开展的工作，由深圳承担的部分，主要通过定额上解，例如对口支援四川甘孜藏族自治州；对按规定实行省、市分享收费的事项，按比例上解，例如车辆牌证工本费、票据印刷工本费等；另外，广东省对深圳的补助主要包括历年省对深圳市的固定性补助基数、省支持深圳民生事业发展的专项补助。② 与广东省的财政收入政策"三年一定"，2013—2015年定额上解省35亿元；2015年，上解省77亿元（其中体制上解23.3亿元，新增定额上解35亿元）；2016年，上解省100亿元（其中新增定额上解60亿元，原体制基数加递增上解25亿元，教科治基金定额上解3.3亿元，对口支援西藏、四川上解1.5亿元等）；2017年，上解省113.2亿元（其中体制上解88亿元，对口支援西藏上解1.6亿元以及其他专项上解支出17.8亿元）；2018年，上解省160.5亿元（其中体制定额上解100亿元，两项教育基金上解40亿元，对口支援西藏和四川甘孜上解2.1亿元）；2019年，上解省180亿元（其中体制定额上解100

续　表

城　　市	计划单列市与中央的财政体制安排	计划单列市与所在省的财政体制安排
深圳市	1988 年,深圳市经批准被列为计划单列市,但财政上不与中央直接结算;1990 年,深圳市的财政收支开始从广东省划出,其财政报表、金库开始同中央挂钩,正式实行计划单列;1990—1993 年,中央与广东省对深圳实行包干制;1994 年起,中央对深圳实行分税制财政体制	亿元,两项教育基金上解约 40 亿元,对口支援西藏和四川甘孜上解 2 亿元等);2020 年,上解省 220 亿元(其中体制定额上解 100 亿元,两项教育基金上解约 45 亿元,对口支援西藏和四川甘孜上解 3.2 亿元)

资料来源：根据王振宇,郭艳娇.计划单列体制的改革属性、区域经济增长及改革突破方向[J].财贸经济,2018,39(12)：18-32;深圳市 2015—2020 年决算与预算草案以及向各计划单列市所在省财政厅与计划单列市财政局申请信息公开所获取的资料整理而得。

第五章　选择性交错的过程：基于浙江省的案例分析

政府间责权利选择性交错的过程是指责任、权力、利益在不同的政府组织中发生错位的过程。因此，基于制度逻辑理论下的过程分析框架，本章选择浙江的省市县之间责权利选择性交错作为管理层级错位型交错的代表进行案例分析，阐释了多重制度逻辑下的政府间责权利选择性交错的生成过程，以此丰富政府间责权利配置的过程研究。

第一节　省管县改革与扩权改革的实践进展

明确案例选择的背景是深入开展案例分析的起点。本节通过梳理中央政府与地方政府推进财政省管县改革与扩权改革的政策背景与实践背景，既明确了选择浙江省作为案例分析对象的依据，也明确了浙江省市县之间责权利关系改革的宏观制度环境。

一、省管县改革与扩权改革的兴起

如前所述，管理层级错位型交错比较典型的是省管县与市管县混合管理体制下省、市、县之间的责权利选择性交错。这种政府间责权利选择性交错的产生与推行省管县体制改革有关。新中国成立初期，我国主要实行省管县体制，1982年中央政府自上而下推行市管县体制改革后，各地逐渐建立市管县体制。在2003年之前，除了浙江省之外，只有宁夏回族自治区于

1958 年建立自治区时便一直实行财政省（自治区）管县体制和海南省于 1988 年建省时便一直实行全面省管县体制。从 2003 年开始，福建、广东等省份陆续开展扩权改革、财政省管县或人事省管县改革试点，从 2005 年开始中央政府陆续出台政策鼓励或推动各省（区）进行财政省管县、强县扩权或扩权强县的改革试点，自此全国掀起了省管县改革的浪潮（吴金群、廖超超，2018）。截至 2020 年末，除西藏和新疆之外，全国大部分地区都推行了财政省管县、扩权改革以及一把手人事省管县的试点，但由于省直管县改革过程中财权、事权、人事权改革不同步，全国大部分省（区）形成了省管县与市管县的混合管理体制，如表 5.1 所示。

值得注意的是，2017 年以来省管县改革试点进入新的发展阶段，即地方政府自主探索的阶段。这主要表现在中央政府在政策层面不再鼓励扩大省管县改革试点范围，而是更加强调要调整优化省直管县财政改革，并更重视地级市在区域治理中的统筹协调作用。2005—2013 年，中央政府出台了一系列的政策来推动省管县改革（吴金群，2016）。但在 2017 年，党的十九大报告只提到"赋予省级及以下政府更多自主权"及"在省市县对职能相近的党政机关探索合并设立或合署办公"[1]，没有提及省管县改革。与此同时，随着 2018 年市域社会治理现代化的提出，多地提出要建立"市级负责统筹协调，县级负责整体推进，乡（镇、街道）负责固本强基，村（社区）负责落细落小"的共建共治共享社会治理工作体系[2]，这意味着地级市在推进市域治理现代化中将扮演越来越重要的角色。

二、财政省管县改革的徘徊发展

从地方政府层面来看，有的省份在推行扩权改革和财政省管县改革试点一段时间后取消了部分县（市）的省管县改革试点，有的省份则继续扩大财政省管县的试点范围，有的省份则继续扩权改革的试点范围，这种徘徊发展使得大部分省（区）仍然保留了财政省管县与行政市管县的混合管理体制。

---

① 决胜全面建成小康社会 夺取新时代中国特色社会主义伟大胜利——在中国共产党第十九次全国代表大会上的报告[EB/OL]. (2017 - 10 - 27)[2024 - 03 - 29]. https://www.gov.cn/xinwen/2017 - 10/27/content_5234876.htm.

② 人民法院新闻传媒总社. 全国市域社会治理现代化工作会议发言摘登[EB/OL].(2019 - 12 - 04)[2024 - 03 -29]. https://www.chinacourt.org/article/detail/2019/12/id/4705093.shtml.

表 5.1　截至 2020 年末我国 27 个省(区)市县分治改革的实践进展

区域	省(区)	县(市)总数	财政省管县			扩大经济管理权限			扩大社会管理权限			一把手人事省管县		
			改革时间	县(市)数量	占比/%	扩权时间	县(市)数量	占比/%	扩权时间	县(市)数量	占比/%	改革时间	县(市)数量	占比/%
东部	福建	56	2003.10	56	100	2003.10	56	100	2003.10	56	100	0	0	0
	广东	57	2004.05	57	100	2005.06	57	100	2005.06	57	100	0	0	0
	海南	15	1988.04	15	100	2008.07	15	100	2008.07	15	100	1988.04	15	100
	河北	118	2005.01	82	72	2005.01	16	14	2005.01	16	14	0	0	0
	山东	78	2009.05	45	58	2003.12	50	64	2003.12	50	64	0	0	0
	江苏	40	2007.03	40	100	2008.06	40	100	2011.11	3	8	0	0	0
	浙江	53	1953.01	49	92	1992.06	52	98	2006.11	52	98	1953.01	53	100
中部	安徽	59	2004.01	55	93	2006.12	59	100	2006.12	59	100	2011.03	2	3
	河南	105	2004.04	24	23	2004.04	62	59	2004.04	32	20	2013.11	10	10
	湖北	64	2004.04	56	88	2003.04	56	88	2003.04	56	88	1994.10	3	5
	湖南	86	2010.01	77	90	2004.09	86	100	2010.11	86	100	0	0	0
	江西	73	2005.01	73	100	2014.05	6	8	2014.05	6	8	2014.05	6	8
	山西	91	2006.12	56	62	2005.06	29	32	2011.11	21	23	0	0	0
西部	四川	128	2007.07	74	58	2007.07	74	58	2015.02	74	58	0	0	0
	甘肃	69	2007.01	67	97	2005.06	13	19	0	0	0	0	0	0
	陕西	77	2006.12	28	36	2007.07	18	23	2014.06	3	4	0	0	0

续　表

区域	省(区)	县(市)总数	财政省管县			扩大经济管理权限			扩大社会管理权限			一把手人事省管县		
			改革时间	县(市)数量	占比/%	扩权时间	县(市)数量	占比/%	扩权时间	县(市)数量	占比/%	改革时间	县(市)数量	占比/%
西部	广西	70	2009.12	55	79	2010.12	70	100	2010.12	70	100	0	0	0
	贵州	71	2009.10	39	55	2012.01	71	100	0	0	0	0	0	0
	云南	112	2009.02	3	3	2008.12	7	6	0	0	0	0	0	0
	青海	37	2007.02	7	19	0	0	0	0	0	0	0	0	0
	宁夏	13	1958.10	13	100	2009.12	2	15	2009.12	2	15	0	0	0
	内蒙古	80	2016.01	22	28	2014.04	11	14	2014.04	11	14	0	0	0
	新疆	93	0	0	0	0	0	0	0	0	0	0	0	0
	西藏	66	0	0	0	0	0	0	0	0	0	0	0	0
东北部	黑龙江	67	2007.11	63	94	2003.12	63	94	2006.09	63	94	2011.06	1	1
	吉林	39	2005.06	31	79	2005.06	39	100	2005.06	39	100	2005.06	39	100
	辽宁	41	2006.04	13	32	2006.04	15	37	2010.10	2	5	2010.10	2	5

资料来源：根据吴金群，付如霞，整合与分散：区域治理中的行政区划改革[J].经济社会体制比较，2017，189(1)：145-154；吴金群，市县协调发展何以可能：省管县改革后的区域治理体系研究[M].杭州：浙江大学出版社，2017：99-102；截至2020年末最新的省管县改革文件与行政区划改革数据整理而得。

注：① 表中的县(市)数量包括县、县级市、自治县、林区(如湖北省神农架林区)、旗、自治旗。此外，由于济源市在河南省被看作是省辖市，因而不列入河南省县改革与扩权改革的范围之内，但是列入河南省县(市)的总数内。

② 财政省管县，是指在省政府回收支划分、转移支付、资金调度、财政预决算等方面，县(市)财政直接与省级财政对接并接受管理。经济社会管理权的下放，是指原来由省级政府职能部门或地级市职能部门承担的部分经济社会事务管理权下放给省管县，扩大省管县或人事省管县，是指县(市)政府直接与省级财政下放给县(市)。一把手人事省管县，是指县(市)的主要领导干部由省委(通过组织部)选拔、任用、管理和监督。表中的百分比表示经历了几个阶段，意指第一阶段开始的时间；如果改革经历了几个阶段的时间，则以实践中开展此项改革试点时间点为准。表中的百分比表示经济社会管理权或人事省管县占该省管县总数的比例。"0"表示还没有开展改革，并没有在一年之内。改革发布一年之内发布文件的时间；改革是指发布正式文件的时间。改革还没有开展的，则以实践中开展此项改革试点时间点为准。

2015 年以来,取消了部分县(市)的省管县改革试点的省份有河北省、辽宁省、河南省、广西壮族自治区。2015 年 9 月,河北省宣布新增的迁安市、宁晋县、涿州市等 8 个省直管县(市)试点县市(主要是扩权改革和财政省直管县改革试点)在试点半年后不再开展试点工作,重新划归所在设区市管理,但 2013 年试点的定州、辛集两市继续深化省直管县(市)体制改革试点工作①。2016 年,辽宁省发布《辽宁省人民政府办公厅关于取消对绥中县和昌图县实行省直管县财政管理体制的通知》(辽政办发〔2016〕147 号),决定取消对绥中县和昌图县实行省直管县财政管理体制②。2017 年,河南省委决定对从 2014 年 1 月 1 日起实行全面省管县体制的巩义市、兰考县、汝州市等 10 个县(市),于 2018 年 1 月 1 日起结束省管县体制,但仍对这 10 个县(市)实行财政省管县体制与扩权改革(访谈资料 202103HCX),并对其他实行财政省直管县体制改革县(市)仍然继续深化省直管县(市)体制改革试点。2017 年,广西壮族自治区发布《广西壮族自治区人民政府办公厅关于改革完善自治区对县财政体制促进县域经济发展的实施意见》(桂政办发〔2017〕96 号),将"全部县由自治区财政直管改为部分自治区直管和部分设区市直管",并"对经济辐射能力较强的南宁市、柳州市以及纳入北部湾城市群规划的北海市、钦州市和防城港市,全部实行市管县,以增强城市统筹发展能力"③。

2017 年以来,继续扩大省管县改革试点的省份有山西省、山东省、河南省。2017 年,山西省发布《山西省人民政府关于在部分县(市)开展深化省直管县财政管理体制改革试点的通知》(晋政发〔2017〕29 号),决定从 2018 年起对襄垣县、原平市、介休市、侯马市、孝义市、永济市 6 个县(市)开展深化省直管县财政体制改革试点工作,从财政体制上实行彻底的直接管理④。

① 蒋子文,王哿,周航. 河北省直管县第二批 8 地试点半年后即告取消,划归设区市管理[EB/OL].(2015 - 09 - 24)[2024 - 03 - 29]. https://www.thepaper.cn/newsDetail_forward_1378910.

② 辽宁省人民政府办公厅关于取消对绥中县和昌图县实行省直管县财政管理体制的通知:辽政办发〔2016〕147 号[EB/OL].(2020 - 11 - 26)[2024 - 03 - 29]. https://czt. ln. gov. cn/czt/zfxxgk/fdzdgknr/lzyj/szfgfxwj/6C2E4CE786AF4DF8A36AEF447F937E05/index.shtml.

③ 广西壮族自治区人民政府办公厅关于改革完善自治区对县财政体制促进县域经济发展的实施意见:桂政办发〔2017〕96 号[EB/OL].(2017 - 07 - 21)[2024 - 03 - 29]. http://www.gxzf.gov.cn/zfgb/2017nzfgb_34854/d19q_34925/zzqrmzfbgtwj_34926/t1510802.shtml.

④ 山西省人民政府关于在部分县(市)开展深化省直管县财政管理体制改革试点的通知:晋政发〔2017〕29 号[EB/OL].(2017 - 07 - 08)[2024 - 03 - 29]. https://www.shanxi.gov.cn/zfxxgk/zfxxgkzl/fdzdgknr/lzyj/szfwj/202205/t20220513_5976206.shtml.

2019年,山东省发布《山东省人民政府关于深化省以下财政管理体制改革的实施意见》(鲁政发〔2019〕2号),决定进一步扩大财政省管县的试点范围,将原来2009年确定的20个财政省管县(市)扩大到41个县(市)①,并进一步扩大41个财政直管县(市)和9个经济发达县(市)在有关计划、规划、资金、项目等交通运输管理方面的事项,由县(市)直报省级审核或审批②。2020年,河南省发布《河南省人民政府办公厅关于赋予长葛市等9个践行县域治理"三起来"示范县(市)部分省辖市级经济社会管理权限的通知》(豫政办〔2020〕36号),决定将156项省辖市级经济社会管理权限赋予长葛市、孟州市、新安县、舞钢市、新郑市、林州市、灵宝市、临颍县、淇县等9个践行县域治理的示范县(市)③。2021年9月,河南省发布《河南省人民政府关于印发深化省与市县财政体制改革方案的通知》(豫政〔2021〕28号)规定:"按照放权赋能的原则,财政直管县的范围由目前的24个扩大至全部102个县(市)。各县(市)的财政体制由省财政直接核定,财政收入除上划中央和省级部分外全部留归当地使用,市级不再参与分享;县(市)范围内由地方承担的共同财政事权支出责任,调整为省与县(市)分担,市级不再分担;对改革形成的财力转移,按照保存量的原则核定划转基数。各类转移支付、债券资金由省财政直接下达到县(市);省财政直接向各县(市)调度现金,办理财政结算。"④这一财政体制改革方案自2022年1月1日开始实施。

三、财政省管县改革的调整优化

直到2022年,《国务院办公厅关于进一步推进省以下财政体制改革工作的指导意见》(国办发〔2022〕20号)提出"推进省直管县财政改革。按照突出重点、利于发展、管理有效等要求,因地制宜逐步调整优化省直管县财政改革实施范围和方式。对区位优势不明显、经济发展潜力有限、财政较为

---

① 山东省人民政府关于深化省以下财政管理体制改革的实施意见:鲁政发〔2019〕2号[EB/OL].
(2019-01-17)[2024-03-29]. http://zwfw.sd.gov.cn/art/2019/1/17/art_1684_2231.html.
② 朱媛媛. 山东出台措施深化扩权强县改革 促进县域经济高质量发展[EB/OL]. (2019-08-22)
[2024-03-29]. http://news.iqilu.com/shandong/yaowen/2019/0822/4335779.shtml.
③ 河南省人民政府办公厅关于赋予长葛市等9个践行县域治理"三起来"示范县(市)部分省辖市级经济社会管理权限的通知:豫政办〔2020〕36号[EB/OL]. (2020-09-22)[2024-03-29]. https://www.henan.gov.cn/2020/09-22/1814382.html.
④ 河南省人民政府关于印发深化省与市县财政体制改革方案的通知:豫政〔2021〕28号[EB/OL].
(2021-09-23)[2024-03-29]. https://www.henan.gov.cn/2021/09-23/2317409.html.

困难的县,可纳入省直管范围或参照直管方式管理,加强省级对县级的财力支持。对由市级管理更有利于加强区域统筹规划、增强发展活力的县,适度强化市级的财政管理职责"①。这表明,中央政府不再鼓励进一步扩大省直管县改革试点范围,而是要对省直管县财政改革进行调整优化,但目前地方政府层面尚未依据这一顶层设计出台具体的实施方案。

由于浙江省在市管县改革的浪潮下仍坚持实行财政省管县与党政一把手人事省管县,并在后续很长一段时间中继续推行对县(市)的扩权改革,并且在省管县与市管县混合管理体制下浙江的县域经济发展取得了巨大成功,使得浙江常常被其他地方当作推行省管县改革的学习样板。此外,从全国层面来看,大部分地方是在中央政府的政策激励之下自上而下选择性地推行财政省管县与扩权改革,浙江省是自下而上地在全省范围内[除了计划单列市所辖县(市)外]比较全面地推行了财政省管县与扩权改革,且浙江的省市县之间的责权利交错模式相对其他地方(如河北省与河南省)而言相对稳定。这使得浙江省市县之间的责权利交错模式具有形成时间早、持续时间长、覆盖范围广、发展更充分的特点,因而本书选取浙江的省市县之间的责权利交错作为代表性案例,来分析管理层级错位型交错模式生成与持续的制度逻辑。

第二节　浙江省市县之间责权利 关系的改革历程

新中国成立初期,省管县是地方政府的主流制度。1982 年,中共中央51 号文件发出《改革地区体制,实行市领导县体制的通知》,随后在全国掀起了市管县改革的浪潮(吴金群等,2013)。由于市管县体制相对适合中心城市规模较大且辐射带动作用强的地区,而浙江的县域经济相对发达,中心城市数量少、规模小且辐射带动作用不太明显,因而选择了继续坚持财政省管县不动摇。当大部分省区先后通过改革确立市管县体制时,浙江虽通过撤地

---

① 国务院办公厅关于进一步推进省以下财政体制改革工作的指导意见:国办发〔2022〕20 号[EB/OL].(2022 - 06 - 13)[2024 - 03 - 29]. https://www.gov.cn/zhengce/content/2022 - 06/13/content_5695477.htm.

设市、地市合并、县(市)升格、划县入市等方式在名义上实行市管县体制,但对除宁波市之外的县(市),长期以来一直保持财政省管县(市)。1983年,浙江开始实施省直管各县(市)党政一把手负责制(郁建兴、李琳,2016),并从1992年开始进行扩权改革,形成了财政省管县与行政市管县相混合的体制。结合前文对政府责权利的界定以及省市县责权利关系改革过程中的关键性事件,可以将改革开放以来浙江省市县责权利关系的改革历程分为四个阶段。

一、1978—1992年：坚守财政省管县体制,跟随行政市管县

在这一阶段,浙江省在推行行政市管县体制的同时坚持财政省管县模式,并开始实行党政一把手人事省管县模式,初步建立了财政省管县、行政市管县、党政一把手人事省管县的混合管理体制。

从财政关系来看,浙江主要通过省市县之间财政分配关系的调整,增强市县经济发展的决策权和主动权。新中国成立初期,我国实行中央、大行政区、省市县(市)三级财政体制。1953年,中央决定取消大区一级财政、增设市(县)一级财政,市一级财政与县一级财政一样跟省级财政发生关系(张占斌,2008),浙江由此确立了财政省管县体制。1980年,依据对地方实行"划分收支,分级包干"的国家财政体制改革办法,省政府发布《关于实行"划分收支、分级包干"财政管理体制的通知》,对地、市、县实行省级和市县级两级财政包干,各地区除舟山地区视同县级实行包干外,其余地区不做一级财政,并区别不同的经济情况对市、县采取"定额上缴""调剂分成""定额补助"等三种不同包干形式(浙江省政府志编纂委员会,2014)。1985年后,浙江依据"划分税种、核定收支、分级包干"的国家财政体制改革办法,对市、县重新划分收支范围、调整收支基数,对定额上缴的市县,地方收入实行以包干基数定比增长分成,对定额补助的地县,按省核定的定额补助基数,实行每年递增(陈国平、陈广胜、王京军,2008)。

从行政关系与权力关系来看,浙江主要通过撤地设市、地市合并、县(市)升格、划县入市等实行市管县改革,形成了财政省管县、党政一把手人事省管县与行政市管县的混合体制。1977年末,浙江省共有8个地区、3个地级市、65个县、5个市辖区,其中杭州市下辖5个市辖区,宁波、温州市未设立市辖区(浙江省政府志编纂委员会,2014)。除杭州市所辖7县之外,

其他 58 县都由地区行政公署管辖。从 1983 年开始,在中央政府主导的市管县改革要求下,浙江通过行政区划改革也随之开始推行市管县体制。同时,浙江于 1983 年开始实施党政一把手省直管县(郁建兴、李琳,2016)。但是,浙江在市管县改革的过程中始终没有把对县(市)的财政权和党政一把手的任免权下放给地级市政府。1983—1991 年,浙江撤销 3 个地区设立 6 个地级市,将 2 个地区与 2 个地级市合并设立 2 个地级市,在撤地设市过程中将 4 个县级市升格为 4 个地级市,并将 33 个县划入各地级市管辖,在行政领导上实行市管县体制。至此,浙江省形成了财政省管县、行政市管县、党政一把手人事省管县的混合管理体制。

二、1992—2008 年：实施强县扩权改革,完善财政体制,调整行政关系

在这一阶段,浙江进行了 4 轮强县扩权改革,扩权内容如表 5.2 所示。这一阶段逐步实现了部分经济事务省管县到部分经济社会事务省管县的转变,在事权范围与地域范围方面逐步深化了行政省管县的程度,形成了财政、部分经济社会事务、党政一把手人事省管县与部分经济社会事务、部分人事市管县的混合管理体制。

表 5.2　浙江省五轮扩权改革的内容

扩权改革的时间	扩权改革的内容
1992 年 (强县扩权)	① 扩权对象:萧山、余杭、鄞县、慈溪、余姚、海宁、桐乡、绍兴、黄岩、嘉善、平湖、海盐、椒江等 13 个县(市) ② 扩权事项:扩大 13 个县(市)的部分经济管理权限,主要内容有扩大基本建设与技术改造项目审批权、扩大外商投资项目审批权、简化相应的审批手续等 4 项
1997 年 (强县扩权)	① 扩权对象:萧山、余杭 2 个县级市 ② 扩权事项:在萧山、余杭试行享受地市一级部分经济管理权限,主要包括基本建设和技术改造项目审批管理权限、对外经贸审批管理权限、金融审批管理权限、计划管理权限、土地管理权限、建设企业资质审批权限、环境保护管理权限、财税管理权限、农转非审批权限等 11 项;同年授予萧山、余杭地市一级出国(境)审批管理权限

续　表

扩权改革的时间	扩权改革的内容
2002 年 （强县扩权）	① 扩权对象：绍兴、温岭、慈溪、余姚、诸暨、乐清、瑞安、上虞、义乌、海宁、桐乡、富阳、东阳、平湖、玉环、临安、嘉善等 17 个县（市）和萧山、余杭、鄞州等 3 个区 ② 扩权事项：按照"能放都放"的总体原则，将 313 项原属地级市的经济管理权限下放给 20 个县（市、区），放权涉及的范围涵盖计划、经贸、外经贸、国土资源、交通、建设等 12 大类。除国家法律法规明确规定的以外，需经市审批或由市管理的，由扩权县（市）自行审批，报市备案；须经市审核、报省审批的，由扩权县（市）直接报省审批，报市备案。同时，下放部分与经济管理配置的社会管理权限，如出国（境）任务审批管理权限。在省政府带动之下，有些地级市对未列入扩权县名单的县自动进行扩权，如嘉兴市对海盐县放权，宁波与杭州让未进入扩权县名单的其他县（区）全部享受"扩权县"待遇
2006 年 （强县扩权）	① 扩权对象：义乌 ② 扩权事项：在保持金华市领导义乌市的管理体制的前提下，按照"依法放权"的原则，除规划管理、重要资源配置、重大社会事务管理等经济社会管理事项外，赋予义乌市与设区市同等的经济社会管理权限，共计 603 项。其中，将金华市 16 项管理权限以延伸机构方式、115 项管理权限以委托或交办方式下放给义乌市，同时扩大义乌市 472 项省部级经济社会管理权限。同时，还允许义乌市根据经济社会发展需要，调整与完善有关管理体制和机构设置；支持与帮助义乌市设立海关、出入境检验检疫、外汇管理、股份制商业银行等相关分支机构，并协调赋予这些分支机构设区市或相当于设区市的职能等
2008 年 （扩权强县）	① 扩权对象：全省所有县（市） ② 扩权事项：一方面，义乌继续保留原有扩权事项 524 项、依法依规结合工作实际调整原有扩权试点事项 79 项、新增与经济社会管理密切相关的事项 94 项，共计下放 618 项经济社会管理事项，其中省级事项 445 项，占比约为 72%，市级事项 173 项，占比约为 28%；另一方面，向其他县（市）下放经义乌市一年试点行之有效、县（市）确需且有条件承接的扩权事项 349 项，新增与县域经济社会管理密切相关的事项 94 项，共计下放 443 项经济社会管理事项。其中，省级事项 311 项，占比约为 70%；市级事项占 132 项，占比约为 30%

资料来源：① 何显明.顺势而为：浙江地方政府创新实践的演进逻辑[M].杭州：浙江大学出版社，2008：207－208.

② 马斌.政府间关系：权力配置与地方治理：基于省、市、县政府间关系的研究[M].杭州：浙江大学出版社，2009：160－164.

③ 马斌，徐越情.省管县体制变迁的浙江模式：渐进改革与制度路径[J].理论与改革，2010，171(1)：63－67.

从权力关系来看,浙江主要通过强县扩权改革扩大县(市)的权力,提升县(市)级政府在地方政治格局中的话语权。前三轮扩权改革(1992年、1997年、2002年)的扩权力度逐步增加,通过下放部分地级市的经济管理权使得县级政府的经济管理自主权逐步增大。其中,1997年的扩权改革使萧山与余杭获得地市一级的部分经济管理权限,2002年的扩权改革对17个经济强县与3个市辖区以委托、授权、机构延伸的方式进行大幅度扩权,且对未列入扩权县名单的部分县区进行了主动扩权(何显明,2008)。2006年,第四轮扩权改革将省市两级政府共计603项经济社会管理权限下放给义乌,使义乌获得设区市同等的经济社会管理权。与前三轮扩权相比,此次扩权改革将扩权范围从经济管理权扩大到经济社会管理权,将放权主体从地级市政府扩大到省市两级政府,在机构设置和管理体制上授权义乌可根据经济社会发展需要调整和完善其政府职能、机构设置、人事编制及对党政一把手予以高配。

从财政关系来看,浙江主要通过调整财政增收分成比例与奖补政策,激发地方经济增长的动力,并解决财政失衡及城市发展的资金不足问题。1993年,浙江的地方政府普遍陷入财政赤字;1994年分税制改革又带动地市将财权上移而事权下移,导致县(市)财政状况更加紧张(翁礼华,2014)。为了平衡市县财政,省财政集中市、县(市)财力增量的“两个20％”,建立了兼容、规范、透明的财政转移支付制度,并基于“两头大、中间小”的哑铃型县域经济,确立了“抓两头、带中间、分类指导”的政策(钟晓敏、叶宁,2008)。同时,在财政省管县体制下,地级市无法汲取县级财政来建设城市,分税制改革又规定“原则上一级政府一级财政”,因此地级市多次向省政府要求县(市)财政归市管理,市县之间的矛盾加剧。为此,浙江省政府于1999年出台针对全省10个地级市(宁波除外)的“三保三挂”“三保三联”政策,使地级市的发展获得省财政的资金支持(吴云法,2004)。2003年,浙江省政府发布《浙江省人民政府关于进一步完善地方财政体制的通知》,将原“两保两挂”“三保三挂”等政策整合归并为“两保两挂”补助和奖励政策,设定省对县(市)的奖励系数(10％)高于对市的奖励系数(5％);同时将原“两保两联”“亿元县上台阶”“三保三联”等政策整合归并为“两保一挂”奖励政策,设定省对市、县(市)奖励系数为5％。

从行政关系来看，浙江主要通过撤县（市）设区来解决城市发展空间不足的问题，并将原混合体制下市县之间经济竞争和行政隶属的交叉关系，转变为行政等级体制下的市与市辖区之间的领导与被领导关系。改革开放后，浙江快速推进城市化进程，先后经历了城市化的起步阶段（1985—1990年）、展开阶段（1991—1999年），并于 2000 年从城市数量增长阶段进入城市规模扩张阶段（史晋川等，2007）。在混合管理体制下，中心城市与周边县（市）围绕空间格局的竞争博弈不断加剧，城市发展与强县战略之间的矛盾不断加剧。为此，1992—2002 年，浙江先后撤销瓯海县、金华县、萧山市、余杭市、衢县、鄞县，设立瓯海区、金东区、萧山区、余杭区、衢江区、鄞州区，扩大了城市发展空间，理顺了这些地区在混合管理体制下交错的行政关系。此外，为了协调被撤县（市）和设区市的利益，或给改革提供一个缓冲期，部分县（市）改区后，其财政、规划、公安等原有体制仍会保留一段时间。特别是在萧山和余杭，其财政关系至今仍然直接对省，而不是对杭州市，形成了独特的省管市辖区的财政体制。

三、2008—2011 年：推进扩权强县改革，优化财税政策

在这一阶段，浙江省在全省范围内进行扩权，并最大限度地扩大县（市）的经济社会管理权限，再次深化行政省管县的程度，即进一步强化了省管县与市管县混合管理体制中省管县的部分，而弱化了市管县的部分。至此，浙江省市县之间的责权利交错关系已经基本定型，其表现形式如图 5.1 所示。

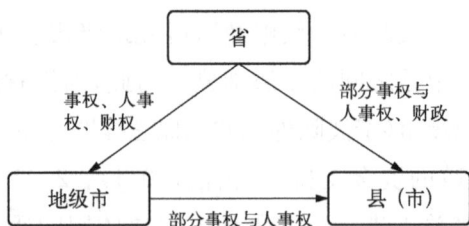

图 5.1　浙江省市县之间责权利交错模式的表现形式

注：在财政省管县体制下，在预算内的财政结算方面，县（市）与省政府直接结算，而与其所在的地级市没有结算关系；但是预算外的财政结算方面，县（市）与其所在地级市有上下级结算关系，并且地级市财政局对县（市）财政局在政策上传下达、业务指导上有行政上下级关系（访谈记录201903WPC）。

从权力关系来看，浙江主要通过扩权强县改革扩大县(市)的经济社会管理权。2008年，浙江省发布《中共浙江省委办公厅　浙江省人民政府办公厅关于扩大县(市)部分经济社会管理权限的通知》(浙委办〔2008〕116号)[①]，开启第五轮扩权改革。在扩权对象上，本轮扩权强县改革针对全省所有的县(市)而不是局部试点，标志着扩权改革由点到面全面推进；在扩权方式上，省政府发布的《浙江省扩权强县工作若干规定》确认了"扩权强县"的原则、机构设置和执行程序，并对县(市)政府职权和职权委托做出界定，以地方政府规章代替以往的规范性文件，标志着扩权改革进入了法治化的轨道；在扩权内容上，《浙江省扩权强县工作若干规定》强调"除规划建设、重要资源配置、重大社会事务管理职能外，其他社会经济管理职能原则上应当交由县(市)人民政府行使"，意味着县(市)政府拥有了与地级市几乎同等的经济社会管理权，标志着扩权改革从选择性放权发展到全面放权。从强县扩权到扩权强县的转变，是从以往效率优先原则指导下的政策性激励转向建构一种规范化的制度安排(何显明，2009b)。

从财政关系来看，浙江主要通过调整激励奖补政策及税收分成奖励政策，优化财税政策，促进财政资源的均衡配置及产业转型升级。2008年，浙江省发布《浙江省人民政府关于完善省对市县财政体制的通知》(浙政发〔2008〕54号)。一方面，将"两保两挂""两保一挂"政策统一调整为"分类分档激励奖补机制"，对欠发达地区实施三档激励补助与两档激励奖励政策，对发达地区和较发达地区实施两档激励奖励政策，补助系数根据市县经济条件设定，改变了以往按年份设定补助系数的做法，奖励系数同2003年相比不变。另一方面，完善省对市县的财政奖励政策与转移支付制度，实行市县营业税增收上缴返还奖励政策及省级金融保险业营业税增收奖励政策，提高电力生产企业所在地增值税分成比例、加大一般性转移支付力度、整合优化专项资金、规范专项转移支付类别档次等[②]。

---

① 中共浙江省委办公厅　浙江省人民政府办公厅关于扩大县(市)部分经济社会管理权限的通知：浙委办〔2008〕116号[EB/OL].(2008-12-28)[2024-03-29]. https://wenku.baidu.com/view/16958f4cee630b1c59eef8c75fbfc77da26997b1.html?_wkts_=1741864976108.

② 浙江省人民政府关于完善省对市县财政体制的通知：浙政发〔2008〕54号[EB/OL].(2008-09-24)[2024-03-29]. https://www.ggdoc.com.

四、2011 年至今：强化中心城市，统筹市县发展

在这一阶段，浙江省仍实行省管县与市管县混合管理体制，但是将发展的重心从县域转向了市域，更强调以中心城市来统筹县（市）的发展。在相当长的时期，浙江经济发展主要依赖县域经济的推动，但由于发展空间、资源集聚和经济辐射能力有限，县域经济发展逐渐遭遇天花板。2011 年，《浙江省国民经济和社会发展第十二个五年规划纲要》提出"支持有条件的县级市培育成为区域中心城市"，"提高县城集聚能力和辐射能力，推动县域经济向城市经济转型"①。2016 年，《浙江省国民经济和社会发展第十三个五年规划纲要》又提出"加快建设四大都市区，推进县域经济向都市区经济转型，以都市区为主体形态优化空间布局，促进中心城市与周边县域协同协调发展"②。2021 年，《浙江省国民经济和社会发展第十四个五年规划和二〇三五年远景目标纲要》提出"构建以大都市区为引领、大中小城市和小城镇协调发展的新型城镇化格局"，"深入实施大都市区建设行动"，"全面提升中心城市能级"，不断强化中心城市在区域协调发展中的地位③。同时，浙江省在实践中也通过调整财政关系与行政关系来强化中心城市功能，统筹市县发展。

从财政关系来看，主要通过调整税收分配关系与财政奖补政策，加快产业转型升级，增强中心城市统筹区域发展和辐射能力，促进县域经济向城市经济转型。2012 年，浙江省发布《浙江省人民政府关于完善财政体制的通知》（浙政发〔2012〕85 号），规定：第一，将原只归属于省的金融业营业税、企业所得税调整为省市县共享财政收入，将原归属于省的电力生产企业增值税、企业所得税全部下放给市县，促进金融业和电力产业的发展壮大；第二，新设"区域统筹发展激励奖补政策"，通过省政府向设区市配套提供区域统筹发展激励奖补资金，调动设区市带动所辖县（市）发展的积极性；第三，新

---

① 浙江省发展和改革委员会.浙江省国民经济和社会发展第十二个五年规划纲要[EB/OL].(2021 - 06 - 18)[2024 - 03 - 29].https://fzggw.zj.gov.cn/art/2021/6/18/art_1229539895_4666378.html.

② 浙江省发展和改革委员会.浙江省国民经济和社会发展第十三个五年规划纲要[EB/OL].(2021 - 06 - 18)[2024 - 03 - 29].https://fzggw.zj.gov.cn/art/2021/6/18/art_1229539892_4666286.html.

③ 浙江省发展和改革委员会.浙江省国民经济和社会发展第十四个五年规划和二〇三五年远景目标纲要[EB/OL].(2021 - 02 - 23)[2024 - 03 - 29].https://fzggw.zj.gov.cn/art/2021/2/23/art_1599544_58924918.html.

设"促进发展奖补机制"，将针对欠发达的衢州等 4 个设区市的奖励系数从 5％提高到 10％，针对较发达的杭州等 6 个设区市的奖励系数从 5％提高到 7.5％，但对县（市）奖励系数不变①。2015 年，浙江省发布《浙江省财政厅关于深化财政体制改革的实施意见》（浙财预〔2015〕50 号）。一方面，新设"第三产业地方税收收入增长奖补政策"，对 29 个市县（市）设定三档补助与两档奖励系数，促进第三产业发展。另一方面，改进"地方财政收入激励奖励政策"，取消原补助政策，将针对欠发达市县与发达、较发达市县的奖励系数从 2012 年的 10％、7.5％、5％统一设为 10％，强化对发达、较发达市县的收入增长激励。此外，还新设"设区市区域统筹发展收入激励政策"，设定对丽水、衢州、舟山 3 个设区市及对杭州、嘉兴、湖州、绍兴、金华、温州、台州 7 个设区市奖励挂钩比例分别为 15％、10％，刺激设区市统筹所辖县增收的积极性；并调整"设区市对所辖县（市）年度财政补助奖励政策"，将对杭州等 6 个二类设区市奖补系数从 2012 年的 1∶0.3 提高到 1∶0.5，增强地级市扶持所辖县（市）的积极性②。2018 年，浙江省发布《浙江省人民政府关于推进省以下财政事权和支出责任划分改革的实施意见》（浙政发〔2018〕3 号），强调要"合理确定市县财政事权，激励市县政府尽力做好辖区范围内的基本公共服务提供和保障"③。2023 年，浙江省发布《浙江省人民政府关于完善财政体制的通知》（浙政发〔2023〕39 号）。在优化区域统筹发展激励政策方面，一方面，继续实行设区市区域统筹发展转移支付政策，保持 2015 年设定的奖补比例不变，设定对丽水等 3 个设区市及对杭州等 7 个设区市奖励挂钩比例分别为 15％、10％，继续刺激设区市统筹所辖县增收的积极性；另一方面，优化市域统筹协调发展财政激励政策，规定省财政激励资金分别与设区市推动市域统筹发展和保障区级均衡发展情况挂钩，相对原来只对设区市下辖县（市）设置激励政策的情况下新增了"区级均衡发展激励政策"，还规定"为进一步提升市级统筹协调能力，资金分配权限下放至设区市，由各

---

① 浙江省人民政府关于完善财政体制的通知：浙政发〔2012〕85 号［EB/OL］.（2012 - 11 - 02）［2024 - 03 - 29］. https://www.zj.gov.cn/art/2012/11/2/art_1229019364_62268.html.

② 浙江省财政厅关于深化财政体制改革的实施意见：浙财预〔2015〕50 号［EB/OL］.（2015 - 12 - 17）［2024 - 03 - 29］. https://www.zj.gov.cn/art/2015/12/17/art_1229140539_2250056.html.

③ 浙江省人民政府关于推进省以下财政事权和支出责任划分改革的实施意见：浙政发〔2018〕3 号［EB/OL］.（2022 - 08 - 02）［2024 - 03 - 29］. https://www.zj.gov.cn/art/2022/8/2/art_1229019364_2413608.html.

设区市提出激励资金分配方案报省财政厅审核同意后下达"①。这不仅进一步强化了中心城市统筹县(市)发展的力度,还强化了中心城市统筹市辖区均衡发展的力度。

从行政关系来看,浙江主要通过撤县设区来满足城市空间扩张的需求,并通过建立区县(市)协作机制推进城乡的统筹发展。一方面,为满足大都市区空间扩张的需求,理顺省市县之间交错的科层关系,持续推进撤县设区与市辖区的空间重组。2013—2017 年,浙江先后撤销绍兴县、上虞市、富阳市、洞头县、奉化市、临安市,并设立柯桥区、上虞区、富阳区、洞头区、奉化区、临安区。2021 年,杭州市对市辖区空间进行大规模优化重组,撤销上城区和江干区,设立新上城区;撤销下城区和拱墅区,设立新拱墅区;撤销余杭区,设立新余杭区、临平区;划出原萧山区北部、江干区东部区域,设立钱塘区②。这次行政区划调整既解决了原来余杭区空间规模过大和上城区、下城区、拱墅区空间规模过小等引起的空间结构与资源配置不均衡等问题,也有助于加快杭州构建特大城市新型空间格局。另一方面,通过建立区县(市)协作机制,推进市县协调发展。2011 年,杭州市通过签订合作协议在产业共兴、资源共享、乡镇结对、干部挂职、环境共保等方面,建立八城区和杭州经济开发区、西湖风景名胜区、钱江新城管委会与五县(市)对口联系、联动发展的区县(市)协作组,并于 2015 年完成第一轮区县(市)协作,实现了市县之间的合作共赢。2016 年,杭州市在总结前 5 年经验的基础上又开启了第二轮区县(市)协作,进一步深化区县(市)协作工作。2017 年以来,杭州市先后印发《中共杭州市委办公厅 杭州市人民政府办公厅关于进一步深化"联乡结村"活动加快推进精准帮扶工作的实施意见》《中共杭州市委办公厅 杭州市人民政府办公厅〈关于深化新时代区县(市)协作高质量推进山区 4 县跨越式发展的实施意见〉的通知》《中共杭州市委办公厅 杭州市人民政府办公厅关于开展新一轮"联乡结村"活动的通知》等文件,提出并持续完善区县(市)协作、联乡结村、镇街结对、村社结对、干群结对五大协作

---

① 浙江省人民政府关于完善财政体制的通知:浙政发〔2023〕39 号〔EB/OL〕.(2024 - 02 - 04)〔2024 - 03 - 29〕. https://www.zj.gov.cn/art/2024/2/4/art_1229019364_2512231.html.

② 浙江省人民政府关于调整杭州市部分行政区划的通知:浙政发〔2021〕7 号〔EB/OL〕.(2021 - 03 - 11)〔2024 - 03 - 29〕. https://www.zj.gov.cn/art/2021/4/9/art_1229019364_2267333.html.

帮扶机制,推动区县(市)协作向更深层次进行延伸。据杭州市农业农村局统计,自 2010 年杭州市委、市政府启动区县(市)协作工作以来,截至 2022 年 6 月,杭州市共落实协作资金 10.67 亿元,实施协作项目 441 个,其中 2021 年落实协作资金 1.22 亿元①。区县(市)协作机制充分利用了区县(市)之间的资源互补优势以及中心城市的经济辐射效应,促使市县之间的关系由偏重"相互竞争"逐步走向"合作共赢"。

综上所述,浙江省市县府际关系改革的第一个阶段初步建立了财政省管县、行政市管县、党政一把手人事省管县的混合管理体制,此时地级市对县(市)负有行政管理的责任,但是不享有对县(市)的财政管理权力与党政一把手的人事管理权,使得省、地级市、县(市)之间形成了责权利交错的模式;第二阶段与第三阶段通过扩权改革来扩大县(市)的经济社会管理权力,使得行政市管县的事权范围逐渐缩小,而行政省管县的事权范围逐渐扩大;第四个阶段则通过财政奖补政策与撤县设区来强化地级市的统筹县(市)发展的能力,在一定程度上缩小了财政省管县与行政省管县的地域范围。

第三节　多重制度逻辑下选择性交错的形成过程

在梳理浙江省市县之间责权利交错关系改革历程的基础上,本节借助前文构建的制度逻辑的分析框架,从制度逻辑的混合、制度逻辑的冲突与制度逻辑的互补三个方面对浙江的省管县与市管县混合管理体制下省、市、县之间的责权利选择性交错模式的形成过程进行系统的分析。

一、国家与市场的制度逻辑混合：市管县体制下选择性交错的形成

1978—1982 年,我国的市分为"省辖市"与"地区辖市"两种。1982 年之

---

① 杭州市农业农村局(杭州市乡村振兴局)关于市政协十二届一次会议 104 号提案的复函[EB/OL].(2022-07-01)[2024-03-29]. http://agri. hangzhou. gov. cn/art/2022/7/1/art_1229357784_4061243.html.

前,除为了保证大城市蔬菜粮食供应而对少数县实行市管县体制之外,我国大部分市县实行市县(市)分治的体制,即市由省政府管辖,县(市)由地区管辖。直到 1983 年,"省辖市"才被"地级市"这一行政区划术语取代①。在这种市县分治的体制下,市政府主要管理城市与工业建设工作,地区行署主要管理农村与农业工作。一方面,同一地区存在市政府与地区行署两套行政班子,政府机构臃肿、层次重叠、工作效率低下的情况比较严重;另一方面,处于同一地区的市与地区所辖县之间的资源要素受到行政壁垒的影响无法自由流动,市县之间无法开展横向合作,作为经济中心的地级市也无法发挥扩散作用,并且市县政府在经济发展中各自为政,项目建设重复与产业同质化竞争严重。在这种情形下,国家治理系统面临着由市县无序竞争带来的代理人风险失控的问题,公共事务治理系统则面临着由市县无序竞争带来的公共事务管理效率低下的问题,这使得政府组织的注意力焦点转移到市县分治体制带来的问题上。

为此,从 1983 年起,中央政府自上而下地集体动员地方政府通过撤地设市、地市合并、县市升格、划县入市等行政区划改革手段来推行市领导县改革,以实现通过地级市的经济扩散作用来带动周边县(市)发展的战略。由于当时我国正处于计划经济阶段,市场不是资源配置的主要手段,因而政府通过行政手段来协调市县之间的经济关系,即通过建立市领导县体制来加强纵向逐级协调和管理,以增强地级市在市域经济发展中要素集聚与配置资源的作用(陈国权、李院林,2007)。制度逻辑理论认为,行动者具有嵌入能动性,既受到所嵌入的制度逻辑的制约,也能利用制度逻辑对自身进行赋能,通过混合和隔离不同制度中的不同类别要素(即横向一般化)或同一项制度中的类别要素(即纵向专业化)来重组多个制度逻辑,进而产生新的组织身份与实践(Thornton, Ocasio, and Lounsbury, 2012)。换言之,政府组织在市场体系发育不成熟的条件下,将市场制度逻辑中的注意力基础(市场中的地位)与国家制度逻辑的注意力基础(国家权力体系中的地位)混合,

①　中华人民共和国成立初期,将市分为省辖市与专区辖市,1966 年之后将市分为省辖市与地区辖市。直到 1983 年,当时的劳动人事部、民政部在《关于地方机构改革中的几个主要问题的请示报告》中,正式将市分为地区级市和县级市。同年,地级市在国务院批复中开始使用,并在国家行政机构区划统计上作为行政区划术语固定下来。引自:吴金群,廖超超,等.尺度重组与地域重构:中国城市行政区划调整 40 年[M].上海:上海交通大学出版社,2018:108.

利用行政力量建立市县之间的权力等级关系,进而推动生产要素在行政区域范围内的优化重组,使得城乡之间与市县之间的资源与优势得以互通互补,进而促进区域市场的统一与规模经济发展。这不仅解决了国家治理系统中市县之间各自为政带来的代理人风险控制问题,还解决了因市县之间行政壁垒带来的经济发展效率低下以及地市重合、机构臃肿带来的公共事务管理效率低下的问题。

总而言之,中央政府通过在国家制度逻辑与市场制度逻辑中进行横向普遍化,即通过提升地级市在国家权力体系中的等级地位来提升其在市场竞争中的地位,进而解决市县分治带来的资源要素无法流动以及区域市场碎片化的问题。但是市管县体制实行一段时间后,地级市利用其权力地位侵占县(市)的权力与资源,并向县(市)摊派任务等负面效应开始显现,使得市县之间的责利发生选择性交错。这种市(县)之间的责利选择性交错属于自主性扩张型交错,即地级市利用其在国家权力体系中的等级地位来汲取属于所辖县(市)的财政资源,进而通过这种政府间责利选择性交错模式来做大做强地级市。

二、国家治理与公共事务治理的制度逻辑冲突：混合管理体制下选择性交错的形成

如前所述,市管县体制相对适合中心城市规模较大且辐射带动作用强的地区,而浙江的县域经济相对发达,中心城市数量少、规模小且辐射带动作用不太明显(吴金群、廖超超,2018)。因此,在1983年中央政府自上而下推行市管县体制的情形下,国家治理系统的控制逻辑和合法性逻辑都要求浙江同其他地方一样服从中央政府的统一安排,实行市管县体制,而公共事务治理系统的效率逻辑要求浙江省继续保持省管县体制,即通过保持县(市)相对于地级市的独立性来使经济发达县免受地级市行政体制的约束,进而提高公共事务治理效率。这就使得浙江的省政府与县(市)政府面临着国家治理的控制逻辑、合法性逻辑与公共事务治理效率逻辑之间的冲突。对此,浙江选择了保持财政省管县,同时通过撤地设市、地市合并、划县入市等方式推行行政市管县体制,部分遵循控制逻辑与合法性逻辑的要求。但在财政省管县体制下,地级市不参与县(市)财政收入的分成,县(市)的财政

收入和财政自主权得到扩大。为了强化对县(市)的代理人风险的控制,浙江省于 1983 年开始对县(市)一把手实行人事省管县制度。至此,浙江初步形成了财政、党政一把手人事省管县与行政、其他干部人事市管县的混合管理体制。

在混合管理体制之下,省政府对县(市)拥有财权与主政官员的人事权,而地级市政府对县(市)负有经济社会事务的管理责任却没有相应的财政保障,省市县之间责权利配置就发生了选择性交错。而在这种政府间责权利选择性交错模式之下,财政省管县与党政一把手人事省管县使得县(市)具有较大的财政自主权,部分保障了公共事务治理系统对效率提升的要求;同时,行政市管县又使得浙江的政府间责权利交错模式在一定程度上嵌入在一统体制之中,部分保障了国家治理系统的风险控制要求与合法性要求。

然而,此时浙江的混合管理体制因缺乏充分的法理依据而面临诸多质疑。这主要表现为财政省管县体制与中央推行市管县体制的统一安排以及 1994 年修订的预算法规定的"一级政府一级财政"的要求不符。为此,浙江省一方面积极向上级政府寻求支持,另一方面不断调整市县之间的利益关系,逐渐消解上级政府与地级市对省管县体制的质疑,并且还通过坚持在财政与行政方面不断深化省管县的体制,通过促进县域经济发展来获取更多的合法性。

首先,浙江省级政府积极向上级政府寻求支持。1993 年,分税制改革启动时,时任浙江省财政厅厅长翁礼华就保留财政省管县积极寻求主管财政的省领导以及时任财政部部长刘仲藜的支持。在省领导没有明确反对与财政部部长没有表态的情况下,浙江开始探索省管县的新路子(翁礼华,2014)。但是,浙江的财政省管县体制始终是有违国家治理系统的控制逻辑与合法性逻辑的,这使得中央政府多次催促浙江改回财政市管县体制。根据翁礼华的回忆,为解决 20 世纪 50 年代移民遗留问题,1995 年时任国务院副总理朱镕基到千岛湖现场办公,提出由中央、浙江省、杭州市三方各出资 6 000 万元建造环湖公路。杭州市的领导当场表示,浙江省实行财政省管县,杭州市财政出不了这笔钱,此时国务院才知晓浙江实行财政省管县的方案。此后,中央领导曾多次要求浙江改变"省管县"的不规范做法。直到 1996 年,在分税制财政体制之下许多地方出现工资无法发放的问题,加之时任国家体改办兼专题办主任的刘仲藜就浙江的财政体制作了一个调研报告，肯定了浙江的省直管县的做法，得到中央领导的批示，此后国务院不再督促浙江省改回"市管县"（赵一苇、贺斌、姜璇，2018）。

　　其次，浙江省政府还积极通过组织间互动，包括调整市县之间的利益关系、省政府动员地级市政府集体向县（市）扩权、建构财政省管县的"富县强民"意义等方式，来塑造新的组织实践与组织身份。1985—1999年，浙江的地级市政府多次向省政府提出要实行市管县体制，县（市）则强烈反对实行市管县，两方都给省财政厅与省委、省政府的领导施加压力。为此，浙江一方面通过撤县设区来扩大经济实力比较强的地级市的发展空间，另一方面通过"三保三挂""三保三联"政策来增加对地级市的城市建设补助资金（吴云法，2004）。同时，在浙江省政府积极动员地级市集体向县（市）进行多轮扩权的同时，还鼓励地级市对未列入扩权县名单的县自动进行扩权（见表5.2）。另外，对于"浙江为何要推行财政省管县体制"，2003年时任浙江省农办副主任顾益康在接受媒体采访时表示"只有强县才能富民"（罗小军，2003），借此浙江省对外就财政省管县进行了"强县富民"的意义建构①。这种意义建构的目的在于通过舆论宣传增强公众对财政省管县体制的认可。

　　最后，通过持续的扩权改革不断深化省管县与市管县的混合管理体制，不仅促进了县域经济的飞速发展，还促进了其他地方政府与中央政府对"浙江经验"的推广。1992—2008年，浙江省根据各县（市）的发展情况，有选择性地进行了四轮扩权改革，使得县（市）享有越来越多的原来由地级市享有的经济社会管理权限，不断深化省市县之间的责权利交错模式。在这一时期，浙江的县级政府不仅走出了1993年时陷入的财政困境，还使县域经济取得了飞速发展（袁渊、左翔，2011；樊勇、王蔚，2013；周武星、田发、蔡志堂，2014）。但随着县域经济的不断发展壮大，浙江全省普遍出现了县（市）行政管理职能和权限与经济社会发展需要不适应的问题（马斌，2009）。在这种

---

① 事实上，其他地方在推行强县扩权、财政省管县时，对外界也是积极进行"强县富民"的意义建构。如2013年梅河口市委副书记、市长在就梅河口市推行强县扩权改革举行新闻发布会时说："扩权是发展动力，强县是发展目标。我们将以扩权强县改革试点为契机，以突出发展民营经济为主题，以实现富民强市为核心，以深化改革创新为动力，大胆探索和创新符合梅河口实际的发展路径和模式，科学谋划和推进梅河口未来发展方向和目标。"引自：吉林省政府新闻办.吉林省深化扩权强县改革试点工作情况新闻发布会[EB/OL].（2013-11-15）[2024-03-29]. http://www.scio.gov.cn/xwfb/dfxwfb/gssfbh/jl_13832/202207/t20220715_178447.html.

情境下,公共事务治理系统的效率逻辑也要求扩大强县(市)的经济社会管理权限,以提高县域公共事务治理的效率,同时市场制度逻辑也要求扩大强县(市)的经济社会管理权力,以减少强县(市)所面临的县级行政体制的约束。因此,浙江于 2008 年对全省所有的县(市)开启了第五轮扩权改革,全面深化了混合管理体制下的省市县之间的责权利交错模式。正因为如此,在"浙江经验"①的引领下,2003 年起其他地方开始自下而上试点财政省管县改革,并且自 2005 年起中央政府也开始自上而下集体动员有条件的地方推行财政省管县改革,到 2020 年末,除了西藏与新疆之外,全国大部分地区都推行了财政省管县、党政一把手人事省管县与扩权改革的试点(见表 5.2)。综上所述,浙江省市县之间的责权利交错模式的形成过程,可用图 5.2 来表示。

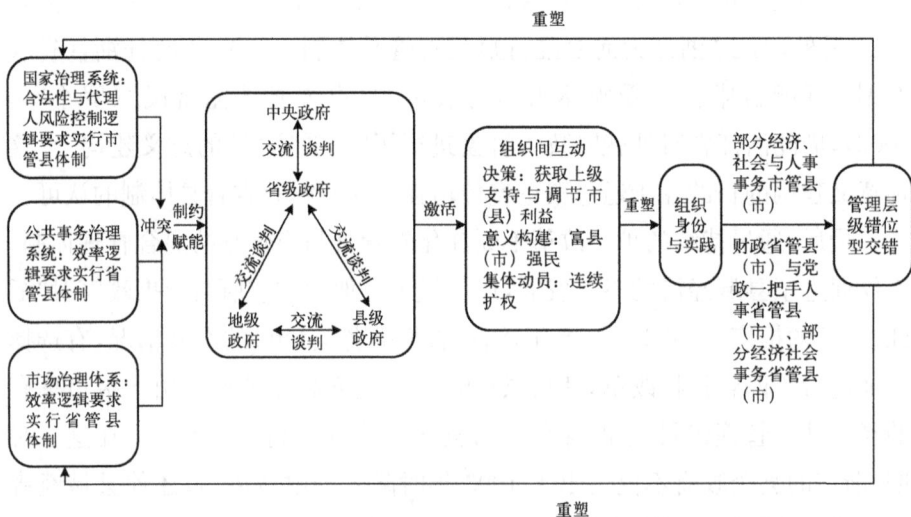

图 5.2　浙江省市县之间责权利选择性交错模式的形成过程

三、国家与市场的制度逻辑互补：混合管理体制下选择性交错的弱化

随着县域经济的发展,市场经济规模的壮大对区域发展空间与资源要

---

① 外界将浙江省以其财政省管县、党政一把手人事省管县以及扩权改革促进县域经济发展的经验等称为"浙江经验"。

素流动提出了更高的要求,而浙江的县域经济发展开始面临当初市县分治体制下市县面临的相同问题,即县域经济规模相对较小、经济发展空间受限、强县之间重复建设与同质化竞争严重等问题。如果各县(市)之间的财力能够集中到地区,则可以促进区域市场的统一与区域经济规模的壮大,促使县域经济从"县域内卷"向"区域外扩"发展。在此情境下,市场制度逻辑要求构建区域统一市场与规模经济,来促进县域经济的转型升级。同时,2017 年起国家政策也开始转向中心城市的建设,相对于前期对省管县改革的大力推进而言,国家治理系统转向赋予市管县体制更多的合法性。因此,浙江省的地方政府嵌入的市场制度逻辑与国家制度逻辑开始互补,即市场制度逻辑和国家制度逻辑都要求浙江加强中心城市的建设。但市场无法解决浙江因实行财政省管县而带来的行政区划对区域经济发展造成的行政壁垒问题,因此市场制度逻辑通过国家制度逻辑中的行政力量来消除行政壁垒的问题。

为此,从 2011 年开始,在其他地方还在试点财政省管县与扩权改革时,浙江省的地方政府就已经开始尝试通过财政激励政策与撤县设区来增强地级市财政集聚能力和经济发展空间,进而做大做强中心城市。从表面来看,尽管浙江省并没有取消省管县与市管县的混合管理体制,但随着撤县(市)设区的推进,政府间责权利选择性交错模式在浙江省的分布范围将逐渐被压缩,加上浙江省与国家都倾向于将更多资源投入地级市的建设当中,混合管理体制下的政府间责权利交错选择性模式开始被弱化。

第六章 选择性交错的功能：
复合形态及实现机制

结构功能主义理论认为,功能是社会系统的各个组成部分(即子系统)存在的理由。因此,在制度逻辑理论与结构功能主义理论的指导下,本章通过系统分析方法对政府间责权利选择性交错模式的功能分析单元进行了区分,在此基础上分析了政府间责权利选择性交错模式对国家治理系统所具有的正功能及其实现机制,以及对公共事务治理系统所具有的负功能及其生成原因,厘清学界关于"政府间责权利选择性交错只是一种治理问题"的误解,借此深化对国家治理中关于政府间责权利选择性交错模式的认识。

第一节 选择性交错的功能分析
单元与功能形态

默顿(2015)认为,功能分析的对象必须是标准化的事项,任一既定的事例对于不同的分析单元有不同的功能,功能分析时必须注意分析单元的特征和性质。因此,在确定了功能分析的事项,即作为一种制度模式的交错模式之后,进行功能分析的第一步就是确定功能分析的单元。

一、选择性交错的功能分析单元

众所周知,责权利一致或责权利对称是政府组织责权利配置的理想模式。早在 19 世纪末到 20 世纪初,古典管理理论就已经将"责权利一致"作为职位设计一项重要原则。如法约尔(2013)提出了劳动分工、权力与责任、个人利益服从整体利益等 14 项管理原则，其中"权力与责任"原则便强调了权力来源于职能，并且有权必有责、权责相当。韦伯（2004）在论述现代科层制模式特征时提出的"分工原则"就强调了"责权利一致"，他认为官吏职务、执行职务所需要的命令权力与物资应该相互匹配。此外，财政分权理论也强调了责权利对称对提高公共物品供给效率与提高经济发展效率的重要性。传统的财政联邦主义理论从公共物品供给效率出发，强调了构建"责权利一致"①的财政分权制度对于提高公共物品供给效率的重要性（Tiebout，1956；Oates，1972，1999，2005，2008）。而中国式市场维护型财政联邦主义理论，提出了 5 个控制各级政府间责权利分配的条件，强调了构建"明确划分、互不侵犯且制度化"的政府间责权利配置制度对于促进经济发展的重要性（Montinola，Qian，and Weingast，1995；Qian and Weingast，1996）。在这些理论的指导下，已有的研究大都是从公共事务治理的效率逻辑出发来考察选择性交错模式，进而因其有损公共事务治理的效率而将其看作是一种治理问题。然而，我国政府组织并不是层级节制、高度制度化的理性科层制，而是层级与条块交错、制度化程度相对较低的政治官僚制。并且，财政分权理论所强调的财政事权与财权的划分原则主要反映了工业化时代所追求的效率维度，忽视了现代社会的风险维度，与我国统一领导、分级治理的"财政共治"模式不完全适用（刘尚希、石英华、武靖州，2018）。这主要表现为我国财政治理模式不仅考虑公共事务治理的效率维度，还考虑了国家治理的风险控制维度，即通过收入集中与支出分散的财政体制来控制代理人风险与社会风险。

基于以上考虑，本书将广义上的中国国家治理体系分为国家治理与公共事务治理两个子系统，进而对国家治理系统与公共事务治理系统所遵循的制度逻辑进行区分。如前所述，国家治理系统主要遵循风险控制逻辑与合法性逻辑，公共事务治理系统主要遵循效率逻辑与公平性逻辑。从国家治理的风险控制逻辑出发，上级政府组织选择向上集中权力与资源并下放责任来实现对代理人风险与社会风险的控制，进而形成了一种政府间责权利选择性交错。换言之，选择性交错模式有助于国家治理系统的控制逻辑的实现。从公

---

① 这里的"责权利一致"是指基于"财政平衡的原则"，应使辖区的公共物品供给职责、税收权力与公共物品带来的辖区收益三者保持一致。

共事务治理的效率逻辑出发，选择性交错模式由于责任与利益或责任与权力的不匹配而损害了公共事务治理效率的提升。换言之，选择性交错模式不利于公共事务治理系统效率逻辑的实现。但在选择性交错的情形下，处于责任超载或资源缺位一方的下级政府组织也会选择向上级政府转移责任或索取资源，以提升公共事务治理的效率。因此，选择性交错模式不仅仅是政府组织用来增强其风险控制能力的一种制度模式，同时也是政府组织用来调节国家治理系统控制逻辑与公共事务治理系统效率逻辑之间冲突的一种制度模式。

综上所述，选择性交错对国家治理与公共事务治理表现出不同的功能。因此，本书选取公共事务治理系统与国家治理系统作为选择性交错的功能分析单元。在此基础上，将选择性交错模式所具有的削弱国家治理系统与公共事务治理系统之调适能力的结果，称为选择性交错模式的负功能；将选择性交错模式所具有的有助于增强国家治理系统与公共事务治理系统之调适能力的结果，称为选择性交错模式的正功能，同时将选择性交错模式所具有的正功能与负功能的集合称为选择性交错的复合功能。通过削弱或增强国家治理系统与公共事务治理系统的调适能力，选择性交错模式会重塑国家治理系统与公共事务治理系统的制度逻辑，即增强国家治理系统的制度逻辑或削弱公共事务治理系统的制度逻辑。结合以上分析，可用图6.1来呈现选择性交错的功能分析框架。

二、选择性交错的复合功能形态

政府间责权利选择性交错模式所具有的正功能与负功能的集合构成了政府间责权利选择性交错模式的复合功能，正功能与负功能的表现就构成了政府间责权利选择性交错模式功能的复合形态。相对于正功能与负功能而言，复合功能是政府间责权利选择性交错模式对作为整体的广义上的中国国家治理体系的功能表现。政府间责权利选择性交错的功能分析主要是分析政府间责权利选择性交错的正功能与负功能的表现以及各种功能的实现机制。所谓功能表现，即具有正功能的政府间责权利选择性交错模式解决了国家治理中的哪些问题，具有负功能的政府间责权利选择性交错模式带来了公共事务治理中的哪些问题。所谓功能实现机制分析，即具有正功能的政府间责权利选择性交错模式是如何解决国家治理中的问题的，具有负功能的

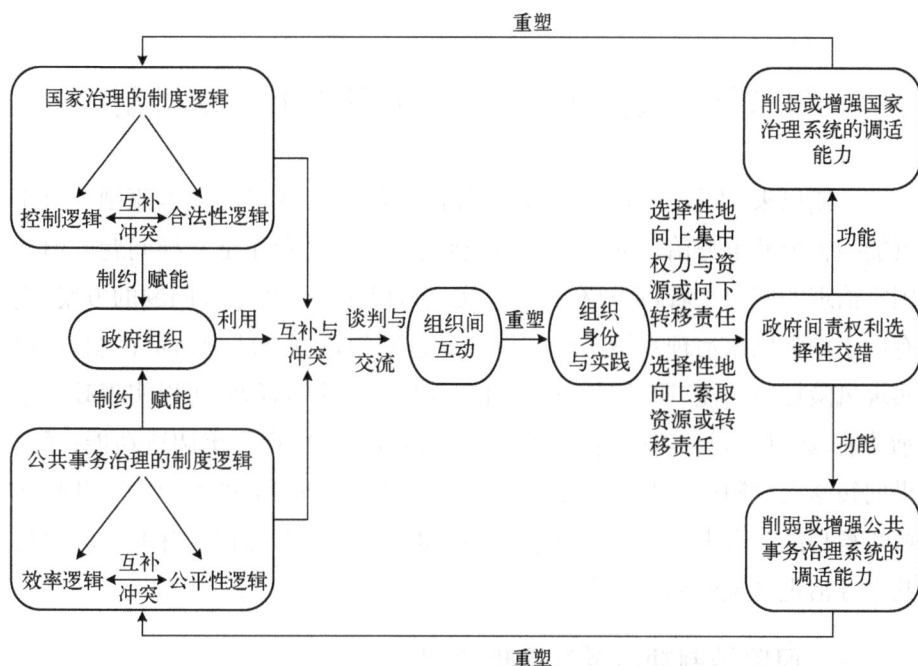

图 6.1　政府间责权利选择性交错模式的功能分析框架

政府间责权利选择性交错模式又是如何引致公共事务治理中的问题的。前者回答的是政府间责权利选择性交错模式为何成为一种治理方案的问题,后者回答的是政府间责权利选择性交错为何成为一种治理问题的问题。

此外,结构功能主义理论认为,如果对系统而言某个(正)功能事项能被另外的(正)功能事项所替代,那就意味着该功能事项对系统的维持和发展是能够加以选择与替代的(默顿,2015;刘润忠,2005)。因此,在分析政府间责权利选择性交错模式的正功能时,还需要分析政府间责权利选择性交错模式解决的某些问题是不是必须解决的问题,作为方案而存在的政府间责权利选择性交错模式,是一种暂时性的解决方案还是一种长期的解决方案,除了政府间责权利选择性交错模式之外是否还存在其他解决问题的方案。在分析政府间责权利选择性交错模式的负功能时,还需要分析政府间责权利选择性交错模式带来的问题是不是长期存在的问题,政府间责权利选择性交错模式带来的问题有哪些是可以容忍的。对这些问题的回答,也就构成了对政府间责权利选择性交错模式为何持续存在逻辑的解构。

第二节　选择性交错的正功能及其实现机制

　　长期以来,责权利对称被看作是保障组织有效运行的基本原则。由于可能损害公共事务治理的效率,责权利交错经常被看作是一种问题。但从国家治理的视角来看,责权利交错事实上可以作为一种解决问题的方案,它有助于增强国家治理系统的稳定性。通过制约机制与政治动员机制,可以实现风险控制功能;通过多重扩权机制与目标管理责任制,可以实现政治激励功能;通过政策试点机制与政策变通机制,可以实现系统调适功能;通过纵向转移支付制度与对口支援制度,可以实现区域均衡功能。与此同时,区域均衡功能也有助于增强公共事务治理的公平性,因此它也有助于增强公共事务治理系统的调适能力。

一、风险控制功能及其实现机制

　　政府间责权利选择性交错的风险控制功能主要表现为上级政府通过政府间责权利选择性交错模式来强化对代理人风险与社会风险的控制能力。具体来说,中央政府为通过政府间责权利选择性交错模式,将人事权、决策权与财权集中在自己手中,进而实现对代理人风险的控制(曹正汉、薛斌锋、周杰,2014),同时又通过将部分社会风险较高的全国性公共事务下放给地方政府,进而分散并转移社会风险(曹正汉、周杰,2013),这使得中国国家治理治理模式趋近于"中央治官,地方治民"结构(曹正汉,2011)。面对中央政府自上而下的风险转移,上级地方政府效仿中央政府,通过政府间责权利选择性交错模式,将人事权和财权集中在自己手中,以增强自身对代理人风险的控制,同时将事权下放给下级地方政府,以降低自身面临的社会风险。从这个意义上说,政府间责权利选择性交错有利于维护中央(上级)政府的权威(贺雪峰,2015),是公民对不同层次的政府形成"差序政府信任"(Li,2004)的重要原因之一。这类政府间责权利选择性交错模式以压力型体制型交错、强制性指令型交错、功能分工型交错为代表。此外,政府间责权利选择性交错模式的风险控制功能还表现为通过政府间责权利选择性交错产生的纠纷来使政府组织之间相互制约。这类政府间责权利选择性交错模式以管理层级错位型交错、管理体制冲突型交错、政务分工型交错为代表。

　　具体来说，政府通过责权利选择性交错模式中的纵向制约机制与横向制约机制来实现对代理人风险的控制，并通过政治动员机制来实现对社会风险的控制。

　　第一，纵向制约机制。如前所述，中国国家治理模式趋近于"中央治官，地方治民"结构（曹正汉，2011），即上级政府选择将人事权、决策权与财权集中在自己手中，进而实现对代理人风险的控制，同时又通过将社会风险较高的全国性公共事务下放给下级政府，进而分散并转移社会风险，形成了中央与地方之间的责权利选择性交错。在这个过程中，政府间责权利选择性交错模式主要通过人事管理制度、财政管理体制以及决策机制三种纵向制约机制来实现对代理人风险控制的功能。从干部管理制度来看，中国实行自上而下的人事管理制度（周雪光，2011），即通过上级政府对下级政府的人事任免、考核、监督、问责、激励等来实现上级政府对下级政府的控制。而管理层级错位型交错（如省管县体制改革过程中党政一把手人事省管县、计划单列市体制中党政一把手人事由中央管）与管理体制冲突型交错（如部分行业管理部门的党政领导干部实行"以上级行业管理部门为主、同时征询同级地方政府的意见"的双重管理体制），则进一步通过人事管理权力上移来扩大上级政府对代理人的控制权。从财政制度来看，政府实行收入向上集中的财政体制，即通过分税制财政体制、所得税与营改增改革、财政省管县等向上级政府集中财力，进而强化上级政府对下级政府的控制能力。从决策机制来看，政府实行纵向制约的决策机制，即通过决策过程中上下级政府之间的分工与合作来形成制约关系，进而降低下级政府决策失误的风险（曹正汉、薛斌锋、周杰，2014）。如在功能分工型交错中，作为决策中心的党委政府与作为执行者的职能部门之间会通过决策过程与执行过程中上下级间的分工与合作形成一种纵向制约关系。

　　第二，横向制约机制。在中国政府的责权利配置结构中，通过责权利选择性交错来使政府之间相互制约，以增强上级政府对代理人风险的控制能力。最典型的就是管理层级错位型交错，如党政一把手人事省管县、行政市管县与财政省管县混合管理体制下省市县之间的责权利选择性交错。这种选择性交错模式通过提升县(市)领导人的行政级别与县(市)的财政自主权来提高县(市)与地级市博弈的能力，以解决市管县体制下地级市截留省级下放的权力与资源，以及地级市利用其权力地位下侵县级权力与资源并摊派任务等问题(孙学玉，2013)，进而使地级市与县(市)在一定程度上形成相互制约关系。又如管理体制冲突型交错，其中比较具有代表性的是自然资源管理部门与同级地方政府之间的责权选择性交错。省级以下的自然资源管理部门领导干部实行"以上一级自然资源主管部门党组(党委)管理为主，地方党委协助管理"的双重管理体制，地(市)、县(市)自然资源管理部门仍然是同级地方政府的工作部门，其事权、财权以及其他人员的人事权都归同级地方政府管理，这就使得地方政府在属地范围内对自然资源管理事务负完全责任的情况下却拥有不完全的权力。这种选择性交错模式是通过增强行业管理部门相对于同级地方政府的独立性，来解决原来自然资源管理部门在人财事完全归属地方政府管理时对自然资源监管不力的问题，进而使行业管理部门与同级地方政府之间形成一定的制约关系。政务分工型交错，如综合执法部门与业务管理部门之间责利选择性交错，则通过横向部门之间在同一项业务履行的不同环节中的分工与合作来形成制约关系。此外，这些选择性交错本质上也是政府间责权利纠纷的来源，上级政府制造这些纠纷的目的在于使下级之间相互制衡，并通过裁定职权纠纷来了解下级政府的信息并维持组织结构(西蒙，2004)。

第三，政治动员机制。政治动员是"统治精英获取资源尤其是人力资源为政治权威服务的过程"(汤森，2003)。它是上级政府强化对下级政府人力资源控制的一种手段，是运动式治理(唐皇凤，2007；周雪光，2011，2012)或国家运动(冯仕政，2011)开展的重要机制。分税制改革之后，财权层层上收，事权层层下放，形成了纵向政府间责利选择性交错，加之2000年以来的农村税费改革、所得税改革以及营改增改革，使得财权进一步向上集中，而各级政府之间的支出责任并未进行相应的调整(张光，2017)，进一步加剧了政府间责利选择性交错。其中，比较典型的是强制性指令型交错，即上级政府在财权上收的情况下，通过各种不配套或部分配套财政资源的强制性指令或政策，将事权层层转移给下级政府。在这种选择性交错模式中，中央政府通过财权上收强化了对代理人风险的控制能力，同时责任下放使地方政府尤其是基层政府面临巨大的财政压力,严重影响公共事务治理的效率,进而影响中央政府对社会风险的转移。这就迫使各级党委、政府在资源约束的条件下通过政治动员的方式,将行政任务转变为政治任务,进而使下级政府迅速并最大限度地汲取各个部门的人力、物力及财力来完成上级政府布置的政治任务(张紧跟、周勇振,2019;杨华,2019)。而这些任务的完成就意味着中央政府成功地转移了其面临的社会风险。

二、政治激励功能及其实现机制

政府间责权利选择性交错模式的政治激励功能主要体现在它通过人事权、事权、财权选择性交错配置来增强上级政府对下级政府的政治激励,比较典型的就是管理层级错位型交错。前文已经提到,上级政府利用政府间责权利选择性交错模式来增强对代理人风险的控制能力,但对于下级政府来说,政府间责权利的选择性交错配置恰恰对其产生了一种激励。事实上,政府间责权利选择性交错的控制功能与激励功能是国家治理风险控制逻辑的一体两面,即上级政府通过强化对某一下级政府的激励来强化其对另一下级政府的控制,以实现控制与激励的协调。众所周知,中国采用了政治集权与行政分权(或经济分权)相结合的治理体制(Montinola, Qian, and Weingast,1995;Blanchard and Shleifer,2001;Xu,2011;曹正汉、周杰,2013)。从经济学的角度来看,"分权容易增加代理人的激励,但委托人需要协调多个代理人分散的行为,而集权有助于增强不同代理人之间的协调,但也同时抑制了每个代理人的激励"(Milgrom and Roberts,1992;周黎安,2014b)。而管理层级错位型交错就是通过事权、财权、人事权在不同政府主体之间的集分平衡来实现激励与协调的平衡,是政治集权与行政分权相结合的治理体制下一种典型的制度模式。总的来说,政府间责权利选择性交错的激励功能主要是通过多重扩权机制与目标管理责任制来实现的。

第一,多重扩权机制。由于国家治理的风险控制逻辑更多要求向上集中权力与资源,但公共事务治理的效率逻辑更多要求下放权力与资源,因而为了实现国家治理风险控制与公共事务治理有效的双重目标,上级政府一方面通过集中财权与人事权以增强对代理人风险的控制,另一方面又选择性地通过扩权来激发下级政府的履职动力,进而提高公共事务治理效率。在管理层级错位型交错(如混合管理体制下省市县之间的责权利选择性交错与计划单列市体制下中央政府、省、计划单列市之间的责权利选择性交错)中,利用政府间责权利选择性交错模式来进行人事、行政以及财政方面的多重扩权,进而增强上级政府对下级政府的政治激励。从人事来看,上级政府通过低位高配将县(市)党政一把手高配为副厅级干部或将其纳入省直管范围(吴帅,2010;陈国权、黄振威,2011),或将计划单列市的领导高配为副省级干部,强化了省对县(市)或中央对地市领导人的激励。从财政来看,混合管理体制下地级市不参与县(市)财政收入的分成,计划单列市体制下省级政府也不参与计划单列市的财政收入分成,县(市)与计划单列市享有较大的财政自主权。从事权来看,混合管理体制下省级政府通过扩权来使混合管理体制下的县(市)享有与地级市同等的经济管理权限与部分社会管理权限,计划单列市体制下中央政府则授予计划单列市省级经济管理权限。如2004年河南省发布《河南省人民政府关于扩大部分县(市)管理权限的意见》(豫政〔2004〕32号),授予实行财政省管的巩义、项城、固始、邓州4县(市)享有涉税行政审批权限,比照省辖市国税部门的审批权限执行等,并享有与省辖市相同的经济管理权限和部分社会管理权限①。

第二,目标管理责任制。所谓目标管理责任制,就是将上级党政组织所确立的行政总目标逐次进行分解和细化,形成一套目标和指标体系,以此作为各级组织进行"管理"(如考评、奖惩等)的依据,并以书面形式的"责任状/书"在上下级党政部门之间进行层层签订(王汉生、王一鸽,2009)。在压力型体制运行过程中,任务层层下放并且被层层加码,而相应的权力与财政资源却没有下放(杨雪冬,2012),使压力型体制本身成为一种典型政府间责权利选择性交错模式(麻宝斌,2015)。从国家治理的视角来看,压力型体制型交错本身就是中央政府为了控制其面临的社会风险而选择将风险较高的公共事务下放给地方政府而形成的一种治理机制。它是"中央治官,地方治民"这种国家治理模式在公共事务治理中的衍生体。为了保证层层下放的任务能够完成,压力型体制借助目标管理责任制,并辅以"一票否决制"的问

---

① 河南省人民政府关于扩大部分县(市)管理权限的意见(豫政〔2004〕32号)[EB/OL].(2004-05-19)[2021-01-15].http://www.cnki.com.cn/Article/CJFDTotal-HNZZ200407002.htm.

责方式,形成一种高压机制来激励下级政府高效地完成各种经济与政治任务(杨雪冬,2012;荣敬本等,1998)。具体来说,上级政府通过目标责任制对下级政府设定标准化的指标体系和统一考核,进而营造下级政府间的竞争氛围和竞争意识,迫使下级政府提高行动效率和动员能力(王汉生、王一鸽,2009)。事实上,国家嵌入在五年计划中的各种长期目标以及诸如农业税费收取、计划生育、征地拆迁等阶段性目标,都是通过目标管理责任制将上级的压力转化为下级积极创造性完成任务以避免处分的动力而得以实现的(Tsui and Wang,2008;贺雪峰,2015)。

三、系统调适功能及其实现机制

政府间责权利选择性交错的系统调适功能主要体现政府通过责权利选择性交错模式来增强其对动态环境系统与政策目标系统的适应性。有些政府间责权利选择性交错模式本身就是政府根据治理情境的变化,不断调整政府之间的责权利关系,形成的具有弹性的、对动态环境具有适应性的一种制度模式。这种政府间责权利选择性交错关系不是静态的,而是处于动态调适之中,是政府不断调适自身的制度结构以适应或改造动态环境的结果。如管理层级错位型交错、管理体制冲突型交错、政务分工型交错,都是政府在持续推进省管县改革或机构改革的过程中根据改革的环境、成效以及目标的变化,不断调整政府间责权利关系,形成的具有弹性的、对动态环境具有适应性的责权利配置制度。因此,这些政府间责权利选择性交错模式的调适功能必须放在改革过程之中来加以考察。具体来说,政府间的责权利配置不是一成不变的,不同的政府间责权利选择性交错模式适应于不同的政策目标与动态环境,政府通过政策试点机制来选择不同的政府间责权利选择性交错模式,可以增强选择性交错模式的制度适应性,同时通过政策变通机制来保证政府间责权利选择性交错模式下政府的有效运行,以提高选择性交错模式的制度弹性。

第一,政策试点机制。政策试点是中国政治和行政过程中的"基础性制度"(Xu,2011)。众所周知,中国国家治理面临治理规模庞大与治理情境复杂两个现实约束条件,而随着经济社会尤其是信息技术的发展,中国国家治理的情境日益复杂,加之治理规模庞大,政府全面推进的任何一项改革都面临着巨大的风险。为了降低改革带来的风险，中央政府在政策试点的过程中会通过选择性控制地方的改革实践，即通过修改和调整央地之间以及政府与社会之间的责权利制度安排来实现对改革主导权的控制（刘培伟，2010）。以管理层级错位型交错中的党政一把手人事省管县、财政省管县与行政市管县混合管理体制下的政府间责权利选择性交错模式为例。在20世纪80年代，为了实现中心城市带动周边县（市）发展的战略，中央政府在试点的基础上由上而下在全国推行市管县改革。但市管县体制之下市县垂直权力分配不均，造成地级市权大责小利大，而县（市）权小责大利小，导致市县之间的责权利选择性交错。这种政府间责权利选择性交错模式一方面使地级市通过汲取或截留县（市）的各种资源获得飞速发展，另一方面却使县（市）处于"被盘剥"的不利竞争地位，并使县（市）因面临巨大财政压力而无法有效提供公共物品和服务（Liu and Alm，2016），进而加剧了市县之间的矛盾。21世纪初期，市管县体制下政府间责权利选择性交错成为推动省管县改革的动力之一（吴帅、陈国权，2008）。于是，在中央政府的政策推动下，各个地方（浙江省、海南省、宁夏回族自治区除外[①]）选取试点县（市）分别推行财政省管县、党政一把手人事省管县、扩权改革，使省（区）、市、县（市）之间在试点过程中形成了党政一把手人事省管县、财政省管县与行政市管县混合体制下省市县之间责权利选择性交错模式。但2014年以来，在评估省管县改革的障碍与成效后，中央政府在政策层面不再主动推进省管县改革，有些地方（如河南省和河北省）将部分试点县（市）重新划归原地级市管辖，从混合管理体制下的省市县之间的责权利选择性交错回到了市管县体制下市县之间的责权利选择性交错模式。由此可见，政府间责权利选择性交错模式通过政策试点机制使政府组织对动态的改革环境具有更强的适应性。

第二，政策变通机制。政策变通的字面意思是指在压力之下因地制宜地完成任务，在具体内容上是指下级为了完成上级传达下来的某项具体的指标任务而对手段进行的"改造"（刘骥、熊彩，2015）。由于大部分政府间责权利选择性交错模式表现为权力与利益集中在上级政府，而责任集中在下

[①] 浙江省自1953年便开始实行财政省管县体制，海南省自1988年建省开始就一步到位实行了全面省管县体制，宁夏回族自治区自1959年建区时开始实行财政省管县体制。

级政府，如压力型体制型交错、自主性扩张型交错（如逆向软预算约束）、强制性指令型交错等政府间责权利选择性交错模式是典型的代表。这些政府间责权利模式虽然有利于中央政府转移与控制社会风险，但影响了地方政府公共事务治理的效率，而公共事务治理效率的降低又将会进一步引发社会风险。因此，在国家治理的风险控制逻辑得到保证的前提下，上级政府基于上下级政府间的"责任—利益"连带关系，允许下级政府保有一定的自主行动权限，使下级地方政府能够因地制宜地进行制度创新和变通，以保障公共事务的治理效率。尤其是在压力型体制型交错中，政策变通是下级政府完成上级政府交代的"不可能完成的任务"的一种应对方式（王汉生、王一鸽，2009；张翔，2019；刘骥、熊彩，2015）。

四、区域均衡功能及其实现机制

政府间责权利选择性交错模式的均衡功能主要表现在其有助于缩小区域与民族差异，增强国家凝聚力，进而维护国家稳定。这主要表现在两个方面。

首先，纵向政府间责权利选择性交错模式有助于中央政府解决由横向政府间责权利选择性交错带来的地区间公共物品供给差距问题。由于中西部大部分地区的劳动力尤其是农民工在东部地区工作，并在东部地区纳税和缴纳社保，但是他们的父母和孩子都留在中西部地区，享受由中西部地区政府提供的社保及教育等公共服务，并且这些劳动力退休后大多会回到中西部地区享受当地政府提供的社保和医疗等福利。此外，还有很多农民工因各种原因无法在东部地区购买医疗保险，他们通常在户籍所在地购买医疗保险。当他们患上重大疾病时，他们通常返回户籍所在地进行治疗并享受户籍地的医疗保险报销政策。为此，中西部地区的政府每年要投入大量的财政资源，而东部地区政府却享受了由此带来的政治经济利益。这就造成了中西部地区政府与东部地区政府在时空上的责权利选择性交错，即外部性型交错。这种横向政府间责权利选择性交错不仅拉大各个地区之间的发展差距，造成公共物品供给不均等的问题，进而影响国家凝聚力（Martinez-Vazquez，Qiao，and Zhang，2008），还加大了中西部地区政府的财政压力，进而影响中西部地区政府公共事务治理效率的提升。为此，中央政府通过纵向政府间责权利选择性交错模式，即通过强制性指令实行财政收入集中、支出责任分散的财税体制，将从东部地区筹集的财政资源通过纵向转移支付制度转移到中西部地区，以缩小地区公共物品供给水平的差距，同时也减少中西部地区政府的财政压力，提高公共事务治理的效率。

其次，中央政府利用横向政府间责权利选择性交错模式来解决由于区域条件或发展战略造成的区域发展不均衡或不公平的问题，进而降低国家治理中的社会风险。如通过对口支援制度下支援省份与被支援省份之间的责权利选择性交错模式（强制指令型交错），来解决区域发展不均衡的问题。需要注意的是，区域均衡功能具有一定时空效应，即其功能的实现需要切换到一定时间与空间维度上来加以评估。具体来说，中央政府在某一时间点上通过政府间责权利选择性交错模式将财政资源集中之后再通过纵向转移支付制度将其从发达地区转移到落后地区，或直接通过对口支援制度将财政资源及其他资源直接从发达地区转移到落后地区，进而对另一个时间点上发生的东部地区与中西部地区政府之间的责利选择性交错进行纠正。

第一，纵向转移支付制度。纵向转移支付制度是中央政府利用纵向政府间责权利选择性交错模式（如强制性指令型交错）解决由横向政府间责权利选择性交错（如外部性型交错）引起的社会公平问题的机制。中国纵向政府间转移支付项目繁多，一般可以将中央对地方的转移支付项目类型分为税收返还、一般性转移支付（包括均衡性转移支付与原体制定额补助）、特殊转移支付（包括财政能力平衡转移支付与专项转移支付）三类。其中，一般性转移支付具有均衡效应，税收返还与特殊性转移支付具有反均衡的效应（Huang and Chen，2012）。在分税制体制下，东部地区为中央财政收入的主要贡献者，而中西部地区为中央补助的主要受益者，中央政府通过纵向转移支付制度来平衡区域间的财政差距，以促进区域间公共服务均等化，即分税制财政体制运用"纵向不均衡"调节"横向不均衡"（李永友、沈玉平，2010；贾康、梁季，2011）。根据 2020 年中央财政预算，中央对东北地区、东部地区、中部地区、西部地区的一般性转移支付分别为 6 761.74 亿元、11 968.03 亿元、16 667.19 亿元、26 489.88 亿元[①]，中西部地区获得的一般性转移支付远多于东部地区。这实质上就是中央政府通过纵向政府间责权利选择性交错

---

① 中华人民共和国财政部.2020 年中央对地方一般性转移支付分地区情况汇总表［EB/OL］.（2020－06－17）［2024－03－29］. https://yss.mof.gov.cn/2020zyys/202006/t20200615_3532226.htm.

来解决横向政府间责权利选择性交错带来的不公平问题，进而降低国家治理中的社会风险；同时，也解决横向政府间责权利选择性交错带来的财政压力问题，进而提高中西部地区政府提供公共物品的能力。

第二，对口支援制度。对口支援是指区域、行业乃至部门间开展跨边界合作与交流的有效形式（国务院三峡建设委员会移民开发局，1999），是一项具有中国特色的财政资源横向转移和区域合作机制（钟开斌，2011）。它主要包括对少数民族边疆地区的对口支援、对特定事件的对口支援、对经济落后省份的对口支援三种模式，发挥着分散风险、分摊成本、汇集资源、形成合力等功能（周光辉、王宏伟，2020）。由于地理位置、资源禀赋、发展战略等不同，我国城乡之间、地区之间发展差距越来越大，由此引发的社会公平问题可能会使中央政府面临巨大的社会风险。对此，中央政府除了在纵向政府间责权利选择性交错模式下通过转移支付制度来缩小区域财政差距之外，还会通过对口支援制度下的横向政府间责权利选择性交错来分散其面临的社会风险。在对口支援制度下，中央政府要求支援省份（通常是经济发达地区的政府）抽调一定的物资设备、财政资金和人才资源等转移到受支援省份（通常是经济落后地区或边疆民族地区，或遭受重大灾害的地区），或通过支援省份与受支援省份建立经济技术合作（周光辉、王宏伟，2020），进而带动受支援省份的经济社会发展，缩小地区发展与民族发展差异。实质上，就是中央政府通过对口支援制度下的横向政府间责权利选择性交错（强制性指令型交错），将可能由区域发展差异引起的社会风险分散给各个支援省份，进而降低中央政府面临的社会风险。除了中央政府利用强制性指令型交错来实现区域均衡功能之外，省级政府也利用这种责利选择性交错模式来解决省域内区域均衡发展问题。如深圳市在中央政府与广东省政府的部署之下，通过对口支援制度来帮扶中西部地区与广东省内地区的发展。

在国家层面，在中央政府与广东省委、省政府的部署之下，深圳市自2018年以来在原来对口支援新疆、西藏、四川甘孜、重庆巫山和扶贫协作广西百色河池，对口合作哈尔滨的基础上，增加了协作帮扶贵州毕节市、江西寻乌县和云南昭通市等任务，帮扶资金不断增加[①]。在省域层面，在广东省

---

① 深圳市扶贫协作和合作交流办公室.《深圳市扶贫合作专项资金管理办法》政策解读［EB/OL］.（2020-07-13）［2024-03-29］. http://www.sz.gov.cn/zfgb/zcjd/content/post_7890821.html.

委、省政府的部署之下，深圳市通过对口支援制度帮扶河源市和汕尾市 324 个贫困村实现脱贫，对口支援资金用于直接促进扶贫开发帮扶对象增收的项目，包括支持扶贫对象发展生产、提高技能和实现就业、资产收益和改善生产生活条件等。据统计，党的十八大以来，深圳累计投入河源、汕尾的帮扶资金达 152.89 亿元（河源是 80.71 亿元，汕尾是 72.18 亿元），帮助河源市、汕尾 324 个省定贫困村全部出列（河源 214 个贫困村，汕尾 110 个贫困村），21 968 户贫困户、78 898 名贫困人口全部脱贫（河源 11 385 户 36 426 人，汕尾 10 583 户 42 472 人）①。根据深圳市扶贫协作和合作交流办公室对 2020 年制定的《深圳市扶贫合作专项资金管理办法》（深扶贫合作规〔2020〕1 号）的政策解读，"深圳市扶贫合作专项资金按性质用途分为：援疆资金（按照中央下达任务安排，拨付市援疆前方指挥部）、援西藏和援四川甘孜藏区资金（按照省援疆援藏办下达任务安排，直接上解省财政）、援三峡库区巫山县资金（按照省水利厅下达任务安排，直接拨付受援地政府）、对口广西扶贫协作资金（按照省扶贫办下达任务安排，直接拨付受援地政府）、省内精准扶贫资金（按照省扶贫办下达任务安排，拨付至驻县工作组与当地县共管账户）、省内全面对口帮扶资金（按照省委、省政府下达任务安排，拨付至深圳对口帮扶河源、汕尾指挥部）、协作帮扶资金（按照市政府审定安排，一般拨付至受援地）、扶贫合作地区展会资金等，以上资金在具体使用时分别适用国家、省和市不同的管理规定等"②。

在国际上，横向转移支付制度是中央政府利用横向政府间责权利选择性交错模式来解决区域发展不均衡、分散社会风险的一种机制。我国的对口支援制度可以看作是一种横向财政资源转移制度。在这方面，德国是一个典型例子。在东德和西德统一之后，由于原东德和西德地区间巨大的不平衡威胁到国家统一，因而联邦政府通过横向财政转移制度，将从西德的部分财政收入转移到东德，以缓和东德和西德之间的地区间不平衡，保证所有人在新的联邦共和国内获得平等的生活条件，以维护国家统一（王绍光，

---

① 深圳市政府在线. 对口帮扶相关资讯[EB/OL]. (2021 - 03 - 25)[2024 - 03 - 29]. http://www.sz.gov.cn/zl/gbm/content/post_8649296.html.

② 深圳市扶贫协作和合作交流办公室.《深圳市扶贫合作专项资金管理办法》政策解读[EB/OL]. (2020 - 07 - 13)[2024 - 03 - 29]. http://www.sz.gov.cn/zfgb/zcjd/content/post_7890821.html.

2002；王达梅，2013）。在这种横向转移支付制度之下，东德与西德政府间形成了责利选择性交错的关系，即西德承担了均衡区域发展的责任以及财政支出，东德获得了均衡发展的财政资源。

综上所述，政府间责权利选择性交错作为一种方案，有助于解决国家治理中的风险控制问题，同时也有助于解决公共事务治理中的公平性问题。而风险控制问题与公平性问题，即维护国家治理系统的稳定与促进区域的均衡发展，都是国家治理系统与公共事务治理系统长期面临的问题。因此，政府间责权利选择性交错作为一种方案，所解决的问题都是广义的中国国家治理中长期存在的问题。而在中国，国家治理的稳定性（一统性）与公共事务治理的有效性之间的矛盾，使得中央政府为了维护国家政权的稳定性与公共事务治理的有效性，一方面不得不集中各种权力与资源，另一方面不得不下放各种事责，加之国家治理规模的庞大与中央集权压力（周雪光，2014a），这就使得政府间责权利选择性交错模式成为一种调适控制逻辑与效率逻辑之间的冲突而长期存在的制度安排。此外，就目前而言，政府间责权利选择性交错模式在中国国家治理系统中的功能是不可替代的。因为现阶段中国国家治理的合法性主要建立在绩效合法性的基础之上，这使得中国政府必须通过提高公共事务治理的绩效来提高国家治理的合法性，这意味着上级政府必须将权力与资源下放给下级政府。与此同时，中央政府又必须维护国家治理的稳定性，这意味着上级政府必须集中权力与资源，这就必然使得责权利选择性交错成为调适国家治理与公共事务治理之间冲突的制度选择。

第三节　选择性交错的负功能及其生成原因

已有研究对政府间责权利选择性交错的负功能进行了大量的研究，因而本节就不再一一赘述，仅就政府间责权利选择性交错的四种主要负功能及其成因进行分析。基于前文对政府间责权利选择性交错的类型分析可知，政府间责权利选择性交错模式有一个突出的特点，即某一政府主体处于

"权力超载"或"资源超载"的位置，或同时处于"权力超载"与"资源超载"的位置，另一政府主体处于"责任超载"或"资源缺位"的位置，或同时处于"责任超载"与"资源缺位"的位置。其中，形式主义与违法行为的产生则是政府间责权利选择性交错模式因"资源缺位"与"责任超载"产生的负功能，地方政府债务规模的扩大和避责与反向避责行为的产生，则是政府间责权利选择性交错模式因"资源缺位"或"责任超载"而产生的负功能。由于这些负功能损害了公共事务治理的效率，因而它们削弱了公共事务治理系统的调适能力。同时，权力监督制约成本的提升是政府间责权利选择性交错模式因"权力超载"与"资源超载"而产生的负功能，由于它提高了国家治理系统进行风险控制的成本，因而也是政府间责权利选择性交错模式对国家治理系统产生的负功能。

一、产生形式主义与违法行为

由于政府间责权利选择性交错模式通常表现为权力与财政资源掌握在上级政府，而责任被转移给下级政府，如压力型体制型交错、强制性指令型交错；或者表现为某一政府组织承担由另一政府组织的行为引起责任并支出履行该责任所需要支出的财政预算，如外部性型交错；又或者表现为负有责任的政府组织没有履行该责任的权力，如管理体制冲突型交错。在这些政府间责权利选择性交错中，某一政府主体处于"权力超载"与"资源超载"的位置，而另一方政府主体则处于"责任超载"与"资源缺位"位置。而"资源缺位"与"责任超载"可能会使责任超载的一方政府主体产生形式主义与违法行为。

一方面，政府间责权利选择性交错可能使责任超载的政府组织因"资源缺位"而产生形式主义行为，进而无法有效进行公共事务治理。如某县林业部门要求乡镇完成造林1 200亩的指标，但是不配置相应的财政资源，乡镇政府在财力有限的情况下实际只完成200亩的造林任务，却向上级政府上报1 200亩以表明自己完成了任务（杨华，2019）。

另一方面，政府间责权利选择性交错使"责任超载"的政府组织因"权力缺位"而无法按法律法规的规定履行政府的职责，进而产生违法行为。如某些县政府的职能部门通过签订责任状的方式将一些执法工作转移给乡镇政府,而乡镇政府根本没有执法权[①],但在考核压力之下乡镇政府必须完成执法任务,在缺乏执法权的情况下只能采取一些非法手段进行强制执法。而这种做法虽然应付了上级的考核,却给乡镇政府招来很多官司。P县A镇党委书记就乡镇面临的政府间责权利困境谈道:"在经济社会发展过程中,包括上级的要求、群众的期盼,对经济发展、社会发展、生态建设等等的要求越来越高,都要求我们去完成去实施。但是在很多事情的实施过程中,我们的一个共识就是权责利不对等。就是说职责,事情都叫我们乡镇去做,但是不授权,部门的权力都是掌握在自己手中。像企业的管理、村里违章建筑的拆除,事权是交给乡镇,但是执法权没有交给乡镇。比如企业的消防安全检查,镇里要去检查,但是安全处罚权是没有的。比如违章建筑要乡镇去拆,乡镇要去巡查违章建筑,但是没有权力去拆。"(访谈记录 201907WPA)

二、扩大下级政府的债务规模

如前所述,政府间责权利选择性交错常常造成承担责任的政府组织"资源缺位"。尤其是当上级政府转移给下级政府的任务属于政治任务时,上级政府往往不会配套相应的财政资源,下级政府则必须想办法解决财政资源缺位的问题(杨华,2019)。因此,直接向银行借债或通过平台公司间接向银行借债成为政府获取财政资源的一种重要手段。

比较典型的是强制性指令型交错,即由"不配套或部分配套财政资金的强制性指令"引起政府间责利选择性交错,这是扩大地方政府债务规模的一个重要原因。如中央政府为促进和谐社会建设,出台了一系列扩大公共产品和公共服务的范围以及提高教育、医疗、社保标准的民生政策,这使得地方政府的刚性财政支出急剧增加,导致财力不足的地方政府大力举债(蔡玉,2011)。又如,为了应对国际金融危机,2008年中央政府出台"4万亿"的经济刺激计划,但该计划的大部分资金由地方政府自行筹集,导致地方政府通过融资平台大量举债(杨灿明、鲁元平,2013)。而由强制性指令型交错带

[①] 2021年修订的《中华人民共和国行政处罚法》第十八条规定"省、自治区、直辖市根据当地实际情况,可以决定将基层管理迫切需要的县级人民政府部门的行政处罚权交由能够有效承接的乡镇人民政府、街道办事处行使,并定期组织评估"。在此之前,乡镇政府并没有行政处罚权。新的行政处罚法颁布之后,很多地方开始开展乡镇(街道)综合行政执法事项赋权工作。

来的债务规模的扩大在县乡一级政府更加严重,甚至已经蔓延到村社,导致村级债务规模扩大。P县发展改革局领导反映:"现在很多乡镇和县都运行不下去了,因为承担的事情过多而财政资源又不够,你问下财政厅,每个县每个镇负债多少,现在都是搞变相的隐性债务,上面有政策,下面有对策。"(访谈记录 201907WPF)

此外,根据武汉大学中国乡村治理研究中心发布的一项关于 16 个村村级债务情况调研,许多村出现了一种可以称之为"发展型债务"或"政策型债务"的新型债务。这些债务的形成"并不都是为了维持村庄的基本秩序,如税费征收、村干部工资发放、村民共同生产等必要开支,而是为了完成上级下达的村庄发展任务,如美丽乡村建设、旅游开发、人居环境整治等"。如"湖北桃村在 2012 年被地方党委政府列为美丽乡村建设示范点,总投入 7 000 多万元,获得了全国文明村镇、全国乡村旅游重点村等荣誉称号,但也留下了 3 000 多万元的村级债务。福建军村 2018 年被列为县乡村振兴示范村,示范时间不长,示范等级也不高,却已经欠债 100 多万元"(吕德文,2021)。

三、引发避责与反向避责行为

如前所述,政府间责权利选择性交错常常造成承担责任的政府组织"责任超载",那么转移责任的政府组织相对于承担责任的政府组织则是"权力超载"。在"权力超载"或"责任超载"的情况下,"权力超载"的一方通常会选择"避责"行为来转移责任(杨雪冬,2012;倪星、王锐,2018),而"责任超载"的一方则会选择"反向避责"来减轻责任或寻求上级政府的权力支持(邓大才,2020)。"避责"是指上级政府向下级政府转嫁责任的现象,"反向避责"则是指下级政府向上级政府转嫁责任的现象(邓大才,2020)。

就避责行为而言,"权力超载"的一方利用"机构性策略、表象性策略与政策性策略"来规避责任,使得责任无法落实到真正的责任主体(谷志军、陈科霖,2019)。而"责任超载"的一方利用"忙而不动、纳入常规、隐匿信息、模糊因果关系、转移视线、找替罪羊"等避责策略来逃避责任,使改革压力倍增,导致公共政策实施失败、公众信任危机、政府内部激励不足等问题(倪星、王锐,2017)。

就反向避责而言，尽管其在一定程度上有利于推动地方政府创新，但上下政府无法达成责任分担共识时就有可能扼杀改革机会，并且过度的反向避责会导致"文山会海"。如在地方政府创新改革中，分管局长需要借助专题会议、常务会议、深改会议、常委会会议等会议将责任层层转移给分管副县长、县长、县委书记最终至所有的常委（邓大才，2020）。这可能使得上级政府陷入"文山会海"中而无法集中精力做最重要的事情，尤其是在各个分管局长都想要通过竞争吸引上级政府的注意力来推动自己的改革项目时，会占用上级政府大量的精力。

四、提高权力监督制约的成本

如前所述，政府间责权利选择性交错模式的一个显著特点是某一政府主体处于"权力超载"与"资源超载"的位置，而与其相对应的另一政府主体则处于"责任超载"与"资源缺位"的位置。如在功能分工型交错与政务分工型交错中，享有决策权力的政府主体常常处于"权力超载"与"资源超载"的位置，而享有执行权力的政府主体常常因为决策主体推卸责任而处于"责任超载"与"资源缺位"的位置。这种责权利配置结构使"权力超载"与"资源超载"一方的政府主体的自主性得到极大扩张，进而提高了对其权力运行进行监督制约的成本。最典型的表现是在财政权力过于集中在中央级政府的情况下，地方政府为获取财政资源从"帮扶之手"转向"掠夺之手"，进而增加了地方政府的腐败行为（Chen，2004；Chen，Hillman，and Gu，2002；Tsui and Wang，2008）。

一方面，政府间责权利选择性交错可能使监督部门难以对处于"权力超载"与"资源超载"位置的政府主体进行监督，进而提高了监督的成本。这种情形在功能分工型交错中尤为显著。在我国政府体系中，权力监督方式包括了上级政府对下级政府的监督、同级部门监督（如审计部门、人大、纪委监察委、法院、检察院等）等多种监督方式。但是在政府间责权利选择性交错模式中，对处于"权力超载"位置的政府主体的监督往往依靠更高一级的政府，同级监督部门的监督常常处于失效状态。如在政府的重大项目招投标中，同级纪委监察部门对同级政府推行的重大项目招投标过程难以进行监督。P县纪委监察部门某政府官员谈道："政府的招投标（包含工程招标和政府采购）制度存在自由裁量的空间，县政府、各部门在项目中缺乏协商和计划，有时候为了应付上级政府而制定临时性项目计划。这些项目常常被列为县委、县政府的中心工作，项目推进的时间紧迫，所有的工作都要服务于中心工作，我们就不得不放松监督力度，让这些项目跳过规定的流程走个形式，快速通过，这当然会影响监督的效果。但我们是在县政府领导下工作，对于县政府工作中的问题县纪委难以去介入，只能上一级纪委去管，但县纪委又不能和上一级纪委反映，会影响地方建设，所以处在一个为难的境地。"（访谈记录201903WPJ）在这个例子中，尽管上级纪委有监督的权力，但是受制于信息不对称，其监督的效果有限，而同级监督部门尽管有监督的权力但又受制于同级政府领导的威慑。

另一方面，政府间责权利选择性交错可能使处于"权力超载"位置的政府主体与处于"责任超载"位置的政府主体之间相互扯皮，进而提高了权力制约的成本。这种情形在政务分工型交错中比较显著。如在业务主管部门与综合执法部门之间，业务管理部门掌管事前的审批事务与事中的监管与取证查证等事务，综合执法部门负责日常的巡查事务以及在业务主管部门查证之后负责具体的执法事务。这使得业务管理部门与综合执法部门在"审批环节—监管环节—执法环节"进行分工合作，构成一个完整的业务流程。在整个业务流程中，通过查证与执法的分离可以使业务管理部门监督综合执法部门的行为，同时通过日常巡查和受理投诉、举报等使综合执法部门可以发现业务管理部门在审批与监管环节中的漏洞，进而对业务管理部门形成一种监督，这使得业务管理部门与综合执法部门在某种程度上形成了一种相互制约的关系。但综合执法部门处于整个业务流程的末端，业务管理部门在执法权划转后失去了"监管抓手"便怠于履行监管职责，导致综合执法部门最终通过"以罚代管"方式来弥补因监管不力造成的各种问题。换言之，如果对业务管理部门履职缺乏有效的监管机制，各个业务管理部门都可以向综合执法部门转移责任，这就增加了综合执法部门制约业务管理部门的成本。

综上所述，政府间责权利选择性交错作为一种治理问题，损害了公共事务治理的效率，同时也增加了国家治理中权力监督制约的成本。而公共事务治理的效率问题与国家治理中权力监督制约的成本问题，公共事务治理系统与国家治理系统长期面临的问题。当政府间责权利交错模式使得国家对权力高位政府组织进行制约监督的成本超出了民众的接受范围时，国家治理系统的合法性将因为权力运行失序而受到质疑，进而威胁到国家治理系统的稳定性。此时，政府间责权利交错模式的负功能便是不可以容忍的，就需要通过强化权力的制约监督来纠正政府间责权利交错的负功能。当政府间责权利交错模式使得公共事务治理系统的效率降低到损害国家治理系统的合法性时，而现阶段我国国家治理的合法性又主要建立在绩效合法性的基础之上，这种效率的降低就会威胁到国家治理的稳定性。此时，政府间责权利交错的负功能也是不可以容忍的，就需要通过放权让利来加以纠正。

　　以政府间责权利选择性交错模式提高权力监督制约的成本为例。这个问题在一定范围内是国家治理系统能够容忍的问题，因为这个问题可以通过调整权力监督制约模式加以解决。这在实践中主要表现为中央政府通过调整纪委监察部门的双重领导模式以及强化纪委监察部门的巡视巡察制度来实现。如在 2017 年之前，纪委监察部门在一把手的人事与业务方面实行"以同级党委为主管，以上级纪委为协管"的双重领导模式，而 2017 年之后在一把手的人事管理与业务管理方面纪委监察部门实行"以上级纪委为主管，以同级党委为协管"的双重领导模式，使得纪委监察部门与同级地方政府之间形成了一种相互制约模式，对"权力超载"与"资源超载"的政府组织形成了一种强有力的监督与制约。但是，当权力监督制约的成本超出了政府组织能够承受的范围，即权力监督制约问题引发了民众对国家治理的合法性的质疑或引起国家治理系统面临的风险增加时，这种权力制约监督成本的提高便不再是国家治理系统能够容忍的问题。总之，政府间责权利交错模式虽然一定程度上损害了公共事务治理系统的效率，但在加强对国家治理风险的控制、增强国家治理稳定性等方面发挥了积极作用，而治理风险控制是国家治理系统长期面临的问题，这也就使得政府间责权利交错作为一种解决方案在国家治理中得以长期存在。

第七章　制度逻辑与政府间责权利配置：对选择性交错的再思考

　　基于前几章对政府间责权利选择性交错的结构分析、过程分析与功能分析，本章对政府间责权利选择性交错发生与持续存在的制度逻辑进行整体性再分析。首先，本章概述了政府间责权利选择性交错模式在主体、内容、领域以及功能四个方面的选择性特征，并从制度逻辑理论的视角对责权利交错模式的选择性特征的生成逻辑进行了解释，深化了"选择性交错"这一分析概念的内涵。其次，本章分析了组织注意力的聚焦与制度逻辑遵从之间的关系，即组织实践与环境刺激通过影响组织注意力的聚焦，进而影响组织可利用的制度逻辑，拓展了政府间责权利选择性交错的"结构—过程—功能"分析框架中的过程理论。最后，本章从交错状态、交错主体、交错领域三个方面分析了政府间责权利选择性交错模式的演变方向，增进了对政府间责权利配置模式的动态性理解。

第一节　政府间责权利交错的选择性特征表现

　　基于前几章对政府间责权利交错的实践样态与理论分析，可以发现中国政府间责权利选择性交错模式作为一种制度模式，在交错的主体、内容、领域以及功能方面都表现出一定的选择性特征。

一、主体的选择性

　　从责权利配置的主体来看，政府间责权利交错发生的主体在时空维度上具有一定的选择性,主要表现在政府间责权利交错在同一时空维度上更多的是权力地位更高的政府主体选择的结果,而在不同的时空维度上则可能是权力地位较低的政府主体选择的结果。

一方面,政府间责权利选择性交错常常发生在"权力超载"的上级政府与"责任超载"的下级政府之间(邓大才,2020),因为上级政府可以利用其权力地位来转移责任与汲取资源,即纵向块块之间的责权利选择性交错更多的是上级政府选择的结果。如属地管理责任制下设立在乡镇的派出机构与乡镇政府间的责权利选择性交错,因为权力与资源掌握在上级政府派出的"条条"手中,但属地管理的责任却落在乡镇地方政府头上,这种选择性交错则更多的是上级政府组织利用属地管理责任制来转移责任的结果。又如政府间责权利选择性交错还常常发生在某一职责履行的不同环节具有分工关系的政府组织之间,如决策部门与执行部门之间、业务管理部门与综合执法部门之间。因为决策部门和业务管理部门通常处于职责履行的上游环节,且决策与审批监管更多的是一种权力,而执行部门和综合执法部门通常处于职责履行的下游环节,且执行更多的是一种责任,因而决策部门和业务主管部门常常将决策不当或审批监管不当造成的责任转移给末端的执行部门与综合执法部门。这种选择性交错也更多的是权力地位较高的决策部门或业务管理部门选择的结果。

另一方面,下级政府也可以在不同的时空上选择向上级政府转移责任或索取资源,使责权利在不同时空维度上发生选择性交错。如1994年实行分税制财政体制后,财权上移至中央,但事权(支出责任)却没有相应进行调整,导致中央与地方之间财权事权失衡,而财政困境可能促使地方政府变相举债。当地方政府在陷入债务危机而面临破产时,而在中国治理情境中一般不允许地方政府破产,此时中央政府不得不替地方政府偿还债务,实际上就是地方政府向中央政府转移责任,这就使地方政府与中央政府在不同的时空维度上发生责权利选择性交错。

二、内容的选择性

从责权利配置的内容来看,政府间责权利交错在交错的具体内容具有一定的选择性,主要表现为政府间责权利配置在交错的权力类别、责任类别、利益类别方面具有一定的选择性。

如有些责权利交错模式在权力类别方面表现出选择性，它表现为地方政府承担了主要的行政事务与行政责任，但没有获得充分的地区治理权，即一些重大项目的决策审批权，这种选择性交错的发生是上级政府为了在科层制内部加强对下级政府的控制而选择性集中决策权力的结果（曹正汉、薛斌锋、周杰，2014）。有一些责权利交错模式在责任类别方面表现出选择性，它表现为上级政府将责任层层下移并层层加码，但相应的权力与财政资源并没有下放，如压力型体制（麻宝斌，2015；荣敬本等，1988；杨雪冬，2012）。这种选择性交错的发生则更多的是上级政府选择将一些具有政治任务属性的责任如维稳、安全生产、计划生育、招商引资等下放给下级政府的结果。有些责权利交错模式则在利益类别方面表现出选择性，如软预算约束（Kornai，1992；Walder，1986；Qian，Roland，1998；Jin and Zou，2003）或软风险约束（刘世定，2005），它表现为下级政府向上级政府索取财政资源进而使上下级政府间责利发生选择性交错。这种选择性交错则更多的是下级政府选择向上级政府索取经济利益的结果。还有一些责权利交错模式在权力与利益类别方面同时表现出选择性，如财政省管县、党政一把手人事省管县与行政市管县混合管理体制下省市县（市）之间的责权利交错模式，它表现为省政府将县（市）的党政领导干部的人事权与财权选择性地集中于省政府手中，同时将一些对县（市）的事权选择性地保留给地级市政府，来实现省对县（市）的控制与激励的协调（吴金群、廖超超，2018）。

三、领域的选择性

从选择性交错发生的领域来看，政府间责权利选择性交错发生的领域也表现出选择性的特点，主要表现在政府间责权利选择性交错模式更多发生在属于政治任务的业务领域或者国家治理风险较高的领域。

政治任务，是指由党委统领的中心工作，它经过转换与设定后成为行政系统的中心工作（欧阳静，2019）。在实践中，某一阶段政府的中心工作可能包括计划生育工作、维稳、招商引资、环境治理、扶贫等。由于政治任务的考核指标通常是硬指标，且其完成与否关系着政府官员的官帽子，因而上级党委政府下达政治任务时通常不配套工作经费，而下级政府又必须调动其他业务工作的资源来优先完成该任务（杨华，2019），这使得政治任务成为责权利选择性交错产生的根源。就块块的政治任务而言，块块可直接通过党委政府的指令下达给下级政府或部门，造成块块之间的责权利选择性交错。就条条的政治任务而言，条条借助部门工作"中心化"机制，即借助"块块"的统筹领导权强化自身的权力并将大量的治理任务与责任转移给下级政府（仇叶，2023），造成条块之间的责权利选择性交错。此外，中央政府为了降低国家治理的风险（包括社会风险与代理人风险），通常会将那些社会风险较高的全国性公共事务下放给地方政府（曹正汉、周杰，2013），同时还将那些代理人风险较高的地方性公共事务的决策权集中于自己手中（曹正汉、薛斌锋、周杰，2014）。这就使地方政府在分税制财政体制之下承担了某些全国性公共事务却没有足够的财政资源，或地方政府在某些公共事务领域承担了主要的行政责任却没有充分的地区治理权，造成中央政府与地方政府之间的责权选择性交错或责利选择性交错。

四、功能的选择性

从功能来看，政府间责权利选择性交错的功能具有选择性的特点。这主要表现为责权利选择性交错模式对国家治理系统更多地表现出正功能，对公共事务治理系统更多地表现出负功能。如前所述，政府间责权利选择性交错模式对国家治理至少表现出四种正功能，如风险控制功能、政治激励功能、系统调试功能、区域均衡的功能。尽管区域均衡功能对公共事务治理而言也具有正功能，但是现阶段政府利用责权利选择性交错模式缩小区域、城乡之间的发展差异也主要是考虑到国家治理的稳定性问题，更多的是为了增强落后地区的凝聚力，降低国家治理面临的社会风险。政府间责权利选择性交错模式对公共事务治理至少表现出四种负功能，如提高权力监督制约的成本、产生形式主义与违法行为、扩大下级政府的债务规模、引发避责与反向避责行为。但需要注意的是，国家治理系统与公共事务治理系统构成了作为整体的广义上的中国国家治理体系。对于这个整体性系统而言，政府间责权利选择性交错模式既有正功能又有负功能，此时政府间责权利选择性交错模式的功能的选择性特征很难显现出来。当本书采用系统分析法，将广义上的中国国家治理体系分为国家治理系统与公共事务治理系统两个功能分析单位时，政府间责权利选择性交错模式所具有的功能选择性就很清晰地显现出来。

而政府间责权利选择性交错模式之所以会形成这种功能的选择性，其根源在于政府组织对不同的制度逻辑的选择性遵循。由于中国国家治理系统与公共事务治理系统处于同一个政府体系之中，因而政府间责权利配置既嵌入国家治理的控制逻辑与合法性逻辑之中，又嵌入公共事务治理的效率逻辑与公平性逻辑之中。当国家治理系统与公共事务治理系统冲突时，国家治理的风险控制逻辑优先于公共事务治理的效率逻辑，中央政府选择向上集中人事权、决策权及财权来控制代理人风险，同时选择性下放一些风险较高的公共事务来分散与转移社会风险。这就形成了中央政府与地方政府之间的责权利选择性交错模式，即中央政府利用政府间责权利选择性交错模式来解决国家治理系统的风险控制问题。另外，地方政府承接了中央政府转移下来的社会风险，上级地方政府一方面会模仿中央政府下放部分事权，向下级地方政府转移和分散社会风险，另一方面地方政府还会通过市场与社会组织向市场或社会转移社会风险（盛智明，2017；王刚，2020）。这就形成了地方政府之间、政府与市场、政府与社会之间的责权利选择性交错，即地方政府进一步利用政府与市场、政府与社会之间的责权利选择性交错模式来解决风险控制问题。但风险防控逻辑使得权力与资源更多地集中在上级政府，责任更多在下级政府，造成下级政府面临巨大财政压力，进而影响公共事务治理的效率。为此，下级政府会选择性地向上级政府索要财政资源或转移责任，形成上下级政府之间的责权利选择性交错模式，以缓解公共事务治理系统中效率逻辑对组织的要求所带来的矛盾。

综上，政府间责权利交错模式在主体、内容、领域、功能四个维度呈现出选择性特征。其中，主体的选择性体现了责权利配置的权力博弈逻辑，即上级政府通过属地管理制下的责任下移实现"权力超载"与"责任转嫁"，而下级政府则通过时空错位策略反向转移责任。内容的选择性体现了责权利配置的内容差异化逻辑，即上级政府选择性集中关键决策权与下放高社会风险的公共事务，下级政府则突破预算约束向上级政府索取资源。领域的选择性体现了责权利配置的风险优先性逻辑，即政治任务因硬性考核机制使得"条条"能够借助"块块"的政治势能而转移责任，以及中央（上级）政府为控制社会/代理人风险而设计的权责分离机制使得上级政府能够向上集中权力并同时下放责任。功能的选择性体现了责权利配置的国家治理的控制逻辑与公共事务治理的效率逻辑之间的权衡取舍，该模式具有强化风险控制、政治激励、系统调适等增强国家治理系统调适能力的正功能的同时，却导致监督成本激增、基层形式主义、债务扩张等削弱公共事务治理系统调适能力的负功能。当然，以上分析仍存在静态化盲区与技术性盲区，对责权利配置的动态调适机制缺乏过程追踪，也未回应数字治理对传统博弈规则的颠覆性影响。未来研究需着力于责权利调整的动态机制与数字赋能对责权利配置的影响，以揭示制度弹性边界并验证技术工具能否破解责任转嫁困局。

第二节　制度逻辑的选择与组织注意力的聚焦

依据制度逻辑理论，组织被嵌入多重制度逻辑之中，但是并不是所有的制度逻辑都能够被组织获取并在特定情境中加以利用，这主要取决于制度逻辑、组织实践，以及环境刺激能否驱动组织的注意力进行选择性聚焦，以激活组织的身份、目标与基模（用于处理信息与指导决策的知识结构），进而利用制度逻辑来塑造组织间的互动，促使新的组织实践与身份的形成（桑顿、奥卡西奥、龙思博，2020）。因此，政府间责权利交错模式的选择性特征的形成，与制度逻辑、组织实践以及环境刺激对政府组织注意力的选择性聚焦有关。

一、制度逻辑与组织注意力的选择性聚焦

在政府的责权利配置中，尽管所有的政府组织都在一定程度上嵌入国家的四种制度逻辑（控制、合法性、效率、公平性）之中，但不同的政府组织因其在政府体系所处位置与角色不同，因而可以获取与利用的制度逻辑就有所不同。总体来看，我国政府体系在纵向上由不同的组织层次（"块块"）组成，权力配置在不同层次的组织之间呈现出以中央政府为权力辐射中心，向

省(自治区、直辖市)级政府、地级市政府、县(市)级政府、乡镇政府(辐射末端)扩散开来,构成一个多层次的垂直结构体系;在横向上由不同职能部门("条条")组成,权力配置在不同职能部门之间呈现以党委、政府为权力辐射中心,向各职能部门扩散开来,形成一个多部门的水平结构体系。

在我国单一制国家体制下,地方政府的权力来自中央政府的授权,因而相对于地方政府而言,中央政府的注意力更容易受到风险控制逻辑与合法性逻辑驱动,地方政府尤其是基层政府则更容易受效率逻辑的驱动。同时,"条条"是由专业部门组成的执行中心,因而实行属地管理的"条条"的注意力更容易聚焦到效率逻辑上,实行垂直管理的"条条"的注意力更容易聚焦到控制逻辑上。此外,高层级的政府如中央政府、省级政府、地级市政府需要对所辖的整个区域的均衡发展负责,因而其注意力更容易聚焦到公平性逻辑上,同时相对低层级政府而言,高层级政府对维护国家的一统性也负有更大责任,因而其注意力更容易聚焦到控制逻辑上。

由于各种制度逻辑对政府间责权利配置的要求有所不同,因而不同的制度逻辑会驱动政府组织注意力的选择性聚焦,进而产生不同的责权利配置需求。具体来说,当政府组织的注意力聚焦于代理人风险控制逻辑时,政府组织会选择向上集中权力与资源,以强化上级政府对下级政府的代理人风险的控制。当政府组织的注意力聚焦于社会风险控制逻辑时,政府组织会选择下放一些风险较高的事务,以分散与转移社会风险。当政府组织的注意力聚焦于合法性逻辑时,政府组织会选择按照民众能够理解与认可的方式来运行,以提高民众对国家治理的支持与信任。当政府组织的注意力聚焦于效率逻辑时,政府组织会根据公共事务的性质选择性地向上集中权力(全国性公共事务)与资源或下放权力与资源(地方性公共事务),以提高公共事务治理的效率。当政府组织的注意力聚焦于公平性逻辑时,政府组织会选择向上集中权力与资源,以提高政府在区域层面进行资源再分配的能力,进而提升公共事务治理的公平性。当政府组织的注意力聚焦于多种制度逻辑时,政府组织会根据其身份、目标、基模来分配注意力。根据政府组织在国家治理系统与公共事务治理系统受到的制度逻辑影响的强弱程度可以形成一个组合矩阵,如表 7.1 所示。由于国家治理系统的主导制度逻辑是控制逻辑,公共事务治理系统的主导逻辑是效率逻辑,因而我们选取效率逻辑与控制逻辑的组合来分析制度逻辑如何与政府组织进行互动。

表7.1　公共事务治理与国家治理的制度逻辑的组合式矩阵

制度逻辑影响的强弱			公共事务治理系统			
			效率逻辑		公平性逻辑	
			强	弱	强	弱
国家治理系统	控制逻辑	强	强控制,强效率	强控制,弱效率	强控制,强公平性	强控制,弱公平性
		弱	弱控制,强效率	弱控制,弱效率	弱控制,强公平性	弱控制,弱公平性
	合法性逻辑	强	强合法性,强效率	强合法性,弱效率	强合法性,强公平性	强合法性,弱公平性
		弱	弱合法性,强效率	弱合法性,弱效率	弱合法性,强公平性	弱合法性,弱公平性

由于国家治理的制度逻辑优先于公共事务治理的制度逻辑,因而上级政府组织尤其是中央政府组织的注意力更多地聚焦于控制逻辑,而下级政府组织尤其是地方政府组织的注意力更多地聚焦于效率逻辑,因此上级政府的注意力常常处于"强控制,弱效率"项中,下级政府的注意力常常处于"强效率,弱控制"项中。这会使得上级政府选择性向上集中权力与资源并下放责任,形成上下级政府间责权利选择性交错模式,但这种模式使得下级政府处于责任超载的位置,而为了提高公共事务治理的效率,处于责任超载的下级政府选择向上级政府转移责任或索取资源,进而形成另一种政府间责权利选择性交错模式。当政府组织的注意力处于"强控制,强效率"项时,由于控制逻辑与效率逻辑对政府组织责权利配置的要求在地方性公共事务治理中是相悖的,政府组织会通过脱耦行为来协调不同的制度逻辑诉求,即在正式结构上选择向上集中某些权力与资源并下放某些责任,而在实践运行中则以其他方式下放某些权力(如请示授权)或资源(如将土地出让金保留给地方政府)。当政府组织的注意力处于"弱控制,弱效率"项时,表明政

府组织既不能保持国家治理稳定也不能有效地进行公共事务治理，此时政府组织已经走向衰退。

二、组织实践与组织注意力的选择性聚焦

制度逻辑理论认为，个体通过参与情境化的组织和实践会发展出更为特殊的身份、目标和基模，进而影响组织可以获取与利用制度逻辑（桑顿、奥卡西奥、龙思博，2020）。如中央政府自上而下推行省管县改革，与控制逻辑（市管县体制下的控制逻辑）向效率逻辑（省管县体制下的效率逻辑）的转变一致。在参与省管县改革实践的过程中，省级政府、地级市政府、县级政府的身份、目标与基模都会发生变化，这会促使不同的政府组织的注意力聚焦于不同的制度逻辑。一方面，省管县改革实践会驱使省级政府的注意力聚焦于效率逻辑，进而促使省级政府更多地向县（市）级政府下放权力与资源，包括直接向县（市）扩权与赋予县（市）与地级市同等的经济社会管理权力。另一方面，省管县改革实践会驱动地级市政府的注意力聚焦于控制逻辑，因而促使地级市政府通过撤县（市）设区来强化对县（市）的控制。同时，省管县改革实践会驱动县（市）级政府的注意力聚焦于效率逻辑，促使县（市）级政府积极承接省级政府下放的权力与资源，并利用效率逻辑向省级政府索取更多的权力与资源。又如综合行政执法体制改革，与效率逻辑（监管与执法统合）向控制逻辑（监管与执法分立）转变一致。在参与综合行政执法体制改革实践过程中，地方政府、业务管理部门、综合行政执法部门的目标与基模都会发生变化，这也会促使不同的政府组织的注意力聚焦于不同的制度逻辑。综合行政执法体制改革会驱动地方政府的注意力聚焦于控制逻辑，进而促使地方政府在划分业务管理部门与综合执法部门之间的责权利时，使其通过监管环节与执法环节的分立而相互制约，但综合行政执法体制改革会驱动业务管理部门与综合行政执法部门的注意力聚焦于效率逻辑，这使得业务管理部门倾向于将划转给综合执法部门的事项的监管责任也一并划转给执法部门，使得两个部门在业务履行的不同环节上的责权利发生选择性交错。总之，新的组织实践通过驱动政府组织对某种制度逻辑的注意力的选择性聚焦，使得政府组织根据身份、目标以及基模来获取和利用相应的制度逻辑。

三、环境刺激与组织注意力的选择性聚焦

制度逻辑理论认为，环境刺激的显著性（这种显著性可能来自不寻常或意外的行为或结果，来自新颖的事物，或来自其他社会行动者对注意力的明确控制）会影响组织的注意力焦点，进而影响组织对制度逻辑的选择（桑顿、奥卡西奥、龙思博，2020）。如 2008 年暴发的劣质奶粉事件就是一种典型的具有显著性的环境刺激，它驱使政府组织的注意力聚焦于控制逻辑。在劣质奶粉事件暴发后，国家质量监督检验检疫总局宣布取消食品业的国家免检制度，同时中央政府在 2008 年末将食品药品监督管理机构由"省级以下垂直管理"改为"由地方政府分级管理"。这种调整实际上就是中央政府在控制逻辑的影响下，通过将原来在垂直管理体制下更多的由中央政府与省级政府承担的具有较高社会风险的食品安全事务，转移给省以下的地方政府，进而转移和分散中央政府与省级政府所面临的社会风险。总之，诸如此类环境刺激的案例有很多，这些事件的显著性越强，越能驱动政府组织对某种制度逻辑的注意力的选择性聚焦，进而激发政府组织的身份、目标与基模，促使组织间通过互动来解决问题并形成新的组织身份与组织实践。

综上，责权利配置模式本质上是制度逻辑通过注意力竞争塑造组织行为的结果，其形成的机理如图 7.1 所示。具体来说，政府间责权利配置模式是政府组织与制度逻辑相互作用的结果，而政府组织可以获取与利用的制度逻辑受到组织注意力的影响，组织实践与环境刺激通过激活组织的身份、目标与基模来影响组织注意力的聚焦，这构成了政府间责权利配置模式形成的微观认知基础。而政府间责权利交错模式在主体、内容、领域以及功能方面的选择性特征，则与制度逻辑的差异化激活有关，即纵向上层级越高的

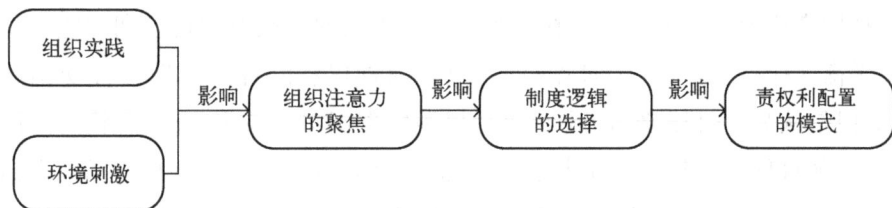

图 7.1　组织注意力的聚焦与制度逻辑的选择对责权利配置模式的影响

政府越受控制逻辑主导，层级越低的政府越受效率逻辑主导，横向上属地管理"条条"侧重效率逻辑，垂直管理"条条"侧重控制逻辑，而组织实践与环境刺激则通过重塑政府身份、目标与基模迫使注意力聚焦特定的制度逻辑。

第三节　政府间责权利选择性交错的演变方向

政府间责权利选择性交错并非一种静态的制度模式，政府组织之间的责任、权力、利益边界具有流动性，即随着治理情境与时空结构的变化，政府间责权利选择性交错将在交错状态、交错主体与交错领域等方面发生演变。总的来说，政府间责权利选择性交错模式有三种演变方向，第一种是通过"负负得正"或"互补"的方式在时空维度上走向动态平衡，即交错状态的演变；第二种是通过模仿性同构的方式走向政府与其他主体间责权利选择性交错，即交错主体的演变；第三种是随着政治任务的完成或中心任务的转换，某些领域内的政府间责权利选择性交错消失了，而另一些领域内的政府间责权利选择性交错兴起了，即交错领域的演变。

一、交错状态的演变

在政府间责权利选择性交错模式中，某一政府主体总是处于"权力超载"或"资源超载"的位置，或同时处于"权力超载"与"资源超载"的位置，另一政府主体则相应地处于"责任超载"或"资源缺位"的位置，或同时处于"责任超载"与"资源缺位"的位置。当处于"责任超载"或"资源缺位"位置的政府组织通过另一种责权利选择性交错模式获取更多的权力或资源时，两种选择性交错模式便通过互补在某个时间段上实现了政府间责权利配置的动态平衡。换言之，从某一时点来看，政府间责权利配置处于选择性交错状态，但是从某一时段来看，政府间责权利配置又处于对称的平衡状态。但是，这种对称不是某一时间点上的对称，而是通过另一种责权利选择性交错模式来纠正先前存在的政府间责权利选择性交错模式来实现的动态平衡。这一类的政府间责权利选择性交错通常是在国家宏观层面长期且普遍存在的政府间责权利选择性交错模式，具体分为三种情况。

第一，强制指令型交错与自主性扩张型交错在时空上的动态平衡。如中央政府常常通过强制性指令向地方政府转移责任时但并不配置相应的财政资源，这就发生了中央政府与地方政府之间责利的选择性交错，即强制指令型交错。但是，地方政府面临中央政府的考核压力又不得不完成中央政府交代的任务，于是便通过扩大债务规模的方式来获取财政资源完成任务。当地方政府的债务积累到一定规模且超出地方政府偿还的能力时，如果放任地方政府破产则会引发巨大的社会风险，而我国的中央政府一般不允许地方政府破产，此时，中央政府必须突破预算约束对地方政府的施以援手，帮助地方政府偿还债务。这就发生了中央政府与地方政府之间责利的选择性交错，即自主性扩张型交错。在前一个时点上发生的强制指令型交错中，中央政府向地方政府转移责任，而在后一个时点上发生的自主性扩张型交错中，地方政府向中央政府索取财政资源。如果将这两个时点用时间线串联起来构成一个时间段，就会发现后一个时点上发生责利选择性交错（自主性扩张型交错）是对前一时间点上发生的责利选择性交错（强制指令型交错）的纠正，即前期中央政府向地方政府转移了责任，后期地方政府向中央政府索取财政资源，两种交错在这一时间段上通过"负负得正"的方式实现了中央政府与地方政府间的责利对称。

第二，外部性型交错与强制指令型交错在时空上的动态平衡。如在经济发展的驱动力下，东部地区吸引了大量来自西部地区的就业人口，这些人在东部地区纳税，但西部地区为培养这些人力资源在教育、医疗等方面投入了大量的财政资源，同时还要为这些劳动力留在西部地区的孩子和老人提供教育、医疗等公共服务，而西部地区政府却没有从东部地区得到应有的利益补偿。这就造成了东西部地区政府之间责利的选择性交错。这种责利选择性交错是由于劳动力流动的外部性带来的，因而本书将之称为外部性型交错。而我国实行的对口支援制度，实际上就是通过强制性指令要求东部富裕地区的政府要为西部落后地区的政府提供人才、技术、资金等方面的援助，并且中央政府通过分税制财政体制使中央政府能够将从东部地区筹集财政资源转移到西部地区。如果将这些时间点串联起来构成一个时间段，就可以发现后一时间点上发生的纵向政府间责利选择性交错（强制指令型交错)是对前一时间点上发生的责利选择性交错的纠正(外部性型交错)，即前期东部地区向西部地区转移了责任，后面中央政府通过纵向转移支付与横向转移支付(对口支援制度)从东部地区向西部地区转移了财政资源，两种交错在这一时间段上也是通过"负负得正"或"互补"的方式实现了东部地区与西部地区之间的责利对称。但必须强调的是，这种对称是建立在时间效应之上的，且这种时间跨度的长短具有不确定性，只能在宏观的时空维度上加以探讨。

第三，自主性扩张型交错与管理层级错位型交错在时空上的动态平衡。如1983年，为了实行以中心城市带动周边地区发展的战略，我国开始实行市管县体制。在这种管理体制之下，市县之间权力分配不均，地级市政府基于自身权力地位的自主性下侵县级权益或利用行政手段汲取所辖县(市)的资源、占有县(市)的市场，甚至摊派各种负担，造成地级市权大责小利大，而县(市)权小责大利小，导致市县之间的责权利交错(孙学玉，2013；吴金群等，2013；Wang，Zheng，and Zhao，2012；Guo，2014；Li and Yang，2015)。而为解决市管县体制下地级市与县(市)之间的责权利错位问题，我国从2005年开始通过大规模推行财政省管县、一把手人事省管县与扩权改革来提升县(市)的权力与资源地位，而这种不完全的省管县改革本身也带来省市县之间的责权利交错配置。因此，市管县体制下市县之间的责权利交错与不完全省管县体制之下的责权利交错在时空上实质走向责权利配置的动态平衡。

二、交错主体的演变

如前所述，某些政府间责权利选择性交错模式具有模仿性同构的特征，这使得一些政府间责权利选择性交错模式从政府间责权利选择性交错走向了政府与企业、政府与社会之间的责权利选择性交错。如地方政府通过向社会组织购买公共服务的方式来将部分政府职能转移给社会组织，使政府与社会组织之间发生责利选择性交错。在政府购买公共服务的过程中，如果购买的公共服务出了问题则将责任推卸给社会组织，实际上政府在这个过程中负有最终的监管责任，出了问题政府也应该承担责任，这就造成了政府与社会组织之间的责利不一致。还有一些基层政府将一些政府职能转移给社区与村委会，但是又不给社区和村委会配置相应的财政资源，造成了乡镇（街道）与社区、村委会之间的责权利选择性交错。此外，地方政府通过向国有企业索取财政资源来化解自身债务压力，使政府与企业之间发生责利选择性交错。即地方政府利用国家制度逻辑、企业制度逻辑、市场制度逻辑的混合来化解地方政府所面临的财政压力，进而形成了地方政府与国有企业之间的责利选择性交错。如河南省杞县五里河镇通过国有企业垫付资金修建文化广场项目，本质上就是地方政府向国有企业所有资源建设公共基础设施项目。据财政部通报："河南省开封市杞县五里河镇通过国有企业垫付资金建设楼堂馆所新增隐性债务 953.1 万元。2021 年 4 月，杞县五里河镇政府会议研究决定，委托县属国有企业杞县城市发展投资有限公司的子公司杞县德源城乡建设投资有限公司，负责五里河文化广场项目的融资、投资、招投标事宜。该项目于 2021 年 7 月开工建设，占地 46.91 亩，计划投资 1 701.97 万元。截至 2022 年底，应支付施工方 953.1 万元，由杞县德源城乡建设投资有限公司使用自有资金垫付等方式筹集，形成新增隐性债务 953.1 万元。"①类似的案例还有湖北省部分地区要求省属国有企业垫资承担一级土地整理开发、基础设施建设等城市综合开发业务，广西壮族自治区柳州市要求国有企业垫资建设应由财政预算安排的土地一级整理开发、代行土地收储等业务等②。

三、交错领域的演变

如前所述，政府间责权利选择性交错的发生领域具有选择性，即更多发生在属于政治任务领域或者社会风险较高的领域。但是在不同的社会发展时期，政府的政治任务领域或中心任务领域会发生转换，因此某些政府间责权利选择性交错会通过领域转换走向其他新领域内的政府间责权利选择性交错。

如在 20 世纪末期，计划生育与农业税征收工作属于政府的政治任务领

---

① 财政部官网.财政部关于六起地方政府隐性债务问责典型案例的通报[EB/OL].(2025 - 05 - 21)[2025 - 08 - 01]. https://zizhan. mot. gov. cn/sj2019/caiwusjs/tongzhigg _ css/yusuangl _ tzgg/202505/t20250521_4169101.html.

② 监督评价局.财政部关于地方政府隐性债务问责典型案例的通报[EB/OL].(2023 - 12 - 13)[2025 - 08 - 01]. https://yn.mof.gov.cn/tongzhitonggao/202312/t20231225_3923743.htm.

域,也是当时社会风险较高的领域。当时县级政府将计划生育与农业税征收相关的工作任务层层转移给乡镇政府与村干部,但是又不给基层政府配置相应权力与财政资源,这使得基层政府与县政府的计生部门、税收部门之间长期处于责权利选择性交错的状态。但是随着计划生育政策的放松以及农业税的取消,这一领域内常常发生的政府间责权利选择性交错已经消失。但是随着新的政治任务的产生与社会事务的发展,政府间责权利选择性交错发生的具体领域与政府主体发生了变化。如现阶段生态环境保护、耕地保护、安全生产等成为政府的政治任务领域,这些领域内的政府主体之间的责权利选择性交错不断涌现出来。如近两年为了落实保护耕地保护的任务,很多地方政府出台了禁止闲置、荒芜永久基本农田的规定。某村干部说:"现在农村有很多抛荒的农田,因为在家种地赚不到钱,不出去打工都没法养家糊口。我们这里有些农田条件不好,没法推行机械化,那些种田大户也不愿意承包。这些地今年就抛荒了。现在县里要考核镇里,不准出现基本农田抛荒的情况,但是农民不种地镇里也没办法,所以镇里就把种田的任务分配给管理农村工作的乡镇干部和村干部,要么乡镇干部或村干部找人把田种上,要么乡镇干部或村干部自己把田种上,否则就向干部问责或罚款。我们组的抛荒的农田找不到人种,我就只能自己全部种上。"(访谈记录202103 HHX)在这里,县乡政府之间就在其他新领域内就发生了责利选择性交错。

综上,政府间责权利选择性交错模式作为一种制度模式,会随着治理情境与时空结构的变化,在交错状态、交错主体与交错领域方面发生演变,这种意味着政府间责权利配置的制度边界具有一定的弹性。具体而言,交错状态的演变可通过"负负得正"实现责权利配置在时空上的动态平衡,其本质是制度系统的弹性调适,但这种平衡具有滞后性与不确定性。交错主体的演变通过模仿性同构下的责任转移链延伸重构责权利配置模式,其本质是责权利交错从政府间向政社、政企关系扩散的路径依赖。交错领域的演变是通过政治任务或中心任务的转变驱动领域更替,包括历史领域的消亡与新兴领域的兴起,其本质是国家中心工作转换对责权利配置的重构效应。但交错状态的演变强调的责权利配置的动态平衡机制是一种理想化预设,将"负负得正"视为自动平衡机制可能会忽视其加剧系统性风险的可能性;

交错主体演变强调了政府向非政府主体转移责任的单向性，未考虑企业与社会组织的反向博弈策略；交错领域的演变聚焦于政治任务的被动转换，未分析政治任务设定背后的权力博弈。未来研究可深入跟踪不同领域/层级的责权利交错程度，探究企业、社会组织在责任转移链中的抵抗性策略，并通过比较历史分析识别政治任务更替的触发条件与权力逻辑。

参 考 文 献

［1］艾云.上下级政府间"考核检查"与"应对"过程的组织学分析以 A 县 "计划生育"年终考核为例[J].社会,2011,31(3)：68－87.

［2］阿尔蒙德,鲍威尔.比较政治学：体系、过程和政策[M].曹沛霖,郑世平,公婷,等译.北京：东方出版社,2007：13－16,17,65－72.

［3］白现军.从怪圈循环到实质突破：新中国 60 年来政府机构改革历程回顾与展望[J].行政论坛,2010,17(1)：23－26.

［4］包刚升.政治学通识[M].北京：北京大学出版社,2015：337.

［5］布坎南,马斯格雷夫.公共财政与公共选择：两种截然对立的国家观[M].类承曜,译.北京：中国财政经济出版社,2000：24.

［6］仇叶.部门工作"中心化"：县域条块关系的重组及其治理后果[J].经济社会体制比较,2023(2)：99－108.

［7］崔志梅.条块职责转换的组织学分析：基于地方国土部门的实证研究[J].公共行政评论,2018,11(6)：137－155.

［8］陈国权,李院林.县域社会经济发展与府际关系的调整：以金华—义乌府际关系为个案研究[J].中国行政管理,2007,260(2)：99－103.

［9］陈国权,李院林.论责任政府的基本属性[J].社会科学战线,2008(2)：199－204.

［10］陈国权.责任政府：从权力本位到责任本位[M].杭州：浙江大学出版社,2009：21.

［11］陈国权,黄振威.省管县改革中的党政领导干部管理问题[J].探索与争鸣,2011,255(1)：42－44.

［12］陈国权.经济基础、政府形态及其功能性分权理论[J].学术月刊,2020,

52(11)：66－74.

[13] 陈国权,皇甫鑫.功能性分权：中国特色的权力分立体系[J].江海学刊,2020a,328(4)：128－136.

[14] 陈国权,皇甫鑫.功能性分权体系的制约与协调机制：基于"结构—过程"的分析[J].浙江社会科学,2020b(1)：4－12.

[15] 陈国权,皇甫鑫.广义政府及其功能性分权[J].政治学研究,2022,165(4)：25－36.

[16] 陈纪瑜,赵合云.地方财政体制权责不对称问题研究[J].经济经纬,2004(5)：112－114.

[17] 陈家建.项目制与基层政府动员：对社会管理项目化运作的社会学考察[J].中国社会科学,2013,206(2)：64－79.

[18] 陈家建.项目化治理的组织形式及其演变机制：基于一个国家项目的历史过程分析[J].社会学研究,2017,32(2)：150－173.

[19] 陈家建,张琼文,胡俞.项目制与政府间权责关系演变：机制及其影响[J].社会,2015,35(5)：1－24.

[20] 陈家建,张洋洋."非对称权责"结构与社区属地化管理[J].社会学评论,2021,9(3)：143－163.

[21] 陈国平,陈广胜,王京军.政府转型看浙江[M].杭州：浙江人民出版社,2008：93.

[22] 陈硕.分税制改革、地方财政自主权与公共产品供给[J].经济学(季刊),2010,9(4)：1427－1446.

[23] 陈颀."公益经营者"的形塑与角色困境：一项关于转型期中国农村基层政府角色的研究[J].社会学研究,2018,33(2)：88－114.

[24] 陈自才,陈惠.党的纪检监察体制演变的历史回顾[J].中州学刊,2014,208(4)：5－11.

[25] 曹正汉.中国上下分治的治理体制及其稳定机制[J].社会学研究,2011,25(1)：1－40.

[26] 曹正汉,周杰.社会风险与地方分权：中国食品安全监管实行地方分级管理的原因[J].社会学研究,2013,28(1)：182－205.

[27] 曹正汉,薛斌锋,周杰.中国地方分权的政治约束：基于地铁项目审批

制度的论证[J].社会学研究,2014,29(3)：30 - 55.

[28] 曹正汉.中国的集权与分权：风险论与历史证据[J].社会 2017,37 (3)：1 - 45.

[29] 曹正汉,王宁.从矿区政府到地方政府：中国油田地区条块关系的形成 与演变[J].社会,2019,39(5)：39 - 79.

[30] 曹正汉,聂晶,张晓鸣.中国公共事务的集权与分权：与国家治理的关 系[J].学术月刊,2020,52(4)：69 - 83.

[31] 蔡玉.地方政府性债务现状、成因及对策[J].财政研究,2011,343(9)： 5 - 7.

[32] 邓大才.反向避责：上位转嫁与逐层移责——以地方政府改革创新过 程为分析对象[J].理论探讨,2020,213(2)：157 - 162.

[33] 邓苗苗.当属地管理被拿来"甩锅"[J].廉政瞭望(上半月),2019,506 (8)：36 - 37.

[34] 敦利威.民主、官僚制与公共选择：政治科学中的经济学阐释[M].张 庆东,译.北京：中国青年出版社,2004：222.

[35] 杜创国.政府职能转变论纲[M].北京：中央编译出版社,2008：136 - 137.

[36] 杜运周,尤树洋.制度逻辑与制度多元性研究前沿探析与未来研究展 望[J].外国经济与管理,2013,35(12)：2 - 10.

[37] 狄金华.项目制中的配套机制及其实践逻辑[J].开放时代,2016,269 (5)：113 - 129.

[38] 丁煌,卫劲华."小马拉大车"：本土情境中基层政府的负重运作现象考 察——基于 W 区 Q 镇环保项目推进案例的实证分析[J].行政论坛, 2021,28(2)：106 - 115.

[39] 樊勇,王蔚."扩权强县"改革效果的比较研究：以浙江省县政扩权为样 本[J].公共管理学报,2013,10(1)：10 - 18.

[40] 冯仕政.中国国家运动的形成与变异：基于政体的整体性解释[J].开 放时代,2011,223(1)：73 - 97.

[41] 法约尔.工业管理与一般管理[M].迟力耕,张璇,译.北京：机械工业出 版社,2013：21 - 24,23.

[42] 伏润民,缪小林.地方政府债务权责时空分离：理论与现实——兼论防范我国地方政府债务风险的瓶颈与出路[J].经济学动态,2014,646(12)：72 - 78.

[43] 关保英.权责对等的行政法控制研究[J].政治与法律,2002(3)：17 - 22.

[44] 郭蕊. 权责关系的行政学分析[D].长春：吉林大学,2009.

[45] 高小平,陈宝胜.改革开放以来政府机构改革的理性历程：基于政府机构改革阶段性特征的研究[J].学海,2018(3)：70 - 77.

[46] 龚虹波.执行结构—政策执行—执行结果：一个分析中国公共政策执行的理论框架[J].社会科学,2008,331(3)：105 - 111.

[47] 龚浩,任致伟.新中国 70 年财政体制改革的基本历程、逻辑主线与核心问题[J].改革,2019,303(5)：19 - 28.

[48] 格兰诺维特.社会与经济：信任、权力与制度[M].王水雄,罗家德,译.北京：中信出版社,2019：221.

[49] 谷志军,陈科霖.责任政治中的问责与避责互动逻辑研究[J].中国行政管理,2019,408(6)：82 - 86.

[50] 国务院发展研究中心"推进经济体制重点领域改革研究"课题组.新时期中央—地方政府权责优化的总体思路[J].中国发展观察,2013(10)：4 - 7.

[51] 国务院三峡建设委员会移民开发局.三峡工程移民工作手册[M].北京：中国三峡出版社,2001：140.

[52] 何显明. 市场化进程中的地方政府行为自主性研究：基于浙江的个案分析[D].上海：复旦大学,2007.

[53] 何显明.顺势而为：浙江地方政府创新实践的演进逻辑[M].杭州：浙江大学出版社,2008：207 - 208.

[54] 何显明.省管县改革：绩效预期与路径选择——基于浙江的个案研究[M].上海：学林出版社,2009a：171.

[55] 何显明.从"强县扩权"到"扩权强县"：浙江"省管县"改革的演进逻辑[J].中共浙江省委党校学报,2009b,27(4)：5 - 13.

[56] 何逢阳.中国式财政分权体制下地方政府财力事权关系类型研究[J].

学术界,2010(5)：17-26.

[57] 贺雪峰.行政体制中的责权利层级不对称问题[J].云南行政学院学报,2015,17(4)：5-7.

[58] 缑倩雯,蔡宁.制度复杂性与企业环境战略选择：基于制度逻辑视角的解读[J].经济社会体制比较,2015,177(1)：125-138.

[59] 缑倩雯,蔡宁,信瑶瑶.企业环境行为脱耦的成因研究：基于制度逻辑视角[J].浙江社会科学,2019,270(2)：19-27.

[60] 黄佩华,迪帕克,等.中国：国家发展与地方财政[M].北京：中信出版社,2003：112.

[61] 黄红华.县乡关系调整：从权力收放到职责分工[J].中共浙江省委党校学报,2013,29(2)：83-88.

[62] 黄宗智,龚为纲,高原."项目制"的运作机制和效果是"合理化"吗?[J].开放时代,2014,257(5)：143-159.

[63] 黄韬.法治不完备条件下的我国政府间事权分配关系及其完善路径[J].法制与社会发展,2015,21(6)：21-34.

[64] 侯一麟.政府职能、事权事责与财权财力：1978年以来我国财政体制改革中财权事权划分的理论分析[J].公共行政评论,2009,2(2)：36-72.

[65] 洪小东.事权与支出责任：概念及关系辨析———一个语境化的视角[J].时代法学,2018,16(5)：42-49.

[66] 贺鹏.打破职责同构：中国政府间纵向关系重塑的路径选择[J].内蒙古财经大学学报,2014,12(4)：70-72.

[67] 韩艺,陈婧.省直管县改革政策中的府际关系：基于22个省的改革文本分析[J].北京行政学院学报,2017,107(1)：9-16.

[68] 韩万渠,孙锦帆.职责同构下的行政组织功能变迁及其多重逻辑：基于Y县政府信息科的个案考察[J].中国行政管理,2018,394(4)：73-78.

[69] 河南省人民政府.河南省人民政府关于扩大部分县(市)管理权限的意见[J].河南省人民政府公报,2004(7)：6-14.

[70] 贾康.财政的扁平化改革和政府间事权划分[J].中共中央党校学报,

2007,48(6)：42 - 48.

[71] 贾康,梁季.中央地方财力分配关系的体制逻辑与表象辨析：客观存在的地区间"横向不均衡",需要合理的中央、地方间"纵向不均衡"机制加以调节[J].财政研究,2011,335(1)：5 - 14.

[72] 贾康,刘微."土地财政"论析：在深化财税改革中构建合理、规范、可持续的地方"土地生财"机制[J].经济学动态,2012,611(1)：11 - 18.

[73] 贾俊雪,张超,秦聪,等.纵向财政失衡、政治晋升与土地财政[J].中国软科学,2016,309(9)：144 - 155.

[74] 江庆.中央与地方纵向财政不平衡的实证研究：1978—2003[J].财贸研究,2006(2)：78 - 84.

[75] 靳继东.政府间事权与财力匹配改革的法治思路[J].税务研究,2015,365(7)：76 - 80.

[76] 林尚立.国内政府间关系[M].杭州：浙江人民出版社,1998：309 - 311.

[77] 龙太江,李娜.垂直管理模式下权力的配置与制约[J].云南行政学院学报,2007(6)：54 - 57.

[78] 罗湘衡.分析府际关系的四大主流模式研究[J].国外理论动态,2016,484(6)：88 - 100.

[79] 罗卫东,朱翔宇."权责对称"与我国分税制以来的财政体制改革[J].南京社会科学,2018,366(4)：30 - 38.

[80] 罗小军."虚化"地级市：浙江财政体制静悄悄的手术[EB/OL].(2003 - 12 - 03)[2024 - 03 - 29]. http://news.sohu.com/2003/12/03/13/news 216391336.shtml.

[81] 吕德文. 警惕村级债务反弹风险[EB/OL].(2021 - 05 - 07)[2024 - 03 - 29]. https://mp.weixin.qq.com/s/AH7SdED_NMvjjYAg8iQ09A.

[82] 蓝煜昕.地方政府机构改革轨迹、阶段性特征及其下一步[J].改革,2013,235(9)：13 - 19.

[83] 刘雪姣.压力型体制与基层政府权责不对等[J].云南行政学院学报,2021,23(5)：132 - 142.

[84] 刘雪姣.基层政府权责不对等现象及属地管理模式的研究[J].江汉学

术,2022,41(2)：53－62.

[85] 刘世定.低层政府干预下的软风险约束与"农村合作基金会"[J].社会学研究,2005(5)：26－52.

[86] 刘润忠.试析结构功能主义及其社会理论[J].天津社会科学,2005(5)：52－56.

[87] 刘祖云.政府间关系：合作博弈与府际治理[J].学海,2007,103(1)：79－87.

[88] 刘培伟.基于中央选择性控制的试验：中国改革"实践"机制的一种新解释[J].开放时代,2010,214(4)：59－81.

[89] 刘剑文.地方财源制度建设的财税法审思[J].法学评论,2014,32(2)：25－32.

[90] 刘骥,熊彩.解释政策变通：运动式治理中的条块关系[J].公共行政评论,2015,8(6)：88－112.

[91] 刘承礼.省以下政府间事权和支出责任划分[J].财政研究,2016a,406(12)：14－27.

[92] 刘承礼.以政府间分权看待政府间关系：理论阐释与中国实践[M].北京：中央编译出版社,2016b：74,93,94－95,113－116.

[93] 梁强,徐二明.从本体认知到战略行为偏向：制度逻辑理论评述与展望[J].经济管理,2018,40(2)：176－191.

[94] 廖超超,吴金群.政府间责权利交错的功能及其实现机制[J].江海学刊,2021,334(4)：139－146.

[95] 廖超超,游晨.政府间责权利交错缘何长期存在?：一个基于组织、制度、过程、功能的文献述评[J].云南行政学院学报,2023,25(6)：113－120.

[96] 李文钊.中央与地方政府权力配置的制度分析[M].北京：人民日报出版社,2017：50.

[97] 李建中.李建中同志在全国工商行政管理系统干部双重管理工作座谈会上的讲话[J].工商行政管理,1995(11)：18－21.

[98] 李齐云,刘小勇.我国事权与财力相匹配的财政体制选择[J].山东社会科学,2009,163(3)：74－77.

[99] 刘尚希,石英华,武靖州.公共风险视角下中央与地方财政事权划分研究[J].改革,2018,294(8):15-24.

[100] 刘勇政,贾俊雪,丁思莹.地方财政治理:授人以鱼还是授人以渔:基于省直管县财政体制改革的研究[J].中国社会科学,2019,283(7):43-63.

[101] 刘滨,许玉镇.权责失衡与剩余权配置:基层减负进程中的"问责悖论"[J].求实,2021,461(3):19-35.

[102] 李永友,沈玉平.财政收入垂直分配关系及其均衡增长效应[J].中国社会科学,2010(6):108-124.

[103] 李永友,张帆.垂直财政不平衡的形成机制与激励效应[J].管理世界,2019,35(7):43-59.

[104] 李侃如.治理中国:从革命到改革[M].胡国成,赵梅,译.北京:中国社会科学出版社,2010:189-190.

[105] 李宜春.论分权背景下的中国垂直管理体制:概况、评价及其完善建议[J].经济社会体制比较,2012,162(4):211-219.

[106] 李元珍.对抗、协作与共谋:条块关系的复杂互动[J].广东社会科学,2015,176(6):201-210.

[107] 李苗,崔军.政府间事权与支出责任划分:从错配到适配——兼论事权责任层次和权力要素的双重属性[J].公共管理与政策评论,2018,7(4):41-56.

[108] 鲁建坤,李永友.超越财税问题:从国家治理的角度看中国财政体制垂直不平衡[J].社会学研究,2018,33(2):62-87.

[109] 鲁敏.变迁与失衡:转型期地方政府的权责配置研究[J].云南社会科学,2012,185(1):64-68.

[110] 马克思,恩格斯.马克思恩格斯全集:第1卷[M].北京:人民出版社,1964:439.

[111] 马力宏.论政府管理中的条块关系[J].政治学研究,1998(4):71-77.

[112] 马骏,周超,於莉.尼斯坎南模型:理论争论与经验研究[J].武汉大学学报(哲学社会科学版),2005(5):674-680.

[113] 马斌.政府间关系:权力配置与地方治理——基于省、市、县政府间关

系的研究[M].杭州：浙江大学出版社,2009：160-164,162-163.

[114] 马斌,徐越倩.省管县体制变迁的浙江模式:渐进改革与制度路径[J]. 理论与改革,2010,171(1)：63-67.

[115] 马跃.宏观工作体制和乡镇应对策略：对"上面千条线、下面一根针" 的解读[J].经济社会体制比较,2011,154(2)：183-189.

[116] 毛益民.腐败涉入中的自我合理化：一种认知心理学分析[J].廉政文 化研究,2017,8(4)：7-14.

[117] 毛蕴诗,戴传斌.基于制度逻辑视角的商业银行信贷资源配置研究 [J].中山大学学报(社会科学版),2018,58(3)：178-188.

[118] 麻宝斌,郭蕊.权责一致与权责背离：在理论与现实之间[J].政治学 研究,2010,90(1)：72-78.

[119] 麻宝斌.政府执行力[M].北京：社会科学文献出版社,2015：143- 147.

[120] 默顿.社会理论和社会结构 [M]. 唐少杰,等译. 南京：译林出版社, 2015：151-155.

[121] 缪小林,伏润民.地方政府债务风险的内涵与生成：一个文献综述及 权责时空分离下的思考[J].经济学家,2013,176(8)：90-101.

[122] 倪星,王锐.从邀功到避责：基层政府官员行为变化研究[J].政治学 研究,2017,133(2)：42-51.

[123] 倪星,王锐.权责分立与基层避责：一种理论解释[J].中国社会科学, 2018,269(5)：116-135.

[124] 尼斯坎南.官僚制与公共经济学[M].王浦劬,译.北京：中国青年出版 社,2004：195.

[125] 欧阳静.政治统合制及其运行基础：以县域治理为视角[J].开放时 代,2019,284(2)：184-198.

[126] 彭小辉,史清华.农业政策变化的发生机理：基于多重制度逻辑视 角——以农村税费改革为例[J].中国软科学,2016,306(6)：39-51.

[127] 庞明礼,石珊,金舒.省直管县财政体制改革的困境与出路：基于对 H省174位财政局长的调查[J].财政研究,2013,362(4)：6-10.

[128] 庞明礼,于珂."有编不用"与"编外用工"何以共生?：基于县乡权责关

系视角的解释[J].学习与实践,2020,434(4):53-62.

[129] 潘小娟.中国政府改革七十年回顾与思考[J].中国行政管理,2019,412(10):25-32.

[130] 皮建才.垂直管理与属地管理的比较制度分析[J].中国经济问题,2014,285(4):13-20.

[131] 渠敬东,周飞舟,应星.从总体支配到技术治理:基于中国30年改革经验的社会学分析[J].中国社会科学,2009,180(6):104-127.

[132] 渠敬东.项目制:一种新的国家治理体制[J].中国社会科学,2012,197(5):113-130.

[133] 邱实.政府间事权划分的合理性分析:双重逻辑、必要支撑与优化进路[J].江苏社会科学,2019,304(3):136-142.

[134] 荣敬本,崔之元,王拴正,等.从压力型体制向民主合作体制的转变:县乡两级政治体制改革[M].北京:中央编译出版社,1998:28-43.

[135] 任博,孙涛.异责与共治:大城市政府职责纵向解构研究[J].内蒙古社会科学(汉文版),2017,38(5):47-51.

[136] 任勇.社会稳定风险评估中条块互动以及制约要素研究:基于L案例的考察[J].政治学研究,2017,137(6):57-68.

[137] 桑顿,奥卡西奥,龙思博.制度逻辑:制度如何塑造人和组织[M].汪少卿,杜运周,翟慎霄,等译.杭州:浙江大学出版社,2020:8,61-66,70-71,73-74,86,90-94,98-106,99-115,153-159.

[138] 史晋川,等.浙江省改革开放研究的回顾与展望[M].杭州:浙江大学出版社,2007:186.

[139] 史普原.科层为体、项目为用:一个中央项目运作的组织探讨[J].社会,2015,35(5):25-59.

[140] 史普原.政府组织间的权责配置:兼论"项目制"[J].社会学研究,2016,31(2):123-148.

[141] 史普原.项目制治理的边界变迁与异质性:四个农业农村项目的多案例比较[J].社会学研究,2019,34(5):69-93.

[142] 沙安文,沙萨娜.地方治理新视角和地方政府角色转化[J].公共行政评论,2009,2(3):76-106.

［143］沈荣华.各级政府公共服务职责划分的指导原则和改革方向［J］.中国行政管理,2007,259(1)：9－14.

［144］沈荣华.分权背景下的政府垂直管理：模式和思路［J］.中国行政管理,2009,291(9)：38－43.

［145］宋哲,沈亚平.法治视野下地方政府"权责悖论"问题研究［J］.天津师范大学学报(社会科学版),2017,252(3)：43－48.

［146］宋功德.行政责任制的结构性缺陷及其调整［J］.中国行政管理,2007,260(2)：14－17.

［147］孙秀林,周飞舟.土地财政与分税制：一个实证解释［J］.中国社会科学,2013,208(4)：40－59.

［148］孙发锋.从条块分割走向协同治理：垂直管理部门与地方政府关系的调整取向探析［J］.广西社会科学,2011,190(4)：109－112.

［149］孙学玉.垂直权力分合：省直管县体制研究［M］.北京：人民出版社,2013：72.

［150］孙豪,毛中根.效率公平权衡：理论框架与中国实践［J］.浙江社会科学,2019(11)：4－11.

［151］盛智明.地方政府部门如何规避风险？：以 A 市社区物业管理新政为例［J］.社会学研究,2017,32(5)：166－191.

［152］唐斯.官僚制内幕［M］.郭小聪,等译.北京：中国人民大学出版社,2006：86.

［153］汤森.中国政治［M］.顾速,译.南京：江苏人民出版社,2003：77.

［154］唐皇凤.常态社会与运动式治理：中国社会治安治理中的"严打"政策研究［J］.开放时代,2007,189(3)：115－129.

［155］汤火箭,谭博文.财政制度改革对中央与地方权力结构的影响：以财权和事权为视角［J］.宏观经济研究,2012,166(9)：11－18.

［156］谭建立.论中央与地方的财权、事权关系［J］.财政研究,2008,299(1)：35－38.

［157］谭海波,赵雪娇."回应式创新"：多重制度逻辑下的政府组织变迁——以广东省 J 市行政服务中心的创建过程为例［J］.公共管理学报,2016,13(4)：16－29.

[158] 童之伟.单一制、联邦制的区别及其分类问题探讨[J].法律科学(西北政法学院学报),1995(1)：32－36.

[159] 陶然,刘明兴,章奇.农民负担、政府管制与财政体制改革[J].经济研究,2003(4)：3－12.

[160] 田先红.弹性财政：基层化缘行为及其解释[J].西北师大学报(社会科学版),2021,58(2)：5－15.

[161] 涂端午.教育政策文本分析及其应用[J].复旦教育论坛,2009,7(5)：22－27.

[162] 韦伯.韦伯作品集 III：支配社会学[M].康乐,简惠美,译.桂林：广西师范大学出版社,2004：22－24.

[163] 王利平.制度逻辑与"中魂西制"管理模式：国有企业管理模式的制度分析[J].管理学报,2017,14(11)：1579－1586.

[164] 王振宇,郭艳娇.计划单列体制的改革属性、区域经济增长及改革突破方向[J].财贸经济,2018,39(12)：18－32.

[165] 王诗宗,杨宇.制度复杂性背景下的基层政策执行[J].中国社会科学,2025 (3)：97－110.

[166] 吴晓林.结构依然有效：迈向政治社会研究的"结构—过程"分析范式[J].政治学研究,2017,133(2)：96－108.

[167] 吴金群,等.省管县体制改革：现状评估及推进策略[M].南京：江苏人民出版社,2013：1,6,7,38.

[168] 吴金群.从市管县到省管县：历史制度主义视角下的变迁逻辑[J].中共杭州市委党校学报,2016(2)：36－42.

[169] 吴金群,付如霞.整合与分散：区域治理中的行政区划改革[J].经济社会体制比较,2017,189(1)：145－154.

[170] 吴金群.交错的科层和残缺的网络：省管县改革中的市县关系困局[J].北京行政学院学报,2017a,107(1)：1－8.

[171] 吴金群.市县协调发展何以可能：省管县改革后的区域治理体系研究[M].杭州：浙江大学出版社,2017b：99－102.

[172] 吴金群,廖超超.嵌入、脱嵌与引领：浙江的省市县府际关系改革及理论贡献：改革开放 40 年的回顾与反思[J].浙江社会科学,2018,267

(11)：22 - 30.

[173] 吴金群,廖超超,等.尺度重组与地域重构：中国城市行政区划调整40 年[M].上海：上海交通大学出版社,2018：108.

[174] 吴少微,魏姝.制度逻辑视角下的中国公务员分类管理改革研究[J].中国行政管理,2019,404(2)：29 - 34.

[175] 吴云法.浙江省"省管县"财政体制分析[J].经济研究参考,2004(86)：32 - 37.

[176] 吴帅,陈国权.中国地方府际关系的演变与发展趋势：基于"市管县"体制的研究[J].江海学刊,2008,253(1)：100 - 105.

[177] 吴帅."省管县"改革的维度与进度：基于政策文本的分析[J].北京行政学院学报,2010,70(6)：12 - 16.

[178] 吴帅.分权、制约与协调：我国纵向府际权力关系研究[D].杭州：浙江大学,2011.

[179] 吴理财.县乡关系的几种理论模式[J].江汉论坛,2009(6)：33 - 38.

[180] 王国清,吕伟.事权、财权、财力的界定及相互关系[J].财经科学,2000(4)：22 - 25.

[181] 王绍光.中国财政转移支付的政治逻辑[J].战略与管理,2002(3)：47 - 54.

[182] 王汉生,王一鸽.目标管理责任制：农村基层政权的实践逻辑[J].社会学研究,2009,24(2)：61 - 92.

[183] 王广庆,侯一麟,王有强.中国转移支付制度规范过程中的利益分化与整合：新制度经济学视角下对中国转移支付演变的一个解释[J].财贸研究,2011,22(4)：61 - 67.

[184] 王达梅.我国横向财政转移支付制度的政治逻辑与模式选择[J].当代财经,2013,340(3)：25 - 34.

[185] 王向澄,孙涛.政府职责体系的国际比较[J].上海行政学院学报,2014,15(6)：59 - 64.

[186] 王浦劬,等.中央与地方事权划分的国别研究及启示[M].北京：人民出版社,2016：8.

[187] 王浦劬.中央与地方事权划分的国别经验及其启示：基于六个国家经

验的分析[J].政治学研究,2016,130(5):44-58.

[188] 王冠,任建明.恢复重建以来中央纪律检查委员会的变迁历程[J].社会主义研究,2019,248(6):72-84.

[189] 王刚.风险的规避、转嫁与控制策略:基于中央与地方政府的对比分析[J].中国行政管理,2020,424(10):121-128.

[190] 王季,罗莎,肖宇佳.双重领导研究述评与展望[J/OL].南开管理评论:1-20[2025-04-26].http://kns.cnki.net/kcms/detail/12.1288.f.20230410.1609.002.html.

[191] 翁礼华.县政国之基:财政省直管县的历史必然性[J].经济研究参考,2014,2600(40):8-12.

[192] 西蒙.管理行为[M].4版.詹正茂,译.北京:机械工业出版社,2004:180-185.

[193] 徐现祥,李郇,王美今.区域一体化、经济增长与政治晋升[J].经济学(季刊),2007,26(4):1075-1096.

[194] 薛立强.授权体制:改革开放时期政府间纵向关系研究[M].天津:天津人民出版社,2010:133-134.

[195] 谢庆奎,燕继荣,赵成根.中国政府体制分析[M].北京:中国广播电视出版社,1995:197-198.

[196] 谢庆奎.中国政府的府际关系研究[J].北京大学学报(哲学社会科学版),2000(1):26-34.

[197] 徐勇.乡村治理结构改革的走向:强村、精乡、简县[J].战略与管理,2003(4):90-97.

[198] 徐阳光.论建立事权与支出责任相适应的法律制度:理论基础与立法路径[J].清华法学,2014,8(5):88-102.

[199] 许玉镇,刘滨.权责结构与领导批示:官员问责的政治逻辑分析——基于2005年以来我国安全生产事故官员问责的混合研究[J].吉林大学社会科学学报,2020,60(2):145-158.

[200] 于树一.论国家治理框架下事权和支出责任相适应的政府间财政关系[J].地方财政研究,2015,127(5):11-16.

[201] 郁建兴,李琳.当代中国地方政府间关系的重构:基于浙江省县乡两

级政府扩权改革的研究[J].学术月刊,2016,48(1)：101‐116.

[202] 郁建兴.辨析国家治理、地方治理、基层治理与社会治理[N].光明日报,2019‐08‐30(11).

[203] 叶贵仁.乡镇长权责不对等研究：以一个城关镇为个案[J].江西师范大学学报(哲学社会科学版),2007,138(6)：51‐56.

[204] 叶贵仁.乡镇行政年历：一个解释性框架[J].甘肃行政学院学报,2009a,75(5)：30‐36.

[205] 叶贵仁."镇改街道"的逻辑：以广东省 T 镇为个案(2001—2006)[J].公共管理研究,2009b,7(0)：71‐83.

[206] 叶贵仁."逆向软预算约束"：乡镇长权责不对等的理论解释[J].华南理工大学学报(社会科学版),2010,12(3)：39‐42.

[207] 叶贵仁,欧阳航.经济发达镇"权虚责实"悖论的生成与化解：基于简政放权的视角[J].行政论坛,2021,28(2)：134‐141.

[208] 叶贵仁,陈燕玲.约束型自主：基层政府事权承接的逻辑[J].中国行政管理,2021,427(1)：21‐28.

[209] 闫坤,于树一.论我国政府间财政支出责任的"错配"和"纠错"[J].财政研究,2013,366(8)：14‐18.

[210] 杨灿明,鲁元平.地方政府债务风险的现状、成因与防范对策研究[J].财政研究,2013,369(11)：58‐60.

[211] 杨志云,殷培红,夏冰.政府部门职责分工及交叉的公众感知：基于环境管理领域的分析[J].中国行政管理,2015,360(6)：82‐87.

[212] 杨雪冬.压力型体制：一个概念的简明史[J].社会科学,2012,387(11)：4‐12.

[213] 杨雪冬.条块关系问题的产生及其协调[J].探索与争鸣,2020,373(11)：40‐42.

[214] 杨华.基层治理的形式主义何以发生：从乡镇职能部门关系反思治理问题[J].文化纵横,2019,64(2)：53‐60.

[215] 杨华."认真应付政治任务"：从县域条块机制探讨基层形式主义产生的根源[J].东方学刊,2020,7(1)：2‐9.

[216] 杨其静,聂辉华.保护市场的联邦主义及其批判[J].经济研究,2008,

479(3)：99 - 114.

[217] 尹振东.垂直管理与属地管理：行政管理体制的选择[J].经济研究，2011,46(4)：41 - 54.

[218] 尹振东,聂辉华,桂林.垂直管理与属地管理的选择：政企关系的视角[J].世界经济文汇,2011,205(6)：1 - 10.

[219] 颜昌武,赖柳媚.基层治理中的责任状："督责令"还是"免责单"？[J].理论与改革,2020,232(2)：69 - 79.

[220] 颜昌武,许丹敏.属地管理与基层自主性：乡镇政府如何应对有责无权的治理困境[J].理论与改革,2021a,238(2)：73 - 86.

[221] 颜昌武,许丹敏.基层治理中的属地管理：守土有责还是甩锅推责？[J].公共管理与政策评论,2021b,10(2)：102 - 112.

[222] 颜昌武,杨郑媛.加压式减负：基层减负难的一个解释性框架[J].理论与改革,2022,243(1)：76 - 86.

[223] 燕继荣.政治学十五讲[M].2 版.北京：北京大学出版社,2013：77 - 78.

[224] 杨亚军,朱寒秋.地方政府招商引资优惠"小政策"问题及改进对策建议[J].财政科学,2024 (8)：73 - 81.

[225] 袁渊,左翔."扩权强县"与经济增长：规模以上工业企业的微观证据[J].世界经济,2011,34(3)：89 - 108.

[226] 郑永年."行为联邦制"：中央—地方关系变革与动力[M].邱道隆,译.北京：东方出版社,2013：8,35.

[227] 周怡.社会结构：由"形构"到"解构"——结构功能主义、结构主义和后结构主义理论之走向[J].社会学研究,2000(3)：55 - 66.

[228] 曾鲲,皮祖彪.论行政权责不对等[J].行政论坛,2004(2)：17 - 18.

[229] 张紧跟,周勇振.信访维稳属地管理中基层政府政策执行研究：以 A 市檀乡为例[J].中国行政管理,2019,403(1)：80 - 87.

[230] 张紧跟,唐玉亮.流域治理中的政府间环境协作机制研究：以小东江治理为例[J].公共管理学报,2007,15(3)：50 - 56.

[231] 赵鼎新."天命观"及政绩合法性在古代和当代中国的体现[J].龚瑞雪,胡婉,译.经济社会体制比较,2012,159(1)：116 - 121.

［232］ 赵鼎新.国家合法性和国家社会关系［J］.学术月刊,2016,48(8)：166－178.

［233］ 赵一苇,贺斌,姜璇.财税体制改革：中央和地方的进一步磨合［EB/OL］.(2018－07－02)［2024－03－29］.https：//www.chinanews.com.cn/cj/2018/07－02/8553360.shtml.

［234］ 周志忍.西方发达国家是否也存在"层层加码"［J］.人民论坛,2016,525(21)：25－27.

［235］ 周黎安.晋升博弈中政府官员的激励与合作：兼论我国地方保护主义和重复建设问题长期存在的原因［J］.经济研究,2004(6)：33－40.

［236］ 周黎安.中国地方官员的晋升锦标赛模式研究［J］.经济研究,2007,471(7)：36－50.

［237］ 周黎安.转型中的地方政府：官员激励与治理［M］.上海：格致出版社,2008：58.

［238］ 周黎安.行政发包制［J］.社会,2014a,34(6)：1－38.

［239］ 周黎安.再论行政发包制：对评论人的回应［J］.社会,2014b,34(6)：98－113.

［240］ 周黎安,吴敏.省以下多级政府间的税收分成：特征事实与解释［J］.金融研究,2015,424(10)：64－80.

［241］ 周雪光.组织社会学十讲［M］.北京：社会科学文献出版社,2003：78.

［242］ 周雪光."逆向软预算约束"：一个政府行为的组织分析［J］.中国社会科学,2005(2)：132－143.

［243］ 周雪光.基层政府间的"共谋现象"：一个政府行为的制度逻辑［J］.社会学研究,2008,138(6)：1－21.

［244］ 周雪光,艾云.多重逻辑下的制度变迁：一个分析框架［J］.中国社会科学,2010,184(4)：132－150.

［245］ 周雪光.权威体制与有效治理：当代中国国家治理的制度逻辑［J］.开放时代,2011,232(10)：67－85.

［246］ 周雪光.运动型治理机制：中国国家治理的制度逻辑再思考［J］.开放时代,2012,243(9)：105－125.

［247］ 周雪光,程宇.通往集体债务之路：政府组织、社会制度与乡村中国的

公共产品供给[J].公共行政评论,2012,5(1):46-77.

[248] 周雪光.国家治理逻辑与中国官僚体制:一个韦伯理论视角[J].开放时代,2013,249(3):5-28.

[249] 周雪光.中国国家治理及其模式:一个整体性视角[J].学术月刊,2014a,46(10):5-11.

[250] 周雪光.行政发包制与帝国逻辑 周黎安《行政发包制》读后感[J].社会,2014b,34(6):39-51.

[251] 周雪光.项目制:一个"控制权"理论视角[J].开放时代,2015,260(2):82-102.

[252] 周雪光.中国国家治理的制度逻辑:一个组织学研究[M].北京:生活·读书·新知三联书店,2017:9.

[253] 周雪光,艾云,葛建华,等.党政关系:一个人事制度视角与经验证据[J].社会,2020,40(2):137-167.

[254] 周飞舟.分税制十年:制度及其影响[J].中国社会科学,2006(6):100-115.

[255] 周飞舟.财政资金的专项化及其问题:兼论"项目治国"[J].社会,2012,32(1):1-37.

[256] 周飞舟.以利为利:财政关系与地方政府行为[M].上海:上海三联书店,2012:12,62,138-141.

[257] 周飞舟,谭明智.当代中国的中央地方关系[M].北京:中国社会科学出版社,2014:157.

[258] 周振超.打破职责同构:条块关系变革的路径选择[J].中国行政管理,2005(9):103-106.

[259] 周振超.条块关系:政府间关系的一种分析视角[J].齐鲁学刊,2006(3):144-147.

[260] 周振超.轴心辐射模式:一个制度性分权长期难以推行的解释框架[J].理论探讨,2008,140(1):22-25.

[261] 周振超.当代中国政府"条块关系"研究[M].天津:天津人民出版社,2009:2,45-59,125,135-138.

[262] 周振超,李安增.政府管理中的双重领导研究:兼论当代中国的"条块

关系"[J].东岳论丛,2009,177(3)：134-138.

[263] 周振超,张金城.职责同构下的层层加码：形式主义长期存在的一个解释框架[J].理论探讨,2018,203(4)：28-33.

[264] 周振超.构建简约高效的基层管理体制：条块关系的视角[J].江苏社会科学,2019,304(3)：143-149.

[265] 周振超.中国条块关系模式的特色与功能[J].探索与争鸣,2020,373(11)：34-36.

[266] 周武星,田发,蔡志堂."省管县"改革对经济增长的实证研究：来自浙江省各县的经验分析[J].哈尔滨商业大学学报(社会科学版),2014,137(4)：54-59.

[267] 周光辉,王宏伟.对口支援：破解规模治理负荷的有效制度安排[J].学术界,2020,269(10)：14-32.

[268] 张国磊,张新文.垂直管理体制下地方政府与环保部门的权责对称取向[J].北京理工大学学报(社会科学版),2018,20(3)：18-25.

[269] 张康之,张乾友.公共行政学[M].北京：中国人民大学出版社,2016：44.

[270] 赵合云.省以下财政体制权责不对称的经济学分析[J].中央财经大学学报,2006(3)：1-5.

[271] 张光.十八大以来我国事权和财权划分政策动向：突破还是因循?[J].地方财政研究,2017,150(4)：12-18.

[272] 朱旭峰,吴冠生.中国特色的央地关系：演变与特点[J].治理研究,2018,34(2)：50-57.

[273] 朱光磊.当代中国政府过程[M].2版.天津：天津人民出版社,2002：1-21,329.

[274] 朱光磊,张志红."职责同构"批判[J].北京大学学报(哲学社会科学版),2005(1)：101-112.

[275] 朱光磊,张志红.职责同构：中国政府纵向职责配置的基本特征[J].治理研究,2024,40(6)：4-14.

[276] 朱光磊,杨智雄.职责序构：中国政府职责体系的一种演进形态[J].学术界,2020,264(5)：14-23.

[277] 竺乾威.机构改革的演进：回顾与前景[J].公共管理与政策评论，2018,7(5)：7-13.

[278] 张志红.中国政府职责体系建设路径探析[J].南开学报(哲学社会科学版),2020(3)：10-18

[279] 张占斌.省管县体制改革的实践创新[M].北京：国家行政学院出版社,2008：55-57.

[280] 中央财经大学课题组,安秀梅.中央政府与地方政府责任划分与支出分配研究[J].经济体制改革,2006(6)：10-15.

[281] 浙江省政府志编纂委员会.浙江省政府志(下)[M].杭州：浙江人民出版社,2014：823,877.

[282] 张翔.城市基层治理对行政协商机制的"排斥效应"[J].公共管理学报,2017,14(1)：49-60.

[283] 张翔.基层政策执行的"共识式变通"：一个组织学解释——基于市场监管系统上下级互动过程的观察[J].公共管理学报,2019,16(4)：1-11.

[284] 张劲松,等.政府关系[M].广州：广东人民出版社,2008：245-248.

[285] 张永生.政府间事权与财权如何划分？[J].经济社会体制比较,2008,136(2)：71-76.

[286] 张永生.中央与地方的政府间关系：一个理论框架及其应用[J].经济社会体制比较,2009,142(2)：65-71.

[287] 张晋武.中国政府间收支权责配置原则的再认识[J].财贸经济,2010,343(6)：46-51.

[288] 张丙宣.地方政府的选择性治理：制度基础与优化机制[J].公共管理与政策评论,2014,3(4)：25-31.

[289] 张铮,包涵川.属地管理：一个关于行政层级延长的分析框架——基于对Z街道办事处的观察[J].中国行政管理,2018,158(6)：94-99.

[290] 张振国.清代"冲繁疲难"制度再审视：以乾隆七年制度调整为中心[J].清史研究,2019,115(3)：47-65.

[291] 折晓叶,陈婴婴.项目制的分级运作机制和治理逻辑：对"项目进村"案例的社会学分析[J].中国社会科学,2011,190(4)：126-148.

[292] 钟开斌.对口支援灾区：起源与形成[J].经济社会体制比较,2011 (6)：140-146.

[293] 钟晓敏,叶宁.浙江"省管县"财政体制改革的创新与实践[M]// 浙江 省社会科学界联合会.浙江现象与浙江学术.北京：光明日报出版社, 2008：108-110.

[294] ADLER R W. Unfunded mandates and fiscal federalism: a critique [J]. Vanderbilt Law Review, 1997, 50(5)：1135-1256.

[295] ALFORD R R, FRIEDLAND R. Powers of theory: capitalism, the state, and democracy[M]. Cambridge: Cambridge University Press, 1985.

[296] ANDERSON E G. Enhancing the political safeguards of federalism? The unfunded mandates reform act of 1995[J]. University of Kansas Law Review, 1997, 45(4)：1113-1183.

[297] BAILEY S. Local government economics: theory, policy, and practice[M] Basingstoke: Macmillan, 1999.

[298] BRETON A. Competitive governments: an economic theory of politics and public finance[M]. Cambridge: Cambridge University Press, 1996.

[299] BURTON T, DOLLERY B, WALLIS J A. Century of vertical fiscal imbalance in Australian federalism[J]. History of Economics Review, 2002,36(1)：26-43.

[300] BOUTON L, GASSNERA M, VERARDI V. Redistributing income under fiscal vertical imbalance[J]. European Journal of Political Economy, 2008, 24(2)：317-328.

[301] BUCHANAN J M. An economic theory of clubs[J]. Economica, 1965, 32(125)：1-14.

[302] BRENNAN G, BUCHANAN J M. Towards a tax constitution for leviathan[J]. Journal of Public Economics, 1977, 8(3)：255-273.

[303] BRENNAN G, BUCHANAN J M. The power to tax: analytic foundations of a fiscal constitution[M]. New York: Cambridge

University Press, 1980.

[304] BERNSTEIN T P, LV X. Taxation without representation in rural China[M]. New York: Cambridge University Press, 2003.

[305] BORGE L, RATTSO J. Spending growth with vertical fiscal imbalance: decentralization government spending in Norway, 1880 – 1990[J]. Economics and Politics, 2002, 14(3): 351 – 373.

[306] BLANCHARD O, SHLEIFER A. Federalism with and without political centralization: China versus Russia[J]. IMF Economic Review, 2001 (Suppl 1): 171 – 179.

[307] BESHAROV M L, SMITH W K. Multiple institutional logics in organizations: explaining their varied nature and implications[J]. Academy of Management Review, 2014, 39(3):364 – 381.

[308] CHEN K. Fiscal centralization and the form of corruption in China [J]. European Journal of Political Economy, 2004, 20(4): 1001 – 1009.

[309] CHEN K, HILLMAN A L, GU Q Y. From the helping hand to the grabbing hand: fiscal federalism and corruption in China[M]// WONG J, DING, L. China's economy into the new century: structural issues and problems. Singapore: Singapore University Press and World Scientific, 2002: 193 – 215.

[310] COURANT P N, GRAMLICH E M, RUBINFELD D L. Public employee market power and the level of government spending[J]. The American Economic Review, 1979,69(5):806 – 817.

[311] CAI H, TREISMAN D. Did government decentralization cause China's economic miracle? [J]. World Politics, 2006, 58(4): 505 – 535.

[312] CAO Z, ZHANG X. Structure hypothesis of authoritarian rule: evidence from the lifespans of China's dynasties[J]. Journal of Chinese Governance, 2018, 3 (1): 1 – 24.

[313] DABLA-NORRIS E. Issues in intergovernmental fiscal relations in

China[M]. Washington, DC: International Monetary Fund, 2005.

[314] DUNLEAVY P. Bureaucrats budgets and the growth of the state: reconstructing an instrumental model[J]. British Journal of Political Science, 1985, 15(3): 299 - 328.

[315] DUNLEAVY P. The architecture of the British state, part one: framework for analysis[J]. Public Administration, 1989(67):249 - 275.

[316] DUNLEAVY P. Democracy, bureaucracy, and public choice: economic explanations in political science [M]. New York: Harvester Wheatsheaf, 1991.

[317] DUNN M B, JONES C. Institutional logics and institutional pluralism: the contestation of care and science logics in medical education, 1967 - 2005[J]. Administrative Science Quarterly, 2010, 55 (1) :114 - 149.

[318] DZIOBEK C, MANGA C G, KUFA P. Measuring fiscal decentralization-exploring the IMF's databases[J]. IMF Working Paper, 2011, 126: 1 - 30.

[319] DIMAGGIO P J, POWELL W W. The iron cage revisited: institutional isomorphism and collective rationality in organizational fields[J]. American Sociological Review, 1983, 48(2): 147 - 160.

[320] DIMAGGIO P J, POWELL W W. Introduction in the new institutionalism in organizational analysis[M]. Chicago: University of Chicago Press, 1991.

[321] DE FIGUEIREDO R J, WINGAST B R. Self-enforcing federalism [J]. Journal of Law, Economics, & Organization, 2005, 21(1): 103 - 135

[322] EYRAUD L, LUSINYAN L. Vertical fiscal imbalances and fiscal performance in advanced economies [J]. Journal of Monetary Economics, 2013, 60(5): 571 - 587.

[323] FEIOCK R C. The institutional collective action framework[J]. The

Policy Studies Journal, 2013, 41(3): 397 - 425.

[324] FAN Y. The centre decides and the local pays: mandates and politics in local government financial management in China[J]. Local Government Studies, 2015,41(4): 516 - 533.

[325] FAN Y. The Politics of mandates in financing local government operations in China: an administrative or fiscal dilemma? [J]. China Review, 2017, 17(3):31 - 57.

[326] FRIEDLAND R, ALFORD R R. Bringing society back in: symbols, practices, and institutional contradictions[M]// POWELL W W, DIMAGGIO P. The new institutionalism in organizational analysis. Chicago: University of Chicago Press, 1991:232 - 263.

[327] GRANOVETTER M. Economic action and social structure: the problem of embeddedness[J]. American Journal of Sociology, 1985, 91(3): 481 - 510.

[328] GREWAL B. Vertical fiscal imbalance in Australia: a problem for tax structure, not for revenue sharing[J]. CSES Working Paper, 1995(2):1 - 38.

[329] GUO G. Vertical imbalance and local fiscal discipline in China[J]. Journal of East Asian Studies, 2008, 8(1): 61 - 88.

[330] GUO H. Government layers and fiscal transfers: a quasi-experiment of fiscal reform in China[J]. Public Finance and Management, 2014, 14(4): 459 - 481.

[331] GREENWOOD R, DÍAZ A, MAGÁN L S X, et al. The multiplicity of institutional logics and the heterogeneity of organizational responses [J]. Organization Science, 2010, 21(2):521 - 539.

[332] GREENWOOD R, RAYNARD M, KODEI F, et al. Institutional complexity and organizational responses[J]. The Academy of Management Annals, 2011, 5(1):317 - 371.

[333] HUNTER J S H. Vertical intergovernmental financial imbalance: a framework for evaluation[J]. Public Finance Analysis, 1974, 32

(2)：481-492.

[334] HUANG Y. The administrative monitoring in China [J]. China Quarterly, 1995(143)：828-843.

[335] HUANG B, CHEN K. Are intergovernmental transfers in China equalizing? [J]. China Economic Review, 2012, 23(3)：534-551.

[336] HAMILTON A, MADISON J, JAY J. The Federalist Papers [M]// FAIRFIELD R P. Baltimore：Johns Hopkins University Press, 1787.

[337] HETTICH W, WINER S. Vertical imbalance in the fiscal systems of federal states[J]. Canadian Journal of Economics, 1986, 19(4)：745-765.

[338] JACKALL R. Moral mazes：the world of corporate managers[M]. New York：Oxford University Press, 1988：112.

[339] JIA J, GUO Q, ZHANG J. Fiscal decentralization and local expenditure policy in China[J]. China Economic Review, 2014, 28：107-122.

[340] JIN H, QIAN Y, WEINGAST B R. Regional decentralization and fiscal incentives：federalism, Chinese style[J]. Journal of Public Economics, 2005, 89(9-10)：1719-1742.

[341] JIN J, ZOU H. Soft-budget constraints and local government in China[M]// RODDEN J, ESKELAND G S, LITVACK J. Fiscal decentralization and the challenge of hard budget constraints. Cambridge：MIT Press, 2003：289-323.

[342] KARPOWICZ I. Narrowing vertical fiscal imbalances in four European countries[J]. IMF Working Paper, 2012, 12(91)：1-21.

[343] KORNAI J. The socialist system：the political economy of communism[M]. Princeton：Princeton University Press, 1992.

[344] KRAATZ M S, BLOCK E S, GLYNN M A, et al. Organizational implications of institutional pluralism [M]// GREENWOOD R, OLIVER C, SUDDABY R, et al. The sage handbook of organizational

institutionalism. London: SAGE, 2008:243 - 275.

[345] LEVI M. Of rule and revenue [M]. Berkeley: University of California Press, 1988.

[346] LOONEY K E. China's campaign to build a new socialist countryside: village modernization, peasant councils, and the Ganzhou model of rural development [J]. The China Quarterly, 2015, 224: 909 - 932.

[347] LOUNSBURY M A. Tale of two cities: competing logics and practice variation in the professionalizing of mutual funds [J]. Academy of Management Journal, 2007, 50(2) :289 - 307.

[348] LOUNSBURY M, BOXENBAUM E. Institutional logics in action [J]. Research in the Sociology of Organizations, 2013 (39A) : 3 - 22.

[349] LI L. Political trust in rural China[J]. Modern China, 2004, 30(2): 228 - 258.

[350] LI L C, YANG Z. What causes the local fiscal crisis in China: the role of intermediaries[J]. Journal of Contemporary China, 2015, 24 (94): 573 - 593.

[351] LIU Y, ALM J. "Province-managing-county" fiscal reform, land expansion, and urban growth in China [J]. Journal of Housing Economics, 2016(33): 82 - 100.

[352] LIU M, WANG J, TAO R, et al. The political economy of earmarked transfers in a state-designated poor county in western China: central policies and local responses [J]. The China Quarterly, 2009, 200: 973 - 994.

[353] LICHTENBERG E, DING C. Local officials as land developers: urban spatial expansion in China[J]. Journal of Urban Economics, 2009, 66(1): 57 - 64.

[354] LAM W R, JIANG W, VAN EDEN H. Local government finances and fiscal risks[R]// LAM W R, RODLAUER M, SCHIPKE A.

Modernizing China: investing in soft infrastructure. Washington, DC: International Monetary Fund, 2017:163 - 189.

[355] LIEBERTHAL K, OKSENBERG M. Policy making in China: leaders, structures, and processes[M]. Princeton NJ: Princeton University Press, 1988.

[356] MERTHA A. China's "soft" centralization: shifting Tiao/Kuai authority relations[J]. The China Quarterly, 2005(184): 791 - 810.

[357] MADDEN J. The economics of vertical fiscal imbalance: an applied general equilibrium approach[J]. Australian Tax Forum, 1993, 10 (1):75 - 90.

[358] MUSGRAVE R A. The theory of public finance: a study of public economy[M]. New York: McGraw-Hill, 1959.

[359] MEYER J W, ROWAN B. Institutionalized organizations: formal structure as myth and ceremony[J]. American Journal of Sociology, 1977, 83(2): 340 - 363.

[360] MEYER J W, BOLI J, THOMAS G M, et al. World society and the nation-state[J]. American Journal of Sociology, 1997, 103(1): 144 - 181.

[361] MARTINEZ-VAZQUEZ J, QIAO B, ZHANG L. The role of provincial policies in fiscal equalization outcomes in China[J]. China Review, 2008, 8 (2): 135 - 167.

[362] MARQUIS C, LOUNSBURY M, RÉSISTANCE V L. Competing logics and the consolidation of U. S. community banking [J]. Academy of Management Journal, 2007, 50(4) :799 - 820.

[363] MASKIN E, QIAN Y, XU C. Incentives, scale economies, and organization form[J]. Review of Economic Studies, 2000(67): 359 - 378.

[364] MONTINOLA G, QIAN Y, WEINGAST B. Federalism, Chinese style: the political basis for economic success in China[J]. World Politics, 1995, 48(1): 50 - 81.

[365] MILGROM P, ROBERTS J. Economics, organization, and management[M]. Englewood Cliffs, N.J.: Prentice-Hall, 1992.

[366] NIU M. Fiscal decentralization in China revisited[J]. Australian Journal of Public Administration, 2013, 72(3):251-263.

[367] NEE V, INGRAM P. Embeddedness and beyond: institutions, exchange, and social structural[M]// BRINTON M C, NEE V. The new institutionalism in sociology. New York: Russell Sage Foundation, 1998: 19-45.

[368] NISKANEN W A. Bureaucracy and representative government[M]. Chicago: Aldine Atherton, 1971.

[369] OATES W E. Fiscal federalism[M]. New York: Harcourt Brace Jovanovich, 1972.

[370] OATES W E. An essay on fiscal federalism[J]. Journal of Economic Literature 1999, 37(3): 1120-1149.

[371] OATES W E. Toward a second-generation theory of fiscal federalism[J]. International Tax and Public Finance, 2005,12(4): 349-373.

[372] OATES W E. On the evolution of fiscal federalism: theory and institutions[J]. National Tax Journal, 2008, 61(2):313-322.

[373] OLSON M. The principle of fiscal equivalence: the division of responsibilities among different levels of government[J]. American Economic Review, 1969, 59(2): 479-487.

[374] OCASIO W. Towards an attention-based view of the firm[J]. Strategic Management Journal, 1997, 18(S1):187-206.

[375] POSNER P. The politics of unfunded mandates: wither federalism? [M]. Washington, DC: Georgetown University Press, 1998.

[376] PARSONS T.The social system [M]. 2nd ed. London: Routledge, Taylor & Francis Group,1991.

[377] PURDY J M, GRAY B. Conflicting logics, mechanisms of diffusion, and multilevel dynamics in emerging institutional fields

[J]. Academy of Management Journal, 2009, 52(2):355 - 380.

[378] QIAN Y, XU C. Why China's economic reforms differ: the M-form hierarchy and entry/expansion of the non-state sector [J]. Economics of Transition, 1993, 1(2): 135 - 170.

[379] QIAN Y, WEINGAST B R. China's transition to markets: market-preserving federalism, Chinese style[J]. Journal of Policy Reform, 1996, 1(2):149 - 185.

[380] QIAN Y, WEINGAST B R. Federalism as a commitment to preserving market incentives[J]. Journal of Economic Perspectives, 1997, 11(4): 83 - 92.

[381] QIAN Y, ROLAND G. Federalism and the soft budget constraint [J]. American Economic Review, 1998, 88:1143 - 1162.

[382] QIAN Y, ROLAND G, XU C. Why is China different from eastern Europe? perspectives from organization theory [J]. European Economic Review, 1999, 43(4 - 6): 1085 - 1094.

[383] QIAN Y, ROLAND G, XU C. Coordination and experimentation in m-form and u-form organizations[J]. Journal of Political Economy, 2006, 114(2): 366 - 402.

[384] RUBINFELD D. Economics of the local public sector [M]// AUERBACH A J, FELDSTEIN M S. Handbook of Public Economics Vol. II. New York: Elsevier, 1987:571 - 646.

[385] RATTSO J. Vertical imbalance and fiscal behavior in welfare state: Norway[M]// RODDEN J, ESKELAND G S, LITVACK J. Fiscal decentralization and the challenges of hard budget constraint. Cambridge, MA: MIT Press, 2003:133 - 159.

[386] RODDEN J. Soft budget constraints and German federalism[M]// RODDEN J, ESKELAND G S, LITVACK J. Fiscal decentralization and the challenges of hard budget constraint. Cambridge, MA: MIT Press, 2003:161 - 186.

[387] REAY T, HININGS C R. Managing the rivalry of competing

institutional logics[J]. Organization Studies, 2009, 30(6):629 - 652.

[388] SCOTT A D. The evaluation of federal grants[J]. Economica, 1952, 19(76):377 - 394.

[389] SALMON P. Decentralization as an incentive scheme[J]. Oxford Review of Economic Policy, 1987, 3(2):24 - 43.

[390] TIEBOUT C M. A pure theory of local expenditures[J]. Journal of Political Economy, 1956, 64(5): 416 - 424.

[391] TILLY C. To explain political processes[J]. American Journal of Sociology, 1995, 100(6): 594 - 610.

[392] THORNTON P H. Markets from culture: institutional logics and organizational decisions in higher education publishing [M]. Stanford: Stanford University Press, 2004.

[393] THORNTON P H, OCASIO W. Institutional logics and the historical contingency of power in organizations: executive succession in the higher education publishing industry, 1958 - 1990 [J]. American Journal of Sociology, 1999,105: 801 - 843.

[394] THORNTON P H, OCASIO W. Institutional logics [M]// GREENWOOD R, OLIVER C, SUDDABY R, et al. The sage handbook of organizational institutionalism. London: SAGE, 2008: 99 - 128.

[395] THORNTON P H, OCASIO W, LOUNSBURY M. The institutional logics perspective: a new approach to culture, structure, and process[M]. New York: Oxford University Press, 2012: 10, 18,52 - 56,59 - 60,62 - 63,68 - 73,78 - 80,84 - 98,106,132 - 136, 170 - 172.

[396] TSUI K T, WANG Y. Between separate stoves and a single menu: fiscal decentralization in China[J]. The China Quarterly, 2004, 177: 71 - 90.

[397] TSUI K, WANG Y. Decentralization with political trump: vertical control, local accountability and regional disparity in China[J].

China Economic Review, 2008, 19(1):18 - 31.

[398] VENKATARAMAN H, VERMEULEN P, RAAIJMAKERS A, et al. Market meets community: institutional logics as strategic resources for development work[J]. Organization Studies, 2016, 37 (5): 709 - 733.

[399] WALDER A G. Communist neo-traditionalism: work and authority in Chinese industry[M]. Berkeley: University of California Press, 1986.

[400] WEINGAST B R. The economic role of political institutions: market-preserving federalism and economic development [J]. Journal of Law Economics, and Organization, 1995, 11(1): 1 - 31.

[401] WEINGAST B R. The constitutional dilemma of economic liberty [J]. The Journal of Economic Perspectives, 2005, 19(3): 89 - 108.

[402] WEINGAST B R. Second generation fiscal federalism: the implications of fiscal incentives[J]. Journal of Urban Economics, 2009, 65(3): 279 - 293.

[403] WEINGAST B R. Second generation fiscal federalism: political aspects of decentralization and economic development[J]. World Development, 2014, 53: 14 - 25.

[404] WONG C P W. Central-local relations in an era of fiscal decline: the paradox of fiscal decentralization in post-mao China[J]. The China Quarterly, 1991, 128: 691 - 715.

[405] WONG C P W. Central-local Relations revisited: the 1994 tax sharing reform and public expenditure management in China[J]. China Perspectives, 2000(31):52 - 63.

[406] WONG C P W, BIRD R M. China's fiscal system: a work in progress[M]// BRANDT L, RAWSKI T G. China's great economic transformation. Cambridge: Cambridge University Press, 2008: 429 - 466.

[407] WEST L A, WONG C P W. Fiscal decentralization and growing

regional disparities in rural China: some evidence in the provision of social services[J]. Oxford Review of Economic Policy, 1995, 11 (4): 70 - 84.

[408] WANG W, ZHENG X, ZHAO Z. Fiscal reform and public education spending: a quasi-natural experiment of fiscal decentralization in China [J]. Publius: The Journal of Federalism, 2012, 42(2): 334 - 356.

[409] XU C. The fundamental institutions of China's reforms and development[J].Journal of Economic Literature, 2011, 49(4): 1076 - 1151.

[410] YANG D L. Patterns of China's regional development strategy[J]. The China Quarterly, 1990, (122): 230 - 257.

[411] YANG H, ZHAO D. Performance legitimacy, state autonomy and China's economic miracle[J]. Journal of Contemporary China, 2015, 24(1): 64 - 82.

[412] ZELINSKY E A. Unfunded mandates, hidden taxation, and the Tenth Amendment: on public choice, public interest, and public services[J]. Vanderbilt Law Review, 1993, 46(6): 1355 - 1415.

[413] ZILBER T B. Institutional multiplicity in practice: a tale of two high-tech conferences in Israel[J]. Organization Science, 2011(6) : 1539 - 1559.

[414] ZUKIN S, DIMAGGIO P J. Structures of capital: the social organization of economy[M]. New York: Cambridge University Press, 1990.

[415] ZHANG P, ZHU C, HOU Y. Fiscal decentralization, flat administrative structure, and local government size: evidence and lessons from China[J]. Public Administration and Development, 2016, 36(3): 198 - 214.

索　引

后　记

　　本书是在博士论文的基础上修改而成,受到浙江工业大学、浙江省舆情研究中心的资助而得以出版。

　　2017 年,我凭着"初生牛犊不怕虎"的勇敢与"书山有路勤为径"的执着幸运地"撞开"了浙大的门。而今日,我带着丰富多彩的经历、丰盈笃定的内心与清醒理智的头脑走向社会。这一切都要感谢浙大给我提供了最好的平台,让我遇到了许多在思想上启发我与在学术上指引我的老师,也让我遇到了许多在学习中激励我与在生活中温暖我的同学和朋友,更让我有机会找到更大的舞台去展示与探索自我。

　　感谢浙江大学,让我完成了许多从前只能在梦想清单中列一列的事情。在这里,我第一次有机会近距离听到来自世界各地的名校老师的讲课与演讲,让我在生动的演说与有趣的对话中激动不已。第一次有机会在各种国内国际会议上汇报我的研究成果或学习他人的研究成果,让我在各种思想的碰撞与有趣的对话中激起内心深处强烈的学习欲望。第一次有机会走出国门去其他国家访学,让我在不同的文化氛围与制度环境中体验完全不同的学习与生活方式。

　　感谢导师吴金群教授,给我插上了一双翅膀,让我在浙大这座人才济济的学术殿堂里学会飞翔。如果没有吴老师这四年的谆谆教导与全力支持,我这只笨鸟不可能学会先飞,也不可能飞得更高。在学术研究中,吴老师治学严谨,朴实无华,以积极进取与精益求精的精神为我树立了榜样。在教学中,吴老师循循善诱,诲人不倦,在润物细无声中不断鼓励我发现问题并激发我的求知欲望。在生活中,吴老师为人谦和,幽默风趣,时常在细小的故事中启迪我思考人生的大智慧。如果说有什么可以证明吴老师对培养我所倾注的时间与精力,那么我电脑里存着的那份始于 2018 年 11 月止于 2021 年 5 月的关于博士论文讨论的长达 37 页记录以及我走出浙大校门时所拥有的健全的学术人格与坚定的自信心便是最好的证明。

感谢合作导师陈国权教授,给我开启了一扇大门,带我加入浙江大学公共管理学院这座学术殿堂。陈老师和蔼可亲,学识渊博,在学术研究中孜孜不倦,在教学工作中因材施教,在生活中对学生关怀备至。记忆最深的是,陈老师每学期必让同门相约一起吃饭或校园散步,或答疑解惑,或关心近况,关注着我成长的每一步。

感谢陈国权教授与吴金群教授所带领的团队成员的支持与帮助,让我在痛并快乐的四年里收获了珍贵的情谊,并顺利完成了博士求学之旅。始终记得,在导师吴金群教授每周组织的大小组会上与游晨、巢飞、刘花花、陈思瑾、巫诺雅等博士硕士同门在交流切磋中相互促进的快乐,以及在师门每次组织的羽毛球、乒乓球团建活动中与各位老师同门组队打球之后的开怀与畅快。还有宋思扬师姐在我备考博士的过程中给予我细心的指导与鼓励,让我能够安心备考并顺利考入浙江大学。陈永杰师兄带领我们几个新入门的博士生、硕士生读书,在读书会中相互启迪。在博士论文"难产"之际,周鲁耀师兄与陈科霖师兄相约在茶室组成三人讨论小组,帮我寻找破解方案。陈洁琼师姐路过紫金港时,约我出来散步聊天,帮我做心理建设。皇甫鑫师弟则常常从大西区跑到基础图书馆约我去东区食堂吃饭,倾听我写作过程中的困惑,帮我梳理思路并提供有启发性的建议。还有曾智洪师姐、王柳师姐、孙雁师姐、梁耀东师兄、许天翔师兄、胡天祺博士、陈博博士、李立博士、常成博士、陆敏同学都曾在我需要的时候给予我力所能及的帮助。

感谢我的室友胡森博士与我并肩作战,是你的陪伴与鼓励,让我学会快乐地生活与学习。你教我游泳,带我健身,陪我春游和逛海洋馆,拉我参加毅行与跑马拉松……你用许许多多美好的小事把我单调的生活变得欢快而明亮。当然,你也不会忘记在关灯之前给我讲你的研究,问我是否能理解你的研究现象或接受你研究设计的逻辑,然后道一声晚安。在我因博士论文写作而自我怀疑、自我否定的时候,你会让我抱着你痛哭,然后开导我、鼓励我,让我在最难过的时候有最温暖的依靠。

感谢耿曙老师、陈丽君老师、范柏乃老师、高翔老师、李连江老师等平日在课堂上指导与点拨,感谢匿名外审专家们与答辩委员会的王诗宗老师、郎友兴老师、曹正汉老师、汪锦军老师的批评与建议。你们给我启迪,催我奋进。

最后,感谢我的朋友和家人们,你们是我最坚强的后盾。你们是那群陪伴我走过最孤独的岁月并鼓励我勇敢地奔赴星辰大海的人,你们是那群帮我承担了我本应该承担的责任与义务却从不要求我回报的人,你们是那群陪我坚持到最后却从不说辛苦的人,你们是那群用尽全力也要成全我梦想的人。

如果说一个人历经世事,却还想爱这个世界,那一定是因为那个闪闪发光的人还在指引着他向前走。幸运的是,我的生命里遇到了一群闪闪发光的人,是你们指引着我翻过高山,顺利度过了博士求学生涯,又继续指引着我前进,坚定不移地开启新的学术人生。

在博士论文修改成书即将出版之际,要感谢博士生导师吴金群教授、陈国权教授对我的悉心指导与栽培,两位导师诲人不倦的育人态度与求真务实的治学精神滋养了我在浙江大学求学期间的成长,也指引着我在浙江工业大学开启新的育人工作与科研工作。也要感谢博士论文答辩委员会王诗宗教授、郎友兴教授、曹正汉教授、汪锦军教授的批评与建议,各位专家的真知灼见为书稿的修改完善提供了诸多启发,也指引着我继续在该领域精进自己的研究。还要感谢本书的编辑徐唯老师,徐老师高效的沟通协调与细致入微的审稿校对为本书顺利出版提供了重要支持。当然,本书也因作者研究经验不足与经验数据难以获取等而存在诸多“不完美”,但世间本就没有“完美”的研究,只有在“不完美”中前进的研究。因此,所有的“不完美”之处都将留待在我后续的研究中加以改进。